(국가지정기록물 제2호)

안재홍 민정장관 문서

(국가지정기록물 제2호)
안재홍 민정장관 문서

초판 1쇄 발행   2024년 3월 15일

해제·주해 | 김인식
번   역 | 최순용·은희녕
엮 은 이 | 민세안재홍선생기념사업회
펴 낸 이 | 윤관백
펴 낸 곳 | 선인

등   록 | 제5-77호(1998.11.4)
주   소 | 서울시 양천구 남부순환로 48길 1, 1층
전   화 | 02) 718-6252 / 6257
팩   스 | 02) 718-6253
E－mail | suninbook@naver.com

정가   36,000원
ISBN   979-11-6068-893-1   93910

* 이 책은 평택시의 후원으로 제작하였습니다.

(국가지정기록물 제2호)

안재홍 민정장관 문서

김인식 해제·주해

최순용·은희녕 번역

민세안재홍선생기념사업회 편

 선인

민세(民世) 안재홍(安在鴻) 저작물의 간행 약사(略史)

-『민세 안재홍 전집』의 완간을 기대하며

고(故) 후석(後石) 천관우(千寬宇) 선생의 오롯한 공력으로『민세안
재홍선집』1권이 빛을 본 때는 1981년 6월이었다. 선생은『민세안재홍
전집』(이하『전집』으로 줄임)을 기대하면서 들목의 작업으로 5권 분
량의『민세안재홍선집』(이하『선집』으로 줄임)을 우선 구상하였고, 1973년
부터 5년간 이 일에 매진하셨다. 1978년에는 학계의 중진에게 서문을
의뢰하는 마무리 단계까지 들어섰으나, 여러 가지 사정으로 여의치
않아 1권(식민지시기의 논설) 발행이 늦어졌다. 1983년 2월 2권(8·15
해방 이후의 논설과 저작)이 발행된 뒤 3권이 나오기까지 시간의 간
격은 더 컸다.

후석 선생은 여러 해 동안 투병하는 고초를 겪으시다가, 안타깝게
도『선집』3권이 발행되기 1년여를 앞둔 1991년 1월 향년 67세로 타계
하셨다. 선생은 예정하였던『선집』의 완간을 보지 못하였지만,『선집』
발행은 다행히도 근근하게 이어졌다. 1992년 9월 제4권이, 다시 한참
의 동안이 뜬 뒤 1999년 12월 제5권이 드디어 발행되었다. 후석 선생
이 희망하였던 결과가 나오기까지 무려 20년이 흘렀다.

이로부터 10여 개월 지나서 2000년 10월 '(사단법인) 민세안재홍선생기념사업회'(이하 기념사업회)가 창립되었고, 『선집』이 『전집』으로 나아가는 계기가 조성되었다. 민세 안재홍의 정신을 선양하려는 목적의식이 주도체가 형성됨으로써, 『선집』 전 5권이 완간되기까지 지속한 재정 문제를 해소할 주도력도 생겨났다. 이후 2003년 5월 민세 선생의 유족들이 선생의 유품(대부분 문서류)을 고려대학교박물관에 기증하면서, 활자화하지 못한 자료들이 『선집』으로 속간되기를 희망하였다. 기념사업회는 유관 국가기관과 지방자치단체의 협력을 얻는 데 앞장섬으로써 숙원 사업에 다시 착수할 동력을 마련하였다.

　『선집』 제5권이 발행된 지 5년여가 지난 2004년 10월 『선집』 제8권이, 2005년 8월 제6권이, 2008년 3월에 제7권이 차례로 발행되었다. 이로써 모두 8권의 『선집』이 완성되었으나, 후석 선생이 민세 선생의 아내 김부례 여사에게서 건네받았던 애초 '열댓 권' 분량의 반에 그쳤을 뿐이었다. 민세의 저작물 간행 작업은 중도반단(中途半端)한 듯한 아쉬움을 남기면서, 『전집』의 완성은 미완의 숙제로 남았고, 국가기관 또는 유사단체의 지원과 후원이 동반되어야 가능한 사업임도 재차 확인시켰다.

　『선집』 제7권이 발간된 지 4년여 흘러, 막연하였던 『전집』 발간의 희망이 현실화하는 기회가 행운처럼 찾아왔다. 2012년 한국학중앙연구원 한국진흥사업단에서 지원하는 '2012년도 한국학 분야 토대연구 지원사업'에 「민세안재홍전집 자료집성 및 DB화 사업」(이하 'DB화 사업')이 선정되었고, 2016년부터 결과물이 한국학중앙연구원의 사이트를 통하여 제공되기 시작하였다. 'DB화 사업'은 기존에 발행된 총 8권의 『선집』을 포함하여, 미간행된 민세의 모든 저작물을 발굴·수집·정리하여 전집화를 꾀한다는 목적 아래 추진되었고, 민세의 저작물들이 재발굴되어 발표될 당시의 원문대로 입력되어 Database로 구축되었다.

'DB화 사업'으로 '선집'의 '전집'화(化)에 크게 다가섰고, 이제 명실상부한 『전집』 발간을 기약할 단계에 들어섰으나, 목적지에 도달하기 위해서는 여전히 남은 과제가 많다. 'DB화 사업'이 상당한 문서를 집성하였다 하더라도, 아직 민세의 모든 저작물을 망라하지는 못하였으며, 원문을 수작업으로 입력한 한계를 보결(補缺)하는 교열 작업 등도 오랜 시간이 필요하다. 이러한 과정을 거쳐 민세의 저작물이 집대성되어 전질(全帙)로 발간되어야만, 기념사업회 창립 대회 때 제창되었던 민세학(民世學)의 토대가 비로소 구축된다.

이번 발행되는 『(국가지정기록물 제2호) 안재홍 민정장관 문서』(이하 『민정장관 문서』)도 『전집』으로 나아가는 한 길목이다. 2008년 국가기록원은 영문과 국한문으로 작성된 90건의 '미군정 민정장관 문서(안재홍)'를 '국가기록물 제2호'로 지정하였고, 이들 문서는 『선집』 제8권에 포함되어 2004년 10월 영인본으로 출간되었다. 민세가 민정장관에 취임하기 전(좌우합작운동, 남조선과도입법의원 관계 문건)과 후(한성일보 사장 재임 중)의 문건이 십수 편이 있으나. 문서의 대부분은 민정장관 취임 직전과 재임 시절의 문건들이다.

민세가 약 1년 5개월간 남조선과도정부의 수반으로 재임할 동안, 미군정 수뇌부를 비롯해 여러 방면과 다양하게 공식 또는 비공식 문서를 주고받았음을 쉽게 가정할 수 있을 터인데, 남아 있는 문서량은 의외로 왜소한 편이다. 김부례 여사를 비롯해 유족들이 민세의 유저들을 소중하게 보존하였음을 감안하면, 알지 못하는 이유로 산실한 양이 많았으리라는 아쉬움이 크다.

본 『민정장관 문서』는 『선집』 8권을 번역·정서하였고, 여기에 민세가 민정장관으로 재임하는 동안, 미주둔군 사령관 하지(John. R. Hodge) 중장 등 미군정 최고 수뇌부 및 미국정부의 요인들과 주고받은 영문 서한들도 포함시켰다. 민세가 좌우합작운동에 참여하고 민정정관에 재임하는 동안, 미군정 당국과 주고받은 영문 문서들 및 1948년 2월 UN한국임시위원단이 입국하여 활동하던 제2분과위원회의 회의록 등 희귀한 원본 자료들이다. 이 문서들은 넓게 보면 당시의 정치 상황을 연구하는 데에서 불가결할 뿐 아니라, 민세에 국한하더라도 새로운 국가를 건설하려는 그의 고뇌·분투 및 좌절의 과정과 실상을 확인하는 데에도 더할 수 없이 소중한 자료이다.

이미 편찬된 『선집』 8권의 자료들을 번역·정서하여 재발간하면서, 미력하지만 후석 선생의 공력에 버금하고자 「해제」와 「주해」에 충실한 방향을 택하였다. 다른 번역서에 비해 「해제」와 「주해」가 많은 양을 차지하는 이유이다. 또 앞으로 활자화하여 출간할 『전집』에도 '민세 연구'를 선도할 「해제」와 길라잡이가 될 「주해」가 첨부되기를 기대하면서 선례가 되고자 하였다. 읽는 분들이 문서의 내용뿐 아니라 배경까지도 이해하는 편의를 능력 안에서 제공하고자 노력하였다.

『민정장관 문서』에는 미국과 소련이라는 외세의 규정력에 맞서 민족자주의 영역을 확대하려는 민세의 고투, 외세 추종의 단정노선(單政路線) 세력의 정권욕에 맞서 민주주의의 기초를 놓으려는 민세의 치열한 노력이 좌절되는 실상이 생생하게 드러난다. 민세의 좌절감이 어떠하였는지, 오늘날 우리는 이것의 의미를 어떻게 해석하고 실천의 발판으로 삼아야 하는지를 역사 속의 과제로 상기할 필요가 있다. 민정장관 안재홍의 고뇌와 좌절감의 단면을 소개하면서 발간사를 마무리하고자 한다. 1948년 6월 1일 민세는 주한미군 사령관 하지 중장에게 제2차로 민정장관직 사의(이 사의는 접수되어 6월 8일 수리되었다)를 표명하면서 다음과 같이 심경을 적었다.

본인은 국제정세가 가장 복잡한 시기에 통일한국정부를 수립하는 첫 걸음을 내딛을 목적으로 본인을 희생하면서 민정장관직을 수락하였으나 아무것도 이루지 못하여 매우 유감입니다. 과거에 집착함은 쓸모없을 것입니다. 본인은 내 원래의 믿음으로 돌아갈 것입니다. 과거 16개월 간의 경험은 본인을 더 이상 정부의 일에 참여할 수 없게 만듭니다.

이번 『민정장관 문서』가 발간될 수 있도록 물심양면으로 지원해 주신 기념사업회의 강지원 회장님과 황우갑 사무국장님, 정장선 평택시장님, 송완범 고려대박물관장님께 깊은 감사의 말씀을 드린다. 항상 깔끔하게 책을 만들어 주시는 도서출판 선인의 윤관백 사장님과 편집부 여러분께도 감사의 말씀을 올린다. 초서체와 난필(亂筆)의 한자를 판독하는 데에서 중앙대학교 교양대학의 이선희 교수께 많은 도움을 받았다.

2024년 3월 1일

민세 선생이 서세(逝世)하신 날
『전집』의 완간을 요망하며
흑석동 연구실에서, 김인식

축 사

『(국가지정기록물 제2호) 안재홍 민정장관 문서』 발간을 진심으로
축하합니다. 고려대학교 박물관의 소장 자료인 안재홍 민정장관 문서
(국가지정기록물 제2호)가 (사)민세안재홍선생기념사업회의 노고에 의
해 세상에 가치를 빛낼 수 있게 되었습니다. 감사의 마음을 담아 축하의
글을 전합니다.

고려대학교 박물관이 소장하고 있는 '민정장관 문서'는 모두 90건입
니다. 이 문서군에는 안재홍이 남조선과도입법의원(南朝鮮過渡立法議
院)의 의원과 민정장관으로 재임하는 동안, 미군정 당국과 주고받은
영문 문서들 및 1948년 2월 UN한국임시위원단이 입국하여 활동하던
제2분과위원회의 회의록 등 희귀한 자료들이 포함되어 있습니다. 이
외에도 미주둔군 사령관 하지(John. R. Hodge) 중장 등 미군정 주요
인사 및 미국정부 요인과 주고받은 서한들도 함께 보관되어 있습니
다. 민세 선생께서 꿈꾸었던 새로운 독립국가의 청사진을 고스란히
담은 소중한 자료입니다.

『(국가지정기록물 제2호) 안재홍 민정장관 문서』는 역사의 그늘 속
에 묻혀 있던 '민정장관 문서'의 내용을 일반에 소개한다는 점에 큰 의
미가 있습니다. 민세 선생은 일제에 맞서는 민족운동가이자, 언론인,
동시에 역사학자였습니다. 다양한 경험 위에 좌우를 아우르는 '신민족
주의론'을 주창한 정치 사상가였으며 직접 정치에 참여한 정치인이기

도 했습니다. 그렇지만 안타깝게도 한국전쟁 당시 납북되셨고, 한국
의 대중들은 서서히 그를 잊어갔습니다. 이 책의 발간으로 그동안 가
려져 있던 정치가로서 선생의 모습을 부활시킬 수 있음과 동시에, 혼
란했던 해방 공간의 이해에 많은 도움이 되리라 생각합니다. 언젠가
도래할 민족 통일의 장도에 이 자료집에 실린 문서들을 통해 민세 안
재홍 선생의 진가가 드러나리라 기대합니다.

　　다시 한번 『(국가지정기록물 제2호) 안재홍 민정장관 문서』의 발간
을 축하드립니다. 그리고 이번 자료집의 발간에 전력을 다해주신 (사)
민세안재홍선생기념사업회에 박수를 보냅니다. 고려대학교 박물관의
소장 자료에 생명을 불어넣어 주신 것에 대해 경의를 표합니다. 감사
합니다.

2024년 6월
고려대학교 박물관장 송완범

목 차

➡ 1947년

➡ 1948년

➡ 1949년

일러두기 _____

1. 이 자료집은 高麗大學校博物館 編, 『民世安在鴻選集-資料篇』8(지식산업사, 2004. 10)에 실린 英文, 安在鴻選集刊行委員會 編, 『民世安在鴻選集』2(知識産業社, 1983. 1)의 뒷부분에 실린 영문 문서, 웨드마이어 문서 1건을 번역하였고, 『民世安在鴻選集』8권의 國漢文 문서 및 영문 문서의 행간에 국문으로 번역(필사)한 문건을 整書하였다. 앞으로 『民世安在鴻選集』을 『選集』으로 줄인다. 본문 안에서도 『選集』으로 줄여 표기하였다.

2. 『選集』8과 혼동하지 않도록, 자료의 배열 순서와 문건의 제목(『選集』8의 編者가 題한)은 『選集』8을 그대로 따랐다. 단 『選集』8의 제목에 오류가 있을 때에는 바로잡고 (역주)에서 설명하였다. 『選集』2의 자료와 웨드마이어 문서는 『選集』8의 배열과 시간상으로 일치시켜 삽입하였다. 『選集』8의 編者가 연대미상으로 분류한 ≪문서 98≫~≪문서 101≫은 모두 1947년도 문건이지만, 『選集』8의 체제에 의거해 본서를 편집하였으므로 연대미상으로 분류한 순서를 따랐다. 각 문건에는 열람의 편의를 위하여 ≪문서 1≫ 등 일련 번호를 매겼다.

3. 문서의 작성 형태가 자필 또 手筆임을 밝히지 않았을 때에는 타이핑한 문서이다.

4. 영문 번역은 문장 부호에 이르기까지 원문에 충실하게 가능한 직역함을 원칙으로 하였으나, 민정장관실에서 작성한 영문은 konglish가 많으므로, 문맥에 의거해 의역하였으며 각주에 이를 밝혀두었다.

5. 영문에서 Korea는 고유명사(예 : 南朝鮮過渡立法議院), 당시 사용하였던 용어(예 : 南朝鮮單獨措置) 이외에는 한국으로, 남조선과 북조선도 각각 남한과 북한으로 번역하였다. 그런데도 부자연스러움이 남는데, 이 점은 현재와 용례가 다르기 때문이다.

6. 영문이 오기·오타가 분명한 경우에도 그대로 옮기고 (역주)에서 바로잡았다. 예) AHN CHI HONG을 안지홍으로. 原文이 국한문인 경우는 당시의 표기(맞춤법·띄어쓰기·들여쓰기 등) 그대로 두었으며, 신문 자료 등을 포함해 오자나 오기인 경우도 그대로 인용하였다. 예) 「"올림픽„委員會組織」, 『東亞日報』(1947. 5. 17) : 「『쌕』少將歸國」, 『朝鮮日報』(1948. 3. 11) : 「美援助促求?-쫀스氏華府向發」, 『朝鮮日報』(1948. 4. 3) : 「民政長官顧問 쫀손博士渡美」, 『京鄕新聞』(1948. 4. 3) : 판딭·네루來電.

7. 본 자료집을 이해하고 안재홍의 활동상을 파악할 수 있도록 「解題」를 작성하였고, (역주)에서 사건이나 인물에 관계된 사항의 출처(신문 자료 등)을 밝혔다. 단 國史編纂委員會 刊, 『資料大韓民國史』 등에서 쉽게 확인할 수 있는 사항(사건이나 날짜 등)은 출처를 명시하지 않은 경우도 있다. 『選集』 8 또는 『選集』 2의 編者가 붙인 (역주)는 "『選集』 8의 編者註" 등이라고 명기하였다.

8. 빗금(/)은 줄이 바뀌었음을 나타낸다. 이는 직위와 이름을 표기하는 경우에 많은데, 아래에서 예로 든 고딕체의 글씨가 본래는 화살표(→) 아래의 형태였음을 나타낸다.

    예1) President, / The Han Sung Ilbo.

        →

            President,
        The Han Sung Ilbo.

    예2) C. G. Helmick / Brigadier General, United States Army / Acting Military Governor

        →

            C. G. Helmick
        Brigadier General, United States Army
        Acting Military Governor

9. 본문 안의 빠짐표(□)는 판독하지 못한 글자를 나타낸다. 빠짐표 하나가 글자 한 개를 가리킨다. 일단 판독한 글자가 혹 미심쩍은 경우 괄호 안에 빠짐표를 두었다. 예) 貴下가方(□)今하시고

10. 문서의 발신처와 수신처도 영문 원문에 따랐다.

    예) An Chai Hong
        President,
        The Han Sung Ilbo.

        →

        안재홍
        사장
        한성일보
    로 하였다.

11. 번역문의 들여쓰기도 영문 원문에 맞추어 하였다. 영문이 들여쓰기를 하지 않

왔을 경우 번역문도 동일하게 하였다.

12. 번역문에서 번역한 단어 다음에 대괄호([ ]) 안에 기입한 단어는 그렇게도 번역될 수 있다는 뜻이다. 예) 문제가 아님을 확실히 보여줍니다[강조합니다]. (역주)에서 영문 원문을 참고로 인용해야 할 경우, 타이핑한 영문은 오자라 하더라도 그대로 두었으며 대괄호 안에 정자를 써넣었다.

   예) had[have], teh[the], prceeding [preceding]

13. 문서의 이해를 돕도록 권말에 연표를 작성하였다.

14. 전체 문서의 「解題」 및 각 문서에서 사항·사건 등의 註解, 국한문 문서의 정서, 「연보」 작성은 김인식이, 번역과 번역상의 주해는 최순용이 담당하였고, 은희녕이 번역문의 문맥·용어 등을 교정하였다.

解題

1.

　금번 번역·정서하여 발간하고자 하는 『民世安在鴻選集』 8권에 수록된 자료들은, 현재 국가기록원이 지정·관리하는 국가지정기록물 '제2호 안재홍 민정장관 문서'가 주를 이룬다. 여기에는 연번 1에서 90까지 모두 90건의 문서가 등록되어 있다. 본 자료집을 『(국가지정기록물 제2호) 안재홍 민정장관 문서』라고 이름한 이유이다.

　국가기록원은 2008년부터 「공공기록물 관리에 관한 법률」 제43조~제45조 및 「동법 시행령」 제81조~제83조에 의거하여 "국가적으로 보존 가치가 있는 민간 소장 기록물을 지정·관리하여 기록물의 멸실·훼손 방지 및 민간기록물에 대한 관심을 제고"하기 위하여, 동년 대한민국 헌법의 초석을 놓은 '제헌헌법 초고(俞鎭五)'(수량 1건, 고려대학교 박물관 소장)를 제1호로, '미군정 민정장관 문서(안재홍)'을 제2호(수량 90건, 고려대학교 박물관 소장)로 지정하였다. 제3호는 '이승만 대통령 기록물'로 수량이 15만 쪽에 이르는 방대한 분량이다. 이 역시 2008년 국가기록물(연세대학교 이승만연구원 소장)로 지정되었다.

　前記 세 문서가 2008년도에 국가기록물로 지정되는 과정과 성격을 보면, 국가기록원이 民政長官 안재홍을 초대 대통령 李承晩과 함께 대한민국정부 수립에서 주춧돌로 평가·인정하였음을 확인하게 된다.

민정장관 문서에는 안재홍이 南朝鮮過渡立法議院 의원과 민정정관으로 재임하는 동안, 미군정 당국과 주고받은 英文 문서들 및 1948년 2월 UN한국임시위원단이 입국하여 활동하던 제2분과위원회의 회의록 등 희귀한 원본 자료들이 포함되어 있다. 이 문서들은 당시의 정치 상황을 연구하는 데에서 불가결할 뿐 아니라, 새로운 국가를 건설하려는 안재홍 개인의 고뇌·분투뿐 아니라 좌절의 과정과 실상을 확인하는 데에도 더할 수 없이 소중한 자료이다.

국가기록원은 2016년 ICA 서울총회를 계기로, 지정·관리 중인 「국가지정기록물」을 콘텐츠로 개발하여 온라인 서비스로 제공하고 있다. 현재 국가기록원 홈페이지에는 '제2호 미군정 민정장관 문서(안재홍)'가 해제와 함께 소개되었다. 동 해제는 금번 『민세안재홍선집』 8권을 解題·註解한 김인식이 작성하였다. 민정장관 문서가 지니는 의미를 비롯해, 90건 중 10건의 문서 자료를 일반인도 이해할 수 있도록 평이하게 소개하였으나, 전체 문건 가운데 지극히 일부에 그친 아쉬움이 컸다. 원문이 영어인 경우가 다수였으므로 일반인도 국가기록물을 쉽게 이해케 한다는 의도와 목표가 충족되기에도 미흡하였다. 이를 보완할 필요성이 따르는 이유이다.

일례를 들면, 15만 쪽에 이르는 '제3호 이승만 대통령 기록물'의 경우는 이승만이 독립운동가들과 한문으로 주고받은 서신이 원문과 번역문으로 재편집되어 『이승만 동문(東文) 서한집』 上·中·下(연세대학교 출판부, 2009년 2월 발행)으로 출간되었으므로, 연구자들을 비롯해 일반인들도 쉽게 접근이 가능하다. 또 이승만의 국한문 저서 『독립정신』도 현대문으로 전환하여 한글 전용을 원칙으로 주해까지 덧붙여, 『우남 이승만 전집』 1권으로 재간행(연세대학교 대학출판문화원, 2019년 5월 발행)되었다. 이승만을 선양하려는 작업은 해당 단체·기관과 대학이 연계하여 지금도 지속해서 진행하는 중이다. 민세 안재홍 선생을 알리려는 취지에서는 매우 부러운 사례이다.

금번 『민세안재홍선집』 8권을 해제·번역하려는 문건에는 국가기록물로 지정되지 않았지만, 안재홍이 민정장관으로 재임하는 동안, 미주둔군 사령관 하지(John. R. Hodge) 중장 등 미군정 최고 수뇌부 및 미국정부의 요인들과 주고받은 서한들도 포함시켰다. 이로써 안재홍이 미군정과 교신한 자료들을 통하여, 민정장관 안재홍의 신국가건설의 목표, 의욕과 고뇌 및 노력이 좌절되는 과정 등을 좀더 자세하게 전달하려 하였다.

2.

민세 안재홍(1891. 12. 30〜1965. 3. 1)은 식민지시기 비타협 민족주의자로서 한국고대사를 천착한 역사가이자, 언론 민족운동과 신간회운동 등으로 민족독립을 위해 헌신하면서 모두 9차례 7년 3개월의 옥고를 겪은 민족운동가였다. 그는 8·15해방 이후 6·25전쟁 기간 중 납북될 때까지, 민족주의 이념을 새롭게 고양하면서 '超階級的 統合民族國家'를 건설하려고 노력한 정치가이기도 하였다. 언론인이자 역사학자였던 천관우는 이러한 안재홍의 삶을 "민족운동가로서 언론인으로서 역사가로서 그리고 해방 후로는 정치인으로서, 그 분야에서마다 굵직한 자리를 차지하는 고절(高節)의 국사(國士)이었습니다."[1]라는 말로 집약하였다. 『民世安在鴻選集』 8에서는 정치가로서 안재홍의 모습이 주로 부각되지만, 역사학자·언론인·사상가로서의 면모도 틈틈이 드러난다(앞으로 『民世安在鴻選集』을 『選集』으로 줄인다).

---

1   千寬宇, 「民世 安在鴻 年譜」, 『創作과 批評』 제13권 제4호·50호(創作과 批評社, 1978. 12), 212쪽.

8·15해방 당일 안재홍은 呂運亨과 함께 朝鮮建國準備委員會를 조직하여 부위원장으로 활동하였으나, 이 단체가 朝鮮人民共和國으로 左偏向하자 1945년 9월 10일 탈퇴하였다. 이보다 10여 일 앞서 그는 민족주의 정당인 朝鮮國民黨을 창당하면서 '新民族主義'와 '新民主主義'를 주창하기 시작하였다. 해방정국에서 신민족주의론은 대한민국임시정부·韓國獨立黨의 三均主義(趙素昂이 창안), 朝鮮共産黨의 부르주아民主主義革命論, 南朝鮮新民黨의 聯合性 신민주주의론(白南雲이 창안)과 병렬되는 국가건설론의 하나였다.

안재홍이 내세운 신민족주의는 프롤레타리아 민주주의(무산계급독재)와 부르주아 민주주의(자본계급독재)를 모두 극복한 신민주주의를 기반으로 삼아 '초계급적 통합민족국가'를 국가건설의 이상으로 삼았다. 8·15해방 후 그의 모든 정치 활동은 신민족주의 정치이념을 실현하려는 실천 운동이었다.

안재홍은 조선국민당을 확대·발전시켜 1945년 9월 24일 신민족주의 이념을 기반으로 삼는 國民黨을 조직하였고, 이후 중칭[重慶]대한민국임시정부(앞으로 중경임시정부로 줄임)를 과도정권으로 추대하려는 운동을 펼쳤다. 이러한 목표 아래 1945년 10월에는 獨立促成中央協議會에 참여하였고, 동년 12월 말 信託統治反對國民總動員委員會의 부위원장이 되어 반탁운동의 선두에 섰다. 1946년 2월 민족주의 정치세력의 결집체였던 在南朝鮮國民代表民主議院의 대표위원으로 참가한 까닭도 여기에 있었다.

그러나 1946년 5월 제1차 美蘇共同委員會(앞으로 미소공위로 줄임)가 결렬되고, 여운형·金奎植을 중심으로 左右合作運動이 전개되자, 이해 7월 좌우합작운동을 지지하면서 좌우합작 교섭의 우측 대표로서 좌우합작운동을 주도하였다. 이어 같은 해 12월 좌우합작운동의 부산물인 南朝鮮過渡立法議院(앞으로 입법의원으로 줄임)의 官選議員으로 선임되어 활동하였다. 이러한 정치 행동은 중경임시정부를 추대하려는 종전의 정치노선에서 탈피하여, 美軍政과 협력함으로써 통일민족국가를 수립하려는 방향으로 선회하였음을 뜻하며, 그가 민정장관직을 수락하는 중요한 배경이 되었다. 제1차 미소공위가 결렬된 이후, 안재홍은 미국과 소련 사이의 협력·협조 없이는 한국에 통일민족국가가 수립될 수 없음을 절감하였고, 이를 위해서는 남한 내의 정치세력들이 미군정과 협력함이 중요하다고 인식하였다.

미군정이 남한에서 사실상의 정부로 기능하는 조건 아래, 민정장관직은 南朝鮮過渡政府의 형식상의 首班에 불과하였지만, 안재홍이 민정장관직을 수행하는 기간은 그가 제한된 권력이나마 행사하던 중요한 시기였다. 그러나 미군정이 절대 권력인 조건에서, 한국인의 주도력을 확보하겠다는 목표로써 민정장관직을 수행한다는 구상 자체가애초 실패로 귀결될 수밖에 없는 구도였고, 안재홍은 취임 전부터 이러한 결과를 예견하였다. 그렇더라도 그는 스스로 '中央路線'이라고자부하는 신민족주의 정치이념을 관철시키기 위하여 최선을 다하였다. 이 또한 '초계급적 통합민족국가'를 실현하기 위한 실천이었다.

3.

『選集』8에 실린 자료들은, 대부분 안재홍의 민정장관직 수행과 관련된 자료들로, 민정장관 안재홍의 정치 이상과 이념 및 활동상, 미군정과 그 사이의 역학 관계에서 규정되는 한계 등을 여실하게 보여준다. 이 자료들을 이해하기 위해서 우선 안재홍이 민정장관직을 수락한배경과 동기부터 검토한다.

미군정은 행정권을 한국민에게 순차로 이양하겠다는 계획 아래, 軍

政長官 러취(Archer L. Lerch)를 통하여 1946년 9월 11일 열린 軍政廳 各部處長 회의에서 일체의 행정을 한국인 직원에게 이양하겠다고 밝혔다. 이에 따라 한국인 1명이 민정장관으로 임명되어 미국인 민정장관과 함께 군정장관의 보좌역으로 행정 운영에 참여하는 길이 열렸다. 동년 12월 13일 군정장관 대리 헬믹(Charles G. Helmick)은 기자회견에서 한국인 민정장관 후보자를 물색하는 중이며, 입법의원의 추천을 받아 시급히 적임자를 기용할 작정이라고 공표하였다.

안재홍이 민정장관에 추천된 이면에는, 군정장관 러취가 1946년 11월 치료차 東京으로 출발하기 전 주한미군 사령관 하지(J. R. Hodge)에게 안재홍을 추천하면서 물망에 올랐다. 안재홍은 1947년 1월 말경 브라운(Albert E. Brown) 소장에게서 하지의 推薦書翰을 전달받았다.

2월 3일 하지와 브라운은 안재홍과 입법의원 의장 김규식을 초청하여 회견하면서 안재홍에게 취임을 권하였다. 안재홍은 전후 1주일을 '熟考集議'한 끝에 2월 5일 민정장관직에 취임하겠다고 수락하였으며, 군정청 공보부는 안재홍이 민정장관에 임명되었음을 공표하였다. 미군정은 민정장관 임명을 「법령 제118호」 제5항에 따라 입법의원의 동의를 얻고자 입법의원에 동의요청서를 제출하였으며, 입법의원은 2월 7일 제16차 본회의에서 민정장관 인준건을 '絶對多數'로 통과시켰다. 2월 10일 민정장관 취임식이 거행되었고 안재홍은 민정장관으로서 업무를 시작하였다.

안재홍은 자신의 정치 이상을 실천·관철하기 위하여 "韓國의 獨立을 원조하는 美國의 軍政으로 하여금 民意에 가까운 政治가 되도록 협력하고, 南韓의 民主主義 民族陣營의 政治土臺가 바로잡히도록 노력하는 것"[2]이 현재의 과제라고 판단하고 민정장관에 취임하였다. 이러한

2   「白凡 政治鬪爭史-臨政歸還부터 和平統一運動까지」(1949. 8『新太陽』), 安在鴻選集刊行委員會 編,『選集』2(知識産業社, 1983. 1), 442쪽.

사명의식은 민정장관 취임 선언문과 취임식 날 공보부에서 발표케 한 성명에도 뚜렷이 보인다. 안재홍은 입법의원의 기능을 강화하는 한편, 행정·사법 기구를 정비하고, 官紀를 肅淸하여 민생 문제를 해결해야 한다고 강조함으로써 행정권을 '완전 이양' 받겠다는 의지를 피력하였다. 무엇보다도 군정청 한국인 관리들의 부정부패가 민심을 이반케 하는 폐단임을 지적하고, 이를 좌시하지 않겠다는 분명한 의지를 드러내었다.

그러나 안재홍은 민정장관에 취임한 후 자신이 의도한 바를 전혀 달성할 수 없었다. 남한의 사실상의 정부인 미군정은 민정장관의 권력이 강화되지 못하도록, 안재홍이 결단한 개혁 조치에 번번이 거부권을 행사하여 제동을 걸었다. 또 경찰력은 물론, 미군정의 요직을 두루 장악한 韓國民主黨(앞으로 한민당으로 줄임)도 단독정부 수립을 추진하면서, 향후 신생 독립정부에서 정권을 장악하려는 당리 당략에서 사사건건 민주개혁의 발목을 잡았다.[3]

안재홍 자신이 회고한 바에 따르면, "나는 최초에는 贊託賣國奴요, 다음에는 愛國運動 阻害者요, 또 다음에는 軍政延長 陰謀의 叛逆者요, 또 다음에는 貪贓無道한 汚吏로, 허다한 誹謗이 되었다"[4] 그가 민정장관에 취임하자, 한민당은 비난·음해 또 중상모략하는 강도를 더욱 높였다. 그는 이때의 상황을 이렇게 표현하였다.

내가 就任을 하자, 某政黨에서는 「一個月이 넘지 않는 동안 이 者를 쫓아내고 말겠다」, 一個月이 지나고 본즉 「半年이 못 가서 쫓겨가게 만들 터이다」하고 벼르면서, 「그 위인이 郡守 하나도 못 내어보고 꼼짝 못하고 쫓

3   이상에서 안재홍이 민정장관직을 수락한 배경과 동기는 김인식, 『안재홍의 신국가건설운동 1944∼1948』(선인, 2005. 1), 476∼498쪽을 참조.

4   「民政長官을 辭任하고-岐路에 선 朝鮮民族」(1948. 7『新天地』), 『選集』2, 281쪽.

겨나게 만들겠다」 하는 등등, 演說에 삐라에 地方에서는 壁報에, 허다한 雜音이 돌고 있는 판에 있어서도, 나는 오히려 自說을 굽히려고 아니하였다.[5]

한민당 등 안재홍의 정적들이 대놓고 민정장관의 권위에 도전할 수 있었던 이유는, 하지 사령관과 러취 군정장관을 비롯한 미군정의 수뇌부가 민정장관의 실권을 인정하지 않은 현실에 기인하였다. 안재홍은 이를 自歎하였다.

民政長官은, 처음 數三件의 解決 全無한 것은 아니나, 人事刷新과 政治의 民主化 問題에 관하여는 「權力을 一個人에게 獨占시키는 것은 民主政治原則에 위배된다」고 某首腦者의 反駁만을 되풀이했다는 外에, 三十五號 法令에서 보는 바와 같은 牽制 속에서 너무나 無權威한 편이었고, 오직 허다한 風聞의 中에 暗流만이 縱橫하는 편이었었다. 警察에 關하여 問題 있었던 것은, 韓美會談 이래의 懸案이라 나의 私案 아니었고, 그것도 5月 中旬 이후 全然 단념하였다.[6]

姜元龍은 당시 기독교 청년운동에 참여하는 동안, 김규식·안재홍의 측근에서 이러한 정국을 지켜보았다. 그의 다음 증언은 정곡을 찌른다.

민정장관이 된 안재홍의 행로는 결코 순조롭지 않았다. 우선 그는 대부분이 한민당 계통이었던 부처장들을 뜻대로 거느릴 실권을 장악하지 못했다. 그가 요구해서 하지장군이 내락했던 부처장 임면권만 해도 부처장들이 참석하는 국무회의격인 정무위원회의 동의를 얻도록 되어 있었으므로 그의 뜻대로 실행될 수가 없었다. 또 미군정의 법령에는 민정장관에겐 하등의 인사권이 부여되지 않고 다만 군정장관에게 인사에 관해 보고하는 의무와 의견을 첨부할 수 있는 권리만이 규정되어 있었다.

---

5 앞의 「白凡 政治鬪爭史」, 442쪽.
6 앞의 「民政長官을 辭任하고」, 280~281쪽.

그리고 정무위원회도 그의 뜻이 아니라 한민당 계통인 부처장들의 뜻대로 움직여지는 상황이었다.[7]

4.

이상에서 기술한 내용들은, 앞으로 해제할 문건들의 이면을 이해하는 전제가 된다.

≪문서 8≫·≪문서 9≫의 「주한미군 사령관 J. R. Hodge 중장이 한성일보 사장 안재홍에게 보낸 영문 서한(1947. 1)」·「주한미군 사령관 J. R. Hodge 중장이 한성일보 사장 안재홍에게 보낸 영문 서한의 번역문 원문(1947. 1)」은 하지 주한미군사령관이 안재홍에게 민정장관에 취임하기를 提議한 公翰이다. 이 공한에서 하지는 군정청의 중요한 직위에 적임의 인물을 선발하는 문제는, 미국인보다 한국인이 더 잘 처리할 수 있다는 논리로, 안재홍이 민정장관직을 수락하기를 제안하였다. 안재홍은 "하지中將의 書翰은 「政府內의 人事刷新·警察問題·食糧問題·附日協力者문제 등」을 「양심적으로 忍耐性 있게」 解決하라는 意味의 委囑이었고, 「朝鮮獨立政府에 달하는 길」이라고 규정하였었다."고 받아들여 민정장관직을 수락하였다. 그는 민정장관으로서 행정권을 완전히 이양 받아, "行政府의 朝鮮人側 最高責任者"로서 행정·경찰 등 각 부분의 인사 쇄신을 단행함으로써 官民 간의 신뢰도를 높이고, "南朝鮮의 政治의 民主化와 그의 總力集結"을 실현하여 민생문제를 해결하고자 하였다.[8]

---

7   姜元龍, 『빈들에서-나의 삶, 한국현대사의 소용돌이』1(열린문화, 1993. 1), 222~223쪽.
8   앞의 「民政長官을 辭任하고」, 280쪽.

≪문서 13≫「안재홍이 J. R. Hodge 중장에게 보낸 영문 서한(1947. 2)」은 안재홍이 민정장관직을 수락하기에 앞서 미군 사령관 하지에게 보낸 서한으로, 민정장관직 수락의 조건을 몇 가지 제시하였다. 미군정이 안재홍을 민정장관에 임명하였다고 공표한 날은 1947년 2월 5일이었다. 이보다 앞서 2월 3일 미군 사령관 하지와 군정장관 러취, 안재홍, 입법의원 의장 김규식(안재홍이 입회를 요청) 4인이 회견하였고, 안재홍은 이 자리에서 민정장관 취임을 수락하였다. 하루 뒤인 2월 4일 안재홍은 다시 러취와 회견하였는데, 이틀 사이에 미군정 측과 안재홍 사이에 민정장관의 권한 등을 비롯해 時局과 관련해 많은 이야기들이 오고갔음을 보여준다.

≪문서 13≫에서 안재홍은 자신이 민정장관직에 취임함을 계기로, 행정권이 한국인들에게 이양되는 진척이 있기를 바란다고 전제하면서, "직책의 책임을 수행하기 위해 필요한 적절한 권한" 몇 가지를 요구하였다. 우선 입법의원의 권한 강화를 제안한 데 이어, 민정장관이 군정청 부처를 통제할 권한, 직원들의 인사권 및 군정청 부처의 조직 개편, 대중의 경제상의 행복과 관계된 문제들에서 민정장관의 견해가 존중되어야 한다는 의견을 개진하면서, 민정장관이 직접 감독하는 행정조사위원회를 설치할 필요성도 제기하였다.

안재홍은 자신의 의욕이 미군정이라는 객관 조건을 극복할 수 없음을 알면서도, 내외의 기대와 우려 속에서 민정장관직을 수락하고 임무에 착수하였다. ≪문서 14≫「군정장관 A. L. Lerch 소장이 안재홍에게 보낸 영문 각서(1947. 3. 12)」에서, 러취는 안재홍에게 인사 문제보다 더 중요한 문제를 해결하라고 주문하였는데, 군정청 안에서 인사 쇄신을 단행하려는 안재홍의 의지가 민정장관 취임 직후부터 좌절되어 가는 과정을 그대로 보여준다.

≪문서 15≫「미 육군 A. V. Arnold 소장이 민정장관 안재홍에게 보

낸 영문 서한(1947. 3. 17)」은 초대 군정장관을 지낸 뒤 미군 수석기획 참모부로 전근한 아놀드(Archibold. V. Arnold)가 안재홍에게 보낸 축하 서한이다. 이 서한은 민정장관 안재홍을 향한 기대·우려가 모두 미군정이라는 객관 조건과 관계있음을 보여주는 자료이다. 좌우합작 운동을 계기로 교류하게 된 안재홍·아놀드 두 사람의 公務 관계가 친분으로 진전되었고, 아놀드는 우정에서 우러나온 진심을 담았으나, "독립을 위한 확고한 경제 기반"을 다지라는 조언 안에는 미군정의 시각이 전제되어 있었다. 아놀드는 입법의원의 사명과 임무를 강조하는 한편, 현 입법의원이 본연의 구실을 못한다고 지적하면서, 안재홍에게 미국과 미군정에 최선으로 협력·협조하라고 당부하였다.

≪문서 15≫의 문맥[9]을 정확히 파악하려면, 아놀드가 서한을 작성한 두 가지 배경을 먼저 이해할 필요가 있다. ①서한에서 직접 꼬집어 언급하지는 않았지만, 아놀드는 입법의원에서 통과된 반탁결의안을 강하게 비판하였다. ②또 한국문제를 해결하기 위해서는 국내 정치 상황이 미주둔군 사령관 하지의 방미 체류 중의 활동에 부합하도록 전개되어야 한다고 강조하였다.

①1946년 5월 제1차 미소공위가 무기 휴회한 뒤 수그러들었던 반탁 운동은, 1947년 벽두부터 다시 거세지기 시작하였다. 1947년 1월 11일 미주둔군 사령관 하지는 미소공위를 재개하기 위하여 미·소 양군 사령관이 주고받은 서한 내용을 공보부 특별발표로 공개하였다. 반탁노선에 선 우익 세력들은 1946년 12월 24일부 서한(하지가 북한의 소련군 사령관에게 보낸)에서 "共同委員會 聲明書 第五號에 署名한 것은 「모스크바 決定」을 全的으로 支持한다는 誠意를 聲明한 것으로 看取되므로 署名한 政黨과 團體는 最初協議에 參加할 資格이 있을 것이

---

9   『選集』8의 46쪽에서 입법의원의 동향 및 47쪽의 하지 장군의 방미 체류 활동을 언급한 대목을 말한다.

다."라는 문구를 문제 삼아 반탁론을 다시 격렬하게 제기하였다. 하지의 서한에는 이전 소련 측이 주장하던 바를 미국 측이 수정하여 받아들인 내용이 담겨 있었고, 우익 세력들은 이를 반탁운동의 빌미로 삼았다. 이러한 반탁운동의 흐름을 타고 한민당 계열의 입법의원들은 李南圭가 긴급제안하여 제출한(1월 13일 상정) 반탁결의안을 다른 우익 세력들과 연합하여, 1월 20일 입법의원 제12차 본회의에서 44대 1로 가결시킴으로써 미소공위가 재개됨을 저지하려 하였다. 안재홍은 수정동의안을 제출하여 반탁결의를 막으려 하였으나 역부족이었다. 수정동의안은 재석의원 65명 가운데 17대 43표로 부결되었고, 原提案(긴급제안)은 재석의원 54인 가운데 44대 1표로 가결되었다. 긴급제안을 반대한 1표는 수정동의안 제안자로서 안재홍이 행사하였다.[10]

아놀드는 歸美한 뒤에도 한국문제에 관심을 표명하면서 입법의원이 통과시킨 반탁결의안을 비판하였다. 이러한 태도는 한국의 任地에서도 일관하였던 방침이었다. 그는 1946년 9월 23일 본국으로 귀국하기 앞서, 9월 17일 공보부를 통하여 "모스크바 결정을 무시하면 조선독립은 불가능"하다는 요지의 성명서에서, 반탁운동을 비판하며 자제를 촉구하였다. 이 성명은 "모스코-決定을 無視하고 그決定을 떠나서 單純히集會를하고 政府樹立을 宣言함으로써 朝鮮政府와 獨立國家를 樹立할수있 다고생각하는 사람"은 "國際情勢의現實을모르는사람"이며, "이러한思想은 오즉朝鮮獨立을 遷延시키랴는者만이 가지고있을것이다 朝鮮의新聞이나 愛國的政治家나 朝鮮國民의大衆은 이와가튼思想을固持하고있는指導者를信賴하지마러야될것이다"라고 "衷心으로要望"하였다.[11]

---

10 김인식, 앞의 책, 511~518쪽을 참조.
11 「幕府決定을無視코는 朝鮮獨立은絶對不能」, 『東亞日報』(1946. 9. 18) ; 「모스코協定無視不可」, 『朝鮮日報』(1946. 9. 18).

②하지는 국무성·육군성 등의 요인들과 한국문제를 협의하기 위하여 1947년 2월 14일 워싱턴으로 향했다. 그의 부재 중에는 브라운 소장이 직무를 대리하였다. 하지는 2월 14일 離京하면서 공보부를 통하여 특별성명을 발표하였는데, 후반부의 다음 구절은 '衷心'에서 우러난 '권고'로, 한마디로 반탁운동을 중지하라는 메시지였다.

… 朝鮮問題에 國際性이있다는것을 銘心하여야한다 여러분이나 本官은 모스코-決定에對하여 一言半句도變更할수없는것이다 어떤 朝鮮사람은『反託』運動을 全國的으로 하면모스코-協定 締結國에 印象을주어 그協定을修正이나하지 않을가하고 믿는듯하다 그러나 그것은 豫期했든것보다 全然히 다른效果가않나겠다고 保障할수도없는것이다 그러므로 聯合國에서 將來 貴國의 愛國者들을 參加시키려는方針을 決定하는데對하야 미리부터 社會的混亂을 繼續하는것보다는 이미決定된 國際協定을 利用함으로서 貴國의 獨立을 完成하는 것이 더욱重要하다.

내가衷心으로 여러분께勸告하는바는 誤導된愛國運動으로써 非愛國的結果를 招來하지말라는것과 오직 統一朝鮮의 臨時政府樹立을遷延시키게되는 騷動을停止하여달라는것이다…[12]

하지는 예정했던 1개월의 일정을 훨씬 넘겨서 51일 만인 4월 5일 歸任하였다.

국내외의 제한된 여건 속에서, 안재홍이 군정청 내의 한국인 수반으로서 임무를 수행하기 위하여, 그의 개성과는 그다지 어울리지 않는 연회를 개설하는 모습을 ≪문서 16≫ 「주한미군 사령관 대리 A. E. Brown 소장이 안재홍에게 보낸 영문 서한(1947. 3. 27)」, ≪문서 23≫

---

12 「民族的團結없이 朝鮮獨立實現은不可能-하中將성명」, 『東亞日報』(1947. 2. 15) ; 「聯合國努力에協調면 朝鮮의熱望不遠實現」, 『朝鮮日報』(1947. 2. 15) ; 「誤導된愛國運動停止」, 『京鄕新聞』(1947. 2. 15) ; 「하中將歸國에際해聲明莫府協定은不可變」, 『서울신문』(1947. 2. 15).

「미 육군 J. Weckerling 준장이 민정장관 안재홍에게 보낸 영문 서한 (1947. 6. 2)」 등에서 볼 수 있다. 전자는 1947년 6월 31일 개최되는 연회에 브라운 내외가 참석하겠다는 답신이고, 후자는 연회에 참석하지 못하여 유감이었다는 웨컬링 준장의 서신이다.

5.

≪문서 17≫ 「김규식이 Brown 장군, Lerch 장군, Helmick 장군, Weckerling 장군, Bertsch 중위, 안재홍에게 보낸 영문 기밀 각서(1947. 4. 14)」는 하지 사령관이 미국 방문을 마치고 귀국하자, 입법의원 의장 김규식이 하지에게 당면한 문제들을 제기하면서, 시급한 현안에는 즉각 상담할 기회를 요청하는 대외비 공한이다. 쌀 수급과 인플레이션 문제 등 시급한 경제 상황에서 시작하여, 정부 조직을 한국화하는 방안, 민주주의의 기반을 다지면서 생기는 근본 문제가 선거법과 親日附逆者를 정의하기 위한 법과도 연관되었음을 주장하였다. 무엇보다도 警務部(趙炳玉을 首長으로 하는)를 필두로 黨派性(한민당에 편향)에 빠져 있는 경찰을 개혁하는 과제는, 韓美共同會談[13]에서 이미 권장한 바임을 상기시키면서, 좌우합작위원회의 기능을 재검토·강화해주기를 강하게 요청하였다. 이리하여만 미군정이 계획하는 총선거가 공정하게 실시될 수 있다고 강조하였다. 김규식이 첨부한 자료 두 건은 자신의 문제 제기를 뒷받침하는 보고서였다.

≪문서 17≫의 수신인은 미주둔군 사령관 하지를 비롯해 군정장관 러취, 군정장관 대리 헬믹, 웨컬링(John Weckerling) 준장, 버취(L. M.

---

13 당시에는 주로 朝美共同會談·한미(조미)공동위원회라고 불리었다.

Bertsch) 중위, 한국인 민정장관 안재홍이었다. 김규식이 서한을 발송한 미군정 요인들은 군정의 정책과 시책에 통치력 또는 영향력을 행사할 만한 要路였다.

웨컬링은 한미공동회담의 미국 측 위원으로 참여하였다.[14] 이후 입법의원이 개원한 뒤, 미소공위 再開를 촉진하기 위하여 입법의원과 미소공위 미국 측 대표 및 미군 수뇌부 삼자 간에 연락위원회를 설치하는 문제가 논의·결정되었다.[15] 1947년 1월 6일 입법의원 제7차 회의 중, 하지 중장이 입법의원 의장 김규식에게 보낸 서한(1946년 12월 27일자로 작성)이 공개되었는데, 6명으로 구성된 미국 측 연락위원회에서 웨컬링 代將은 위원장, 버취 중위는 政治事宜였다.[16] 또 웨컬링은 미소공위의 미국 측 대표로서 활동하였으며, 하지의 방미 도중 브라운 소장이 주둔군 사령관의 임무를 대행할 때에는 미소공위의 수석대표를 대행하였다.[17]

≪문서 17-1≫ 「附 : 참고자료 1. Kang Won-yong, Report on the Actual Conditions of the North Cholla Province」는 김규식의 측근이었던 姜元龍[18]이 전라북도 扶安·金堤 등을 민정 시찰한 보고서이다. 이 보고서를 작성하게 된 배경은 1947년 3월 22일 전라북도 부안군 茁浦面에서 발단한 농민 폭동이었다. 보도에 따르면, 이날 상오 11시경 줄포면 주민 약 3천여 명이 그곳 경찰지서를 습격하고 순경 3명을 납치한 뒤 面

---

14 「騷擾實情을調査」, 『東亞日報』(1946. 10. 24).

15 「共委再開促進에 立法議院과美軍首腦部連絡委員會設置」, 『朝鮮日報』(1946. 12. 24).

16 南朝鮮過渡立法議院 祕書處, 「南朝鮮過渡立法議院速記錄」第十一號(一九四七年一月六日), 四[南朝鮮過渡立法議院, 『南朝鮮過渡立法議院速記錄』1(大韓民國國會 發行, 1999. 5 先人文化社 영인본), 264쪽] ; 「立議新年첫會議」, 『京鄕新聞』(1947. 1. 7) ; 「立議의新年初會議」, 『朝鮮日報』(1947. 1. 7).

17 「南朝鮮駐屯美軍司令官에「부라운」少將臨時任命」, 『朝鮮日報』(1947. 2. 16).

18 강원룡의 좀더 상세한 이력은 ≪문서 17-1≫의 (역주)를 참조.

내의 연못에 던져 살해하였다.[19] 부안에서 시작된 농민 폭동은 김제·
井邑·高敞 등으로 번져나갔다. 이 보고서는 미군정이 식량 정책 등에
서 민중들의 불만을 유발하였고, 경찰과 우익 테러 단체들이 가중시
킨 남한 내의 사회상을 확인할 수 있는 자료이다. 김규식·안재홍 등
좌우합작 세력들이 경무부장 조병옥과 수도경찰청장 張澤相을 경질
하려 하였던 이유도 직접 설명해 준다.

≪문서 17-1≫을 작성한 강원룡은 '부안의 농민폭동사건'과 관련한
증언과 회고를 남겼는데, 당시 언론에도 보도되지 않은 사건의 이면
이 생생하다.[20] 이에 따르면, 그는 민정장관 안재홍의 지시를 받고 지

19　「三巡警을못속에生埋」, 『漢城日報』(1947. 3. 25) ; 「三巡警을投池生埋」, 『東
　　亞日報』(1947. 3. 25) ; 「茁浦서三警官못에投入被殺」, 『京鄕新聞』(1947. 3.
　　25) ; 「茁浦서도巡警拉致水葬」, 『朝鮮日報』(1947. 3. 25).

20　①「강원룡 박사담(姜元龍博士談)」(1969년 12월 10일)[李庭植, 『金奎植의 生
　　涯』(新丘文化社, 1974. 5), 156~158쪽] ; ②姜元龍, 앞의 책, 229~233쪽. 원
　　문자 ①·②는 역자가 서술의 편의상 붙였다. 두 회고담은 내용에서는 일치
　　하지만 기억에서 약간의 차이가 있다. ①은 이정식이 강원룡과 면담한 기
　　술이다. 이곳에서는 '부안 폭동'을 "1946년 3월 27일에 전라북도 부안(扶安)
　　을 중심으로 하여 농민 폭동이 일어났는데, …"라고 회고하였는데, 날짜는
　　면담 시 강원룡이 착오하였거나, 이정식이 移記하는 과정에서 오기 또는 출
　　판 과정에서 생긴 오자였다고 생각한다. 이정식은 이 면담을 통하여 "(강원
　　룡은 : 인용자) 당시 민정 시찰위원회가 조직되었고 자기를 포함한 6명이
　　각 지방을 시찰하여 민정을 조사하였다고 한다."고 기술하였다. ②는 강원
　　룡이 당시의 신문 자료도 확인하면서 서술한 자서전 성격이므로, 구술한 ①
　　에 비하여 정확하고 상세하다. 이 부분의 小題는 '부안 농민폭동사건의 진
　　상'으로 "그 당시 빈발했던 지방의 폭동사건 중 나와 특별히 관련된 것은
　　1947년 3월 22일에 발생한 전라도 부안의 농민폭동사건이다."로 시작하였
　　다. 이어 "나는 사건이 일어난 후 한 달쯤 지난 4월 말경, 안재홍 민정장관
　　의 지시를 받고 지방실정조사단원으로 부안에 파견되었다. 당시 부안을 비
　　롯해 김제, 정읍, 고창 등 소요가 번진 전북 일대에 파견된 조사단원은 나와
　　이명하 등을 포함해 여섯 명 정도였으며 각자 파견된 지역이 달랐다. 내가
　　혼자 담당하게 된 지역은 부안이었다."고 회고하였다. 1947년 5월 21일 안재
　　홍은 기자단과 회견하는 자리에서 경찰당국(경무부)가 3차에 걸쳐서 현지
　　에 조사단을 파견하였다고 말하였다. 「以暴易暴(폭력에대항하는폭력)도嚴
　　重處斷」, 『京鄕新聞』(1947. 5. 22) ; 「湖南地方의促進隊 暴力行爲로處斷」,

방 실정 조사단원으로 부안에 파견되었다.

강원룡이 조사한 바에 따르면, 당시 부안군 내의 15만 인구 중에, 경중을 불문하고 폭동에 관련된 사람들의 수는 무려 9만여 명에 이르렀고 상당한 사상자를 내었다. 외견상 폭동은 공산당의 선동에 기인하였지만, 根因은 미군정이 日帝의 供出 방식을 그대로 답습한 데 있었다. 미군정은 8·15해방 후 달라진 여러 가지 상황을 고려하지 않은 채, 일제가 실시하였던 공출량을 그대로 하부 기관에 지시하여 곡식을 수납케 하였다.

1946년 추수 이후 미군정은 공출을 실시했지만, 그해 전라북도의 평야 지역에서는 공출 거부 운동의 결과로 공출이 집행되지 못하였다. 농민들은 공출을 거부함으로써 조금 넉넉해진 식량을 그해 겨울 동안 팔기도 하고, 술·떡 등을 해먹으면서 다 소비해버렸다. 공출이 집행되지 않자 쌀 배급에 문제가 생겼고, 당국에서는 1947년 봄에 이르러 비상수단을 취하였다. 경무부장 조병옥은 경찰 기동대를 조직하여, 테러를 일삼는 우익 청년 단체와 연계해 공출 명령을 강제 집행하려 하였다. 이들은 공출 거부를 공산당의 책략으로 규정하고서, 농민들에게 기한을 일방 통보한 뒤 기한 내에 무조건 지정된 곡식을 내놓으라고 강요하였고, 기한을 넘기면 잡아 가두겠다고 협박하였다.

강원룡은 사태를 조사하여 긴급 보고를 올리면서, 다음과 같이 자신의 소견도 덧붙였다. "즉각 탄압을 중지하라. 감옥에 수감된 사람들을 석방하라. 양곡 공출을 중지하라" 그리고 부안 농민폭동의 전말을 이렇게 결론지었다. "부안 농민폭동사건은 행정당국이 관료주의와 타

『朝鮮日報』(1947. 5. 22). 이상의 보도를 보면, 강원룡은 1947년 4월 말경 처음 파견되지는 않았고, 이보다 앞서 조사단의 일원으로 이미 파견되었으며, 1947년 4월 14일 이전에는 김규식에게 1차 보고서를 작성하여 발송하였다. 민정장관 안재홍은 경무부를 통하여 조사단을 3차례 파견하였다고 하였는데, 강원룡이 몇 차례 파견되었는지는 확인하지 못하였다.

성에 젖어 현실성이 무시된 정책을 강요함으로써 민심을 이반시키고 는, 그 기회를 공산당이 이용해서 사건이 터지면 모든 원인을 공산당에 떠넘기고 가담자들을 전부 공산주의자로 몰아 탄압하는, 당시 빈발했던 그런 전형적인 사건중의 하나였다."

사태가 마무리된 후, 사건 진압에 동원된 극우 테러 단체의 무자비한 행위가 문제가 되자, 경무부장 조병옥은 1947년 6월 5일 전북 일대 테러 사건의 진상을 발표하는 담화를 발표하면서 다음과 같이 언급하였다. "동경찰자신으로서는 각단체(테러를 행한 우익 청년 단체들을 가리킴 : 인용자)에 경찰협력 또는원조를 요구한 사실도없고 경찰권력행동을 취케하거나 경찰권력을 부여한 사실도 없다 그런데 전기 촉진대 또는 서북청년회원들이 자진출동하여 자위적입장에서 치안유지에 협력한 사실은있다."[21]

강원룡은 조병옥의 담화를 다음과 같이 비판하면서 '부안 농민폭동 사건의 진상'을 마무리했다. "내 체험에 비추어 볼 때 이같은 해명은 물론 변명에 불과한 것으로 들린다. 경찰과 청년단체들은 사실상 공동작전을 펼쳤으며, 그들의 행위가 '자위적 입장'이 아니었다는 것은 누가 봐도 명백했기 때문이다."

이상이 강원룡이 전라북도 일대에 내려가 파악한 폭동의 실상이었다.

민정장관 안재홍은 1947년 5월 21일 기자단과 회견하는 자리에서, 전라북도 일대의 폭력 사건과 관련하여 "촉진대(促進隊)란 사설단체 가조직되어 가옥파괴 금품강탈 기부강요, 구타등의 폭행을감행"하는 문제에 대책을 묻는 질문에 답하였다. 그는 "(농민들이 : 인용자) 악질분자들의 선동책모로서 대규모의폭력행위가 연출"되었음을 인정하면

---

21 「全北의暴動事件」, 『京鄕新聞』(1947. 6. 6) ; 「南朝鮮"테로„眞相」, 『東亞日報』(1947. 6. 6) ; 「全北一帶의脅迫騷動」, 『朝鮮日報』(1947. 6. 6) ; 「全北테로事件에 趙警務部長談話發表」, 『서울신문』(1947. 6. 6).

42 (국가지정기록물 제2호) 안재홍 민정장관 문서

서도, 推進隊(促進隊)의 폭력도 엄단하겠다고 다음과 같이 말하였다. "흥분에 날뛰는 무분별한 청년들이 폭행을 감행하고 혹은 경찰권을 행사한 모양으로 추측되고 그에 대한 정보와 보고도 있었다."·"소위 이폭역폭(以暴易暴)하는 악성폭력이 계속 진행된다면 그는 물론 엄중처단할 필요가 있다." 그리고 "민간단체의 불법행위의 진상"도 조사하겠다고 약속하였다.[22]

≪문서 17-2≫「附 : 참고자료 2. 남조선과도입법의원 의장 김규식에게 보낸 영문 보고서」는 未詳者가 입법의원 의장 김규식에게 보낸 영문 보고서로, 서울 지역에서 실시한 여론조사 결과이다. 보고서 작성자가 여론조사를 실시한 주체 중 한 사람인지, 타 기관의 여론조사 결과를 수집하였는지, 또 여론조사가 김규식·좌우합작위원회와 관련이 있었는지는 확인하지 못하였으나, 김규식이「좌우합작 7원칙」의 토지개혁안을 합리화하기 위하여 이 자료를 첨부하였음은 분명하다.

제1차 미소공위가 무기 휴회에 들어간 뒤, 1946년 5월 여운형·김규식 등 좌우합작 주체들의 강한 의지와 미군정의 공작·지원 등이 복합 작용하여 좌우합작운동이 출발하였지만, 수많은 난관으로 가시화된 성과를 내지 못하였다. 우여곡절 끝에 1946년 10월 4일 김규식의 집에서 좌우익의 대표가 회합하여, 좌익 측이 제안한「5원칙」과 우익 측이 제안한「8대 기본대책」을 절충하여「좌우합작 7원칙」(이하「7원칙」으로 줄임)을 결정하고 공동 서명까지 완료한 뒤, 10월 7일 세상에 공표하였다.[23] 「7원칙」이 타결되는 과정도 순탄하지 않았지만 후폭풍도 거

---

22 앞의「以暴易暴(폭력에 대항하는 폭력)도 嚴重處斷」; 앞의「湖南地方의 促進隊 暴力行爲로 處斷」.

23 10월 8일 자 일간지의 대부분은「7원칙」을 1면에 보도하였다. 한민당의 기관지로 불리는『東亞日報』도 1면 머리기사로 삼았다. 안재홍이 사장으로 있는『漢城日報』역시 1면 머리기사로 보도하면서 그간의 합작 경과까지 기사화하였다.

셌다. 南朝鮮勞動黨으로 통합된 좌익이 반대하였지만, 우익 쪽의 한
민당은 더욱 강하게 반발하여, 元世勳·金炳魯 등 한민당 내 좌우합작
세력들이 탈당하는 사태까지 일어났다. 좌우의 두 합작 주체가 합의
한 「7원칙」은 힘겹게 진행된 좌우합작운동의 성과였지만, 좌익은 물
론이고 보수우익 세력인 한민당마저도 거부함으로써, 중도우파와 중
도좌파가 합작하였음을 서명한 의미로 줄어들었다.[24]

「7원칙」에서 가장 큰 쟁점은, 제1항에서 지지한 「모스크바 삼상회
의 결정」 및 이에 부수한 신탁통치 문제로, 이전부터 남한 사회를 양
분시켰던 사안이었다. 또 하나는 제3항에서 새롭게 제기된 토지개혁
문제였다. 북한에서 토지혁명에 가까운 토지개혁이 단행되는 상황에
서, 이 역시 농민 특히 소작농이 절대 다수를 차지하는 남한 내에서는
가장 중요한 현안이었다. 「7원칙」이 공표된 후 우익 측의 이론가인
안재홍을 비롯해서, 김규식도 「7원칙」의 趣意를 설명하는 데 주력하
였다.[25]

김규식은 10월 10일 「7원칙」 가운데 논점이 되는 부분을 해명하는
성명서를 발표하였는데, 이 중 토지개혁과 관련한 그의 논지를 소개
한다.[26] 우선 「7원칙」 제3항에서 토지개혁과 관련한 부분은 "土地改革
에 있어 沒收·有條件沒收·遞減買上 等으로 土地를 農民에게 無償으로
分與하여…"라고 明文化되었다.

김규식은 위의 토지개혁안이 ①國有 國營, ②耕者有田, ③有條件沒
收(자기 생활에 필요한 자작농의 토지는 예외), 遞減買上을 당하는 자

---

24 「7원칙」이 타결되는 전후 과정과 이후의 전개는 김인식, 앞의 책, 376~397쪽
    을 참조.
25 안재홍·김규식이 「7원칙」의 내용과 의미를 설명한 '7원칙론'은 김인식, 위의
    책, 399~406쪽을 참조.
26 김규식이 발표한 성명서는 「左右合作七原則-金奎植博士,거듭解明」(上)·(下),
    『東亞日報』(1946. 10. 13·16).

의 생계 고려, ④대지주의 再生産 방지라는 네 가지를 원칙으로 삼았다고 전제하고, 토지개혁의 방식을 다음과 같이 부연 설명하였다.

'몰수'는 적산에 해당한다. '유조건몰수'는 舊王宮·寺院 기타 공공사업 기관이 소유한 토지를 대상으로 매매를 제한하여 자본가에 賣與하지 못하게 하는 방식이나, 국가가 그들의 토지를 소유하고 稅納 또는 다른 類似 收入으로 대신 賣下한다. '체감매상'은 대지주의 토지를 現價에 比率的 割引으로 하며, 소지주는 할인을 비교적 輕히 한다. '무상분여'는 농민이 소유권을 갖도록 하나 賣買相續에서는 國營하여 대지주가 다시 출현하지 않도록 한다.

김규식은 장래 입법기관이 성립된 뒤에, 「7원칙」을 심의·결의하여 법을 제정해야만 비로소 구속력을 지닌다고 설명하였다. 따라서 토지개혁안도 입법기관이 설립된 후에 일체를 입법기관에서 정하여 시행할 일임을 강조하면서, 지금 이를 반대함은 杞憂라 하여 한민당 계열에서 제기하는 의혹을 해소하려 하였다.

≪문서 18≫ 「군정장관 A. L. Lerch 소장이 민정장관 안재홍에게 보낸 영문 기밀 공문(1947. 5. 10)」부터 ≪문서 21≫ 「남조선과도정부 고문관 A. L. Lerch 소장이 안재홍에게 보낸 영문 메모(1947. 5. 13)」까지 7건은 당시 '李範聲事件'·'李範聲詐欺事件'·'이범성보따리사건'·'이범성고리짝2천만원사건'·'이천만원사기사건'·'二千万원고리짝사건'·'倭보따리사건'·'고리짝사건'·'敵産보따리사건' 등으로 불렸던 사건과 연관된 문건들이다. 이 사건은 겉으로는 입법의원 의장 김규식을 겨누어 파렴치한으로 매장하려는 모략이었다. 그러나 이면의 실상을 보면, 김규식·안재홍과 조병옥·장택상의 갈등에서 비롯되었으며, 더 큰 범주에서는 좌우합작운동을 추진하는 중간파 세력이 한민당의 정치노선과 대립한 데에 根因이 있었다. 위의 문건들은 데마고기가 넘치는 해방정국에서 이른바 중상·모략이 어떻게 횡행하였는지, 언론에도 보도

되지 않았던 이면까지 보여주는 실례이다.

6.

《문서 22》「민병증이 C.I.C.에서 기술한 각서(1947. 5. 15)」와 《문서 22-1》「민병증이 C.I.C.에서 기술한 각서 설명」은 統衛部 내에서 통위부의 재조직 계획과 관련하여, 민정장관 안재홍의 구도가 閔丙曾 등과 갈등하였음을 보여주는 자료이다.

미군정 당국은 1946년 6월 15일 군정법령 제86호로 「朝鮮警備隊及朝鮮海岸警備隊」를 공포·시행하였다. 이 법령은 군정법령 제28호(1945. 11. 13일부)를 대체한 바로, 이로써 종래의 國防部(Department of National Defence)[27]는 國內警備部(Department of Internal Security, 이른바 統衛部)로 개칭되었고, 종래의 軍務局은 폐지되었다. 대신 군무국 업무를 뒷받침할 수 있는 朝鮮警備局(Bureau of Korean Constabulary)과 朝鮮海岸警備局(Bureau of Korean Coast Guard)의 2개 局이 설치되었다. 이에 조선경비대가 창설되어 조선경비국 관할 아래, 또 조선해안경비대도 창설되어 한국 海岸·海上의 近海岸 및 島嶼 巡察을 유지하기 위한 한국정부의 海防兵團으로 임무를 수행하게 되었다.[28]

국방부가 통위부로 개칭된 데에는 두 가지 이유가 있었다. 1946년 3월 제1차 미소공위가 서울에서 개최되었을 때, 미군정청 기구 내의

---

27 이전의 국방사령부(Office of the Directer of National Armed Forces)가 1946년 3월 29일 군정법령 제64호에 의거하여 國防部(Department of National Defence)로 개칭되었다.

28 朝鮮軍政長官 美國陸軍少將 아처·엘·러취,「(軍政法令 第八十六號)朝鮮警備隊及朝鮮海岸警備隊」(1946. 6. 15)[國史編纂委員會 編,『資料大韓民國史』2 (探求堂, 1969. 12), 764～765쪽]. 앞으로『資料大韓民國史』를『資料』로 줄임.

국방부 명칭에 "소련이 분명히 민감한 반응"을 보이며 항의하였기 때문이다. 소련 측이 '국방'이라는 용어가 단독국가를 전제로 하고, 조직의 성격이 군사 조직이라는 등 문제를 제기하자, '국가 방위'라는 이름 대신에 '국내 치안'(internal security)이라는 개념이 사용되었다. 같은 이유로 '경비대'의 설치 목적도 군사 조직이 아닌 "조선정부 예비 경찰대를 준비"하기 위한 바라고 규정되었다. 그러나 한국 측에서는 국내 경비부란 호칭을 못마땅하게 여겨, 별도로 국방의 뜻을 살리기 위하여 조선조 말의 軍制를 따서 統衛部로 호칭하기를 주장하여 그대로 사용하게 되었다. 국방부가 통위부로 개칭되면서, 미군정은 통위부장 프라이스(Terrill E. Price, 미 육군 대령)의 고문으로 韓國光復軍 參謀總長을 지낸 柳東悅을 취임시켰다. 이후 군정 이양에 따른 절차의 일환으로 군정청 내의 각 한국인 부처장에게 행정권을 이양하면서, 1946년 9월 12일 미국 측 통위부장 프라이스가 통위부 수석고문관으로 임명되고, 한국 측에서는 柳東悅이 통위부장직을 맡게 되어 한국인이 처음으로 통위부장에 취임하였다. 이 통위부가 정부 수립과 동시에 국방부가 되었고, 1948년 8월 16일 유동열이 통위부장을 離任하면서, 국무총리 李範奭이 초대 국방부장관을 겸임하여 취임하였다.[29]

≪문서 26≫「민정장관 안재홍이 미국 신문기자들을 상대로 발표한 영문 연설문(1947. 7. 24)」은 제2차 미소공위가 진행되고 있던 정세에서, 안재홍의 시국 인식과 대처 방안을 알 수 있는 자료이다. 1947년

---

[29] C. L. 호그 지음, 신복룡·김원덕 옮김, 『한국분단보고서』상(풀빛, 1992. 8), 193쪽 ; 李丙泰, 「국방조직의 변천과정 고찰-우리나라 초창기 국방기구를 중심으로」, 『軍史』第17號(國防部 軍史編纂委員會, 1988. 12), 232~235쪽 ; 梁炳基, 「한국의 建軍과 軍部 연구(1945~1960)」, 『國史館論叢』第58輯(國史編纂委員會, 1994. 11), 224~225쪽 ; 「제헌헌법 5장 헌법적 질서와 관련된 미군정기 주요 법규」의 '2. 국방조직개편'의 '1) 해제 : 미군정의 통치와 국방조직의 개편', 『헌정사자료DB』[국사편찬위원회, 데이터베이스 제공].

7월 22일 미국 新聞人 10여 명으로 구성된 시찰단 일행이 來韓하여 25일 離京하였다. 이들은 23일에는 하지 중장, 브라운 소장, 웨컬링 代將, 군정장관 대리 헬믹 代將 등 미군정 수뇌부와 회견하면서 남한의 군정 상황, 미소공위의 진척 상황 등을 보고받았다. 이어 24일에는 남조선과도정부 각 부처장들과 회견한 뒤 국내 기자단과도 회동하여 문답하였는데, ≪문서 26≫은 시찰단이 부처장들과 회동하는 자리에서 민정장관으로서 행한 연설로 추정된다.

안재홍은 이 연설에서 미소공위의 성공이 통일정부를 수립하는 길임을 강조하면서도, 미국이 '南朝鮮單獨措置'―당시 언론을 비롯해 많이 사용하였던 용어이다―를 취할 가능성을 우려하였다. 연설은 미군이 남한에 진주한 이후 좌익이 주도하는 조선인민공화국을 제압하기 위하여 극우 세력들에게 편중되는 정책을 폈음을 지적하면서, 장차 애국 중립 진영(당시 중간파로 지칭되는)을 지원해야만 민중들의 좌경화를 막을 수 있다고 제안하였다. 끝으로 미국의 경제 원조도 진지하게 요청하였다.

≪문서 27≫ 「민정장관 안재홍이 군정장관 대리 C. G. Helmick 장군에게 보낸 영문 공문(1947. 8. 4)」은 짧은 분량이지만, 안재홍이 민정장관에 취임한 이후 인사 쇄신을 단행하려는 강한 의지, 이것이 한민당의 저항에 부딪혀 대립·갈등하는 政況을 보여주는 자료이다. 1947년 6월 24일 안재홍은 남조선과도정부 政務會議에서 부처장의 동의를 얻은 뒤, 헬믹 군정장관 대리의 결재를 받아 1處長 3道知事의 轉任 발령을 내용으로 하는 人事異動 건을 헬믹 군정장관 대리의 명의로 입법의원에 인준을 요청하였다. 입법의원은 이를 심의한 결과, 토의할 만한 해당 법령이 없으므로 행정부에서 자유로 처리할 사안이라는 회답을 7월 10일 자로 회부하였다. 다시 행정부에 회부된 민정장관 안재홍의 人事異動案은 7월 12일부로 헬믹 대장의 최후 결재를 얻어 원안

대로 실시하게 되었다. 인사이동 사항은 朴鍾萬(忠南知事) 任全北知事, 鄭一亨(人事行政處長) 任忠南知事, 朴乾源(江原知事) 任全南知事, 徐珉濠(全南知事) 任江原知事였다.[30]

이 과정에서 공보부는 6월 28일 자로 인사이동의 사실을 발표하였다. 인사 행정의 책임 부처인 인사행정처의 部處長 정일형(한민당 소속)을 교체함은 大小 행정 관원의 인사 행정에서 쇄신을 단행하려는 강한 의지였다. 안재홍은 이후에도 有黨籍者의 등용을 폐지한다는 방침을 정하였다.[31] 『東亞日報』의 보도에 따르면, 한민당원인 서민호·정일형은 "이번異動의不當性과 裏面을暴露하는聲明書를 各々發表하였고", "이번人事를 飜覆시키지않고 그대로固執한다면 到底히受諾할수없으며 辭退할수밖에없다고辭意를表明하면서" 인사 발령을 거부하였다.[32]

이에 안재홍과 헬믹은 7월 1일 기자회견을 통하여, 지사급 인사이동이 "군정장관의인준을바더단행한것으로 편파한인사조치는모두(毛頭)도없다"고 밝혔다.[33] 그러나 서민호는 계속 항명하면서, 도내의 군과 읍면 직원에게 자신의 留任을 陳情하는 백지 날인을 강요하는 등 물의를 빚었다.[34] 입법의원의 심의 결과가 나오기 전인 7월 5일, 그는

---

30 「四知事異動은 結局,原案대로實施」, 『서울신문』(1947. 7. 12) ; 「人事異動原案대로斷行」, 『京鄉新聞』(1947. 7. 12) ; 「말성많든人事異動 原案대로實行」, 『朝鮮日報』(1947. 7. 12) ; 「問題의知事異動 昨日에最後發令」, 『東亞日報』(1947. 7. 13).

31 「中央과地方에人事大異動」, 『朝鮮日報』(1947. 6. 28) ; 「各道知事異動」, 『京鄉新聞』(1947. 6. 28) ; 「四道知事異動을發令」, 『서울신문』(1947. 6. 29).

32 「偏向的人事에物議紛紛」, 『東亞日報』(1947. 6. 29).

33 「人事刷新에愼重」, 『朝鮮日報』(1947. 7. 2) ; 「人事異動은正當」, 『朝鮮日報』(1947. 7. 4) ; 「人事異動은正當」, 『京鄉新聞』(1947. 7. 2) ; 「人事異動에 安長官談話」, 『東亞日報』(1947. 7. 2) ; 「이번人事의手續은正當」, 『京鄉新聞』(1947. 7. 4).

34 「全南徐知事留任運動에物議」, 『京鄉新聞』(1947. 7. 5).

인사권은 군정장관에 속한 권한이라고 항변하면서 상부의 전임 명령을 거부하는 한편, 돌연 전라남도의 내무국장·상공국장 이하 4과장과 6계장의 인사이동을 발령하였다. 서민호는 자신이 행한 인사 발령을 민정장관 안재홍에게 상신까지 하였고, 안재홍은 즉시 각하하였다. 이러한 와중에서 전라남도 내의 관리들이 서민호에 반발하여 총사직하는 태세까지 나타났다.[35] ≪문서 27≫은 전라남도 도지사를 교체한 뒤 후속 인사를 관철하려는 안재홍의 의중을 반영한다.

7.

안재홍은 민정장관직에 취임하기 전 "一週日을 두고 苦心한 나머지" "就任 受諾을 하여 놓고 비로소" 金九를 만나서 '受諾事由'를 말하였다. 김구는 안재홍에게 "今後 그대는 徒勞無功일 것이고, 결국 得談만 많이 할 것"이라고 염려하면서 만류하였지만,[36] 안재홍의 노력이 형식상의 성과를 거둔 바도 있었다. 안재홍은 비록 군정 상황이었지만, 행정권을 완전히 이양받아 미군정하의 자치정부를 실현하고, 이로써 장래의 독립국가 건설에 대비하려 하였다. 1947년 5월 17일 미군정은, 민정장관 안재홍이 건의하고 군정장관 러취가 인준한 「(法令第百四十一號)南朝鮮過渡政府의 名稱」을 공포하였다. 이 법령 제1조에서는 "北緯三八度以南朝鮮을 統治하는 立法, 行政, 司法部門等在朝鮮美軍政廳朝鮮人機關은 南朝鮮過渡政府라 呼稱함"이라 규정하였다.[37]

---

35 「全南道廳內徐에 空氣微妙」, 『京鄕新聞』(1947. 7. 8) ; 「徐知事의 獨擅人事」, 『漢城日報』(1947. 7. 8) ; 「轉出拒否코 人事發令」, 『朝鮮日報』(1947. 7. 9).
36 앞의 「白凡 政治鬪爭史」, 441~442쪽.
37 「(法令第百四十一號)南朝鮮過渡政府의 名稱」(1947. 5. 17)[『資料』4(探求堂,

물론 과도정부라는 개념과 성격이 모호하고, 실권은 여전히 미군정에 있었지만, 완전한 민정 이양을 위한 남한 내의 과도기 통치기관(권력체)라는 데에서 의미가 컸다. 실지 안재홍은 제한된 여건이었지만 남조선과도정부의 행정부 수반으로서 최선을 다하였다. 제2차 미소공위마저 결렬되는 전후의 시기에, 통일민족국가 수립이라는 이상이 좌절되고 남한단독정부가 현실화되는 상황에서 그의 노력은 더욱 치열하였다.

1947년 8월 말 들어, 안재홍은 미국의 대한정책이 '남조선단독조치'로 기울었다고 정세판단하였다. "一次美蘇共同委員會 또는 二次의 그것이 드디어 실패되어 一九四七年 八月 끝에는 美蘇協調에 의한 南北統一 獨立完成은 절망이라고 단념하게 된 것이다."[38]는 말에서, 이즈음 그의 시국 인식이 단적으로 드러난다. ≪문서 29≫, ≪문서 30≫, ≪문서 33≫=≪문서 34≫(두 문서는 동일한 내용이나, 각각 다른 용도에서 발표), ≪문서 34-1≫, ≪문서 34-2≫를 이해하기 위해서는 1947년 8월 말의 상황부터 먼저 파악할 필요가 있다.

1946년 5월 6일 기약 없이 무기 휴회에 들어간 미소공위는, 우여곡절 끝에 1947년 5월 21일 어렵게 재개되었다. 제2차 미소공위였다. 유럽에서 냉전이 본격화해 가는 국제정세에서 미소공위가 1년 만에 재개된 만큼, 美蘇協調 노선에 따라 한국문제가 해결되어야 한다는 기대는 제1차 미소공위 때보다도 컸다. 제2차 미소공위는 7월 초까지만 해도 성공할 듯이 순항하였으나, 8월 들어 다시 해묵은 논쟁을 반복하며 공전하기 시작하였고 8월 말에는 정돈 상태에 빠졌다. 미·소 양측은 미소공위와 협의할 정당·사회단체의 자격 문제, 즉 반탁 진영의 참가 문제를 둘러싸고 판박이 논쟁을 되풀이하였고 회담은 교착 상태에

1971. 12), 717쪽].

38 「美蘇와 韓國의 將來」, 『開闢』第80號(1948년 12월호)[『選集』2, 387쪽].

빠졌다.

이렇게 제2차 미소공위가 정돈 상태에 빠진 8월 말경, 미국 트루먼 (Harry S. Truman) 대통령의 특사로 웨드마이어(Albert C. Wedemeyer)가 내한하는 정황은, 안재홍의 정세판단에 크게 영향을 미쳤다. 웨드마이어는 8월 26일 내한하여 9월 3일 離韓하였는데, 그는 방한하기 전 國共의 내전을 거듭하고 있던 중국에 한 달간 체류하였으며, 다시 도쿄에 들러 맥아더(Douglas MacArthur)와 회담하였다. 웨드마이어 사절단은 방한 목적을 조선의 정세를 조사하는 데 있다고 밝혔지만,[39] 제2차 미소공위가 공전을 거듭하던 8월 말, 당시 이 방한을 바라보는 世評은 미국의 대한정책이 '남조선단독조치'라는 '일방적 계획추진'으로 기울었다고 판단하였다.[40]

안재홍은 방한 전후의 웨드마이어의 활동을 지켜보면서, 미국의 대한정책이 남한단독정부를 수립하는 쪽으로 이미 돌아섰다고 정세판단하였고, 이를 수용하면서 두 가지 방향에서 '시국대책'을 강구하였다. 하나는 민정장관이라는 자신의 직위를 활용하여 미군정·미국정부를 설득하려 하였다. 또 하나는 자신이 민정장관의 지위에 있으므로 드러내어 중심에 나설 수 없었으나, 중간파가 정치세력화하는 움직임을 지원하였다. 이를테면 民主獨立黨 창당과 民族自主聯盟 결성을 이

---

39 웨드마이어의 방한 목적은 미국의 대한정책의 변화, 즉 미소협조 노선에서 미소대결 노선으로 전환됨에 따라 남한단정안을 현실화하기 위한 정보 수집에 있었다. 자세한 점은 鄭容郁, 「미군정기 웨드마이어 사절단의 방한과 미국의 대한정책 변화」, 『東洋學』第30輯(檀國大學校 東洋學硏究所, 2000. 6), 208~212쪽 ; 정용욱, 『해방 전후 미국의 대한정책』(서울대학교출판부, 2003. 12), 433~471쪽 ; 정무용, 「1947년 웨드마이어 사절단의 방한과 한국인의 대응」, 『韓國史論』57(서울大學校 人文大學 國史學科, 2011. 6), 324~333쪽을 참조.

40 김인식, 「〈시국대책요강〉의 작성 경위와 내용 검토」, 『한국민족운동사연구』79 (한국민족운동사학회, 2014. 6), 246쪽.

론으로 뒷받침하는 일이었다.[41]

안재홍이 미군정·미국정부를 상대한 대응책으로는, 웨드마이어가 방한하는 무렵인 8월 말부터 9월 사이의 한 달여 동안, '남조선단독조치'에 대처할 시국대책 방안을 직접 작성하여, 민정장관(Civil Administrator) 안재홍 명의로 미군정과 미행정부 요로에 보내는 한편, 때로는 성명서의 형식으로 한국 민중에게 직접 호소하는 방식도 택하였다. 그가 '민정장관' 명의로 직접 작성하였거나, 과도정부 수반인 관계로 관여한 문건은 모두 6건이 現傳하는데, 3건이 내용상으로는 동일 문서이다. 즉 ≪문서 29≫, ≪문서 33≫, ≪문서 33≫의 국문 원문, ≪문서 34≫, ≪문서 34-1≫. ≪문서 34-2≫ 6건 가운데, ≪문서 33≫과 ≪문서 33≫의 국문 원문 및 ≪문서 34≫가 동일한 내용이다.

이들 문건의 요체는 남한단독정부 수립을 현실로 수용한 전제 위에서, 남한에 민주역량을 성장·강화시켜 통일민족국가를 완성하는 남한 내의 주도역량이 됨으로써 통일건국을 완성하자는 데 있었다. 안재홍은 李承晚·한민당 계열로 대표되는 '극우보수' 세력이 장차 수립될 남한 정부에서 주도권을 장악하지 못하도록 막고, 중간우파 세력이 신정부의 주축을 이루어야만 대중들을 좌익의 유혹에서 차단하여 공산주의를 방지할 수 있다고 강조하였다. 그는 8·15해방 후 '극우보수' 세력이 행정·사법·경찰 등 모든 분야에서 권력을 장악하고 미군정을 사실상 지배하였으므로, 민중들이 군정에 대항하는 공산주의자들의 음모에 동조하였음을 지적하였다.[42]

≪문서 29≫「민정장관 안재홍이 A. C. Wedemeyer 중장에게 보낸

---

41 안재홍이 중간파를 정치세력화하려는 시도는 '민주역량 강화'에 목적이 있었으며, 이를 위해 '순정우익 집결'을 주창하였다. 이 과정은 김인식, 앞의 책, 제7장, 501~570쪽을 참조.

42 김인식, 「대한민국정부수립과 안재홍 : 정부수립 주체론을 중심으로」, 『동양정치사상사』제8권 1호(한국·동양정치사상사학회, 2009. 3), 9~10쪽.

영문 공문(1947. 8. 28)」은 민정장관 명의로 웨드마이어에게 보낸 공한이다. 웨드마이어 중장은 내한 제4일째인 8월 29일 오전 9시부터 12시까지 중앙청(남조선과도정부) 제1회의실에서 민정장관 안재홍을 위시하여 각 부처장들과 공식 회담을 갖고 의견을 청취하였다. 형식은 미리 서면으로 제출된 朝鮮實情調査參考資料書(統計報告書)를 받은 후, 商務·財政·工業·運輸·鑛業·勞動·食糧·敎育·保健厚生 등 각 부문별로 조사 자료에 참고될 口頭陳述을 부처장들에게서 일일이 청취하는 방식으로 진행되었다.[43] ≪문서 29≫는 이 공식 회담을 위해 미리 서면으로 제출한 자료로 보인다. ≪문서 30≫에 따르면, 안재홍은 이 자리에서 연설하였는데, 남조선과도정부의 수반으로서 이 문건의 내용을 冒頭 발언한 듯하다. 8월 29일 웨드마이어와 부처장들의 공식 회견 이외에, 안재홍은 8월 30일 오전에도 웨드마이어와 개별 회견을 가졌다.[44]

안재홍은 이 공한에서, 미국의 반공주의에 호소하는 방식으로 미국 정부를 설득하려 하였다. 남한에 진정한 민주정부가 수립되어야만 공산주의를 방지할 수 있는데, 이를 위해 '보수극우 세력'(conservative extreme right wing)이 다시 등장하여 새로 수립될 남한 정부에서 주도권을 장악하는 현실을 매우 경계해야 한다고 강조하였다. 이들 보수 세력이 군정을 사실상 지배하였으므로, 공산주의자들이 군정에 대항하자 대중이 이에 호응하여 좌경화하는 계기가 되었음을 상기시키면서, 만약 새로운 정부에서 '보수극우 세력'이 권력을 잡게 된다면 큰

---

43 「웨特各代表要談使-報告書聽取」, 『東亞日報』(1947. 8. 30) ; 「部處長과會見」, 『朝鮮日報』(1947. 8. 30) ; 「"웨„特使實情調査着々進行」, 『京鄕新聞』(1947. 8. 31).
44 웨드마이어는 8월 30일 오전 9시 반부터 金九를 비롯해 민정장관 안재홍, 李允榮·申翼熙·元世勳 등과도 개별 회견을 갖고 朝鮮事情의 실태를 정취하였다. 「웨將軍朝鮮人會見頻繁」, 『朝鮮日報』(1947. 8. 31).

위험을 초래하게 된다고 강하게 경고하였다. 안재홍은 중립의 정치
성향(neutral political leanings)에 대중들이 모이도록 유도함으로써, 즉
중간우파 세력이 남한 정부의 주축이 되어야만 대중들을 좌익의 유혹
에서 차단할 수 있음을, 이것이 최선의 방책임을 간곡하게 충고하였
다.[45]

≪문서 30≫「미 육군 A. C. Wedemeyer 중장이 민정장관 안재홍에
게 보낸 영문 서한(1947. 8. 30)」은, 웨드마이어가 1947년 8월 29일 자
안재홍의 서신을 받고서, 안재홍의 견해 즉 시국대책 방안이 사절단
의 활동에 도움이 된다는 답신이었다. 결과론으로 볼 때, 안재홍의 시
국대책안은 미국의 대한정책에 반영되지 않았으므로,[46] 남조선과도정
부의 수반에게 형식상의 예우를 갖추었을 뿐이다. ≪문서 30≫은 안
재홍이 8월 29일에 구두진술(혹은 冒頭 연설)하기 위하여 8월 28일 자
로 작성하여 제출한 공한, 즉 ≪문서 29≫와 별도로 8월 29일 웨드마
이어에게 개별 서신을 보냈음을 보여준다.

8.

웨드마이어가 이한한 뒤 국내외 정세는 더욱 소용돌이치며 급박했고,
1947년 10월 들어서는 제2차 미소공위가 끝내 파국으로 치달으면서
남한단독정부 수립은 더욱 분명한 현실로 다가왔다. 1947년 9월 16일

---

45 김인식, 앞의 논문(2009. 3), 11쪽.
46 미군정 사령관 하지가 웨드마이어에게 제출한 한국문제 해결책은 총선거
    실시를 통한 남한정부 수립이었다. 그는 한국에서 냉전 논리가 심화됨에
    따라, 미국의 대안은 '남한단정안'뿐이며, 총선거를 통해 우익이 주도할 수
    있는 정부를 구상해야 한다고 웨드마이어에게 건의했다. 이러한 건의는 웨
    드마이어를 통해 트루먼에게 전달되었다. 정무용, 앞의 논문, 337~338쪽.

개최되는 제2차 UN총회에서, 미국은 미소공위를 통한 한국문제 해결의 방안을 접고 UN으로 한국문제를 정식 이관하면서, 사실상 남한단독정부를 수립하는 수순을 밟았다.

9월 17일 미 국무장관 마셜(George Catlett Marshall)은 UN총회의 연설 석상에서 이러한 방침을 공식화하였다. 그는 미소공위를 통한 미·소 양국의 교섭으로 한국문제를 해결하려는 기도는, 한국의 독립을 지연시킬 뿐이라는 판단 아래 한국문제를 UN에 회부하겠다고 제의하였다. 연설의 마지막 구절은 "美國은 美蘇兩國이 合意를 보지못함으로서 朝鮮人의獨立에對한 緊急하고 正當한要求를 이以上 遲延시키기를 願치안는다"로 끝났다.[47]

소련은 이러한 제안에 즉각 반발하였다. 다음날인 9월 18일 UN총회 소련 수석대표 안드레이 비신스키(Andrei Yanuar'evich Vyshinskii) 외상대리는, 한 시간 반에 걸친 연설을 통하여 "美國政策은UN을破壞하고 第三次大戰을釀成하고잇다"고 미국을 격렬하게 비난·공격하면서, 마셜의 한국문제 UN상정안도 강하게 배격하였다.[48] 비신스키의 연설이 UN을 통한 남북통일정부 수립이 쉽지 않음을 예고하는 가운데, 미국 역시 UN에서 한국문제의 의제화를 강행하였다.

소련이 강하게 거부하는데도, 9월 21일 UN총회 운영위원회는 12대 2표로 한국의 독립 문제를 총회에서 충분히 토의하기 위하여 총회의 의정에 첨가하라는 미국의 요구를 가결하였다.[49] 9월 23일 UN총회는

---

47 공보부는 9월 19일 특별발표 형식으로, 마셜이 UN총회에서 한국문제에 관하여 행한 연설의 全文을 발표하였다. 「UN上程主張」, 『自由新聞』(1947. 9. 20) ; 「三八線悲劇解決을 U·N總會에서實踐하자」, 『서울신문』(1947. 9. 20).

48 「朝鮮問題의總會上程 蘇側却下를主張(第三日)」, 『朝鮮日報』(1947. 9. 20) ; 「朝鮮問題上程에 蘇拒否를主張」, 『東亞日報』(1947. 9. 20) ; 「上程된朝鮮問題 蘇는拒否를主張할터」·「美國의對外政策演說을 蘇代表 ᄀ비ᄀ氏全面的으로非難」, 『京鄕新聞』(1947. 9. 20) ; 「朝鮮問題에對한美蘇見解!」, 『서울신문』(1947. 9. 20).

한국문제를 총회 議事日程에 첨가하는 안건을 41대 6표로 가결함으로써 미국이 의도한 대로 한국문제는 UN으로 이관되었고, 예상한 대로 소련 측은 이를 맹렬히 비난하였다.[50]

한편 제2차 미소공위는 9월 17일 제60차 본회의가 열린 이후 정돈 상태에 있다가, 9월 26일 소련 측이 요청하여 하오 1시 반부터 3시 반 사이에 걸쳐 제61차 본회의를 열었다. 이날 소련 측 대표 스띠꼬프(Terenti Fomich Shtikov) 중장은, 1948년 초까지 미·소 양군이 한국에서 동시 철퇴함으로써, 연합국이 원조에 참가하지 않고 한국인 스스로 정부를 수립할 수 있는 가능성을 부여하자는 요지의 성명서를 발표하였다.[51]

다음날인 9월 27일 미소공위 미국 측 수석위원 브라운(Albert E. Brown) 소장은 스띠꼬프의 同時撤兵案을 반박하는 성명서를 발표하였고, 이는 미소공위의 파열을 확정하는 신호탄이었다. 미국정부의 방침은 미소공위를 휴회시키는 쪽으로 이미 결정되었다.

이러한 국내외 정세에서 남한단독정부 수립은 더욱 분명한 현실로 다가왔고, 민정장관 안재홍은 이에 대응하는 시국대책안을 다시 제시해야만 했다. ≪문서 33≫ 「민정장관 안재홍이 작성한 "공동위원회 실패와 현재 상황에 적절한 대응책"(1947. 9. 23)」도 안재홍이 '민정장관'

49 「朝鮮問題UN正式上程」, 『東亞日報』(1947. 9. 23) ; 「朝鮮獨立問題上程決定 UN總會서充分討議」, 『朝鮮日報』(1947. 9. 23) ; 「朝鮮問題UN上程案 十二對 二로總會議程으로可決」, 『京鄕新聞』(1947. 9. 23).

50 「朝鮮問題討議開始!」, 『朝鮮日報』(1947. 9. 25) ; 「朝鮮問題U·N上程의經緯」, 『서울신문』(1947. 9. 25) ; 「蘇側反對를一蹴하고 朝鮮問題討議決定!」, 『東亞日報』(1947. 9. 25) ; 「朝鮮獨立問題討議件 UN總會41對6으로採擇」, 『京鄕新聞』(1947. 9. 25).

51 「來一九四八年初期에 美蘇兩軍同時撤退」, 『서울신문』(1947. 9. 27) ; 「朝鮮人政府自立爲해 蘇同時撤退用意」, 『朝鮮日報』(1947. 9. 27) ; 「同時撤兵을提言」, 『京鄕新聞』(1947. 9. 27) ; 「同時撤兵提案」, 『東亞日報』(1947. 9. 28).

명의로 작성한 시국대책안이었다. 안재홍은 이를 「美蘇共委의 不成功과 時局對策」이라는 제목의 국한문으로도 작성하여 '민정장관' 명의의 성명으로 같은 날(1947. 9. 23) 발표케 함으로써 한국민에게 직접 호소하는 방안도 병행하였다.

위의 9월 23일 자의 문건과 동일한 내용을 다음날인 9월 24일 朝美經濟俱樂部에서 연설하였음을 보면, ≪문서 33≫의 문건을 영문으로 작성한 이유는, 일차로는 이 연설의 원고로 활용하려는 데 있었던 듯하다. ≪문서 34≫ 「민정장관 안재홍이 한미경제인클럽에서 한 영문 연설문(1947. 9. 24)」이 그것이다. 이 문건이 이후 미군정과 미국정부 요로에 제출되었는지는 확인하지 못하였다. ≪문서 33≫과 ≪문서 34≫는 같은 내용으로, 만일 미국과 소련이 협조하지 않아 제2차 미소공위마저 결렬되고 만다면, 미국은 '남조선단독조치'로 나아갈 터이므로, 남한만의 보통선거를 앞두고 민중을 진정한 민주주의 노선으로 영도하여 남조선과도정부와 협력케 함이 중대한 국책임을 강조하였다. 안재홍은 남조선과도정부를 사실상 정부화함으로써 新정부 수립의 기틀을 다지고, UN의 지원 아래 새로 수립되는 남한 정부가 통일국가를 완성하는 '主導力量'을 가져야 한다고 강조하면서, 이를 위한 구체안을 5가지로 제시하였다.

이 중 가장 중요한 첫 번째가 '一. 行政機能의 一元化와 强力化'로, "行政權移讓의 本旨에 準하야 民政長官中心으로 政務體勢의 一元化가 要請된다"고 주장하였다. 이는 한민당이 '軍政의 與黨化'한 현실을 염두에 둔 시정책이자, '정치의 민주화'를 이루기 위한 전제 조건이었으며, 그가 민정장관에 취임한 이래 줄곧 관철시키려 하였던 일순위의 과업이었다. 이 첫 번째 과업은 "二. 眞正한 民主主義勢力의 擁護育成과 그에 對한 民衆의 趨向集結을 誘導할 것이다"라는 두 번째 목표와 직결되었다. 이때 '진정한 민주주의 세력'은 '진보적 민족주의 세력'과 같은 뜻이었다. 이러한 시국 대처 방안은, 진보민족주의 세력이 확고하게 주도역량으로 정치세력화하여 남조선과도정부를 기틀로 삼아 새로운 남한 단독정부를 수립하고, 이 정부가 통일국가를 수립하는 주도역량이 되어야 한다는 결론으로 닿는다.[52]

≪문서 34-1≫「시국대책요강(1947. 9. 25)」은, 미국이 남한단독정부 수립을 현실화하고 있다는 공통된 시국 인식을 배경으로, 남조선과도 정부 내의 單政路線 우익 세력(조병옥을 위시한 한민당 세력)과 單政 受容 중간우파(민정장관 안재홍)가 공통으로 시국대책을 강구한 문건 이다.[53]「시국대책요강」(앞으로 「요강」으로 줄임)의 첫 단어인 '시국' 은 바로 제2차 미소공위의 결렬, 이에 따라 미국과 소련의 합의에 근 거하여 한국문제를 해결한다는 원칙과 방안이 파국을 맞는 '비상시국' 을 가리켰다. 「요강」은 말 그대로 '시국'에 대응·대처하는 기본 강령과 방책을 뜻하였다.

하지의 정치고문이었던 제이콥스(Joseph E. Jacobs)가 1947년 10월 10일 자로 국무장관에게 보고한 내용은 전체가 「요강」과 관련되었는 데, 「요강」이 작성된 배경과 시기·목적 등이 명확하게 드러난다. 이에 따르면, 남조선과도정부의 지침으로서 1947년 9월 25일 자로 정책 개 요가 작성되었으며, 이 메모랜덤[54]의 첫머리는 본 문건이 남조선과도 정부에서 만장일치로 채택되었으며, 또한 부처장과 道知事의 합동 회 의에서도 만장일치로 채택되었음을 언급하였다. 그리고 10월 1일 민 정장관 안재홍 및 경무부장이자 한민당의 주요 인사로서 이승만의 정 치상의 동료인 조병옥이 동행하여, 두 사람이 함께 재남조선 미군사 령관 하지(John R. Hodge) 중장에게 이를 제출하였다. 문건을 기초하

---

52 김인식, 앞의 논문(2009. 3), 11~12쪽.
53 「시국대책요강」과 관련해서는 김인식, 앞의 논문(2014. 6)을 참조.
54 제이콥스 보고서는 「요강」을 memorandum으로 표현하였다.

는 일은 경찰의 총수인 조병옥이 주로 담당하였다. 메모랜덤의 핵심은 SectionⅢ의 "The Urgency of Strengthening South Korea"[55]에 함축되어 있는데, 이 행동 방책들은 이승만의 철학과 매우 일치한다.[56]

「요강」은 남조선과도정부 내의 공통된 시국 인식에 근거하여 미국 정책 당국을 향하여 합의점을 도출하였지만, 여기에는 단정노선 우익 세력과 안재홍 사이에, '남조선단독조치'에 따른 국가건설의 방향성과 권력 구도의 편성을 둘러싼 차이, 또 권력투쟁의 실태도 혼재된 채 반영되었다. 문제는 남조선과도정부를 어떻게 '우리 정부'로 만드냐에 있었는데, 안재홍은 이 점에서 한민당과 방법을 달리하였으므로 「요강」과 별도의 시국 대처 방안을 미군정과 미국정부에 제안하였다.

하지의 정치고문이었던 제이콥스가 미 국무장관에 보고한 바에 따르면, 안재홍은 「요강」에 서명한(9월 26일) 다음날인 9월 27일 '극우세력'을 불신하는 처지에서 작성한 또다른 메모랜덤을 하지에게 전달하였다. ≪문서 34-2≫「(公翰)행정태세강화안」(1947. 9. 27)이 그것이다. 「요강」보다 더 많은 양으로 더욱 구체한 내용을 담은 이 공한의 서론에서, 안재홍은 평소 자신의 신민족주의 정치이념과 중간파의 정치노선에 근거를 두고, 미국이 남한에서 강한 단독정부(a strong separate government)를 지지하여야 할 경우 자신이 제시하는 시국대책 방안을 표준으로 채택하기를 강력하게 제안하였다.

제이콥스는 이 '메모랜덤'을 ①민정장관에게 지금보다 더 큰 권한이 부여되어야 한다, ②극우파는 억제되어야 한다, ③경찰력은 우익이 아

---

55 「요강」의 체제에 따르면, 이 대목은 국문원문의 '三. 南朝鮮單獨措處의 切 迫性'을 가리킨다.

56 U.S. Department of State, "The Political Adviser in Korea (Jacobs) to the Secretary of State"(Seoul, October 10, 1947), *Foreign Relations of the United States 1947*, vol.Ⅵ The Far East(Washington, United States Goverment Printing Office, 1972), pp.829~831.

닌 요원들로 더 많이 충원하고, 더 높은 수준의 행정 당국의 더 큰 통제력에 종속되어야 한다는 세 가지로 요약하였는데 매우 정확한 분석이었다. 안재홍은 이 문건에서 민정장관을 중심으로 남조선과도정부의 권한을 강화하여 독립국가로 나아가는 방향을 제시하였는데, 이 무렵 그의 시국대책안의 일관된 전제이자 요체였다.[57]

≪문서 35≫ 「민정장관 안재홍이 미국 연방의회 군사대표단에게 보낸 영문 서한(1947. 10. 3)」은 1947년 10월 4일 내한하여 6일 이한한 미국 하원의 군사위원회 소속 의원과 육해군 장교 등으로 구성된 군사위원회 사절단(대표단)에게 민정장관 명의로 발송한 서한이다. 미국 의회의 軍事豫算委員 등 하원의 군사위원회 위원인 6명의 의원 및 육해군의 장군과 경제 전문가 10명을 동반하여 구성된 極東軍事實情調査團(미군사위원단) 일행이 4일 도쿄에서 내한하여 2일간의 단기 시찰을 마친 뒤 중국으로 向發하였다. 이들은 미군 수뇌부와 간담회 혹은 보고 서류의 형식으로 한국 정세 전반에 관한 보고를 청취하는 등 남한 사정을 조사하였고, 5일에는 군정부 및 미군 당국자와 협의한 뒤 38도선 전역을 시찰하였다. 이들의 임무는 미국 육군장관의 依囑을 받아 태평양과 극동 방면의 미국 군사 시설과 점령지의 상황을 시찰하여 미국 의회의 군사위원회에 보고하는 데 있었다.[58] 미군정은 한국

---

57 이상에서 제이콥스 보고서는 위의 *Foreign Relations of the United States 1947*, vol.Ⅵ, pp.829~831 ; 김인식, 앞의 논문(2009. 3), 12~13쪽.

58 「美國會軍事委員一行明四日來朝」, 『東亞日報』(1947. 10. 3) ; 「美議員團四日 入京豫定」, 『서울신문』(1947. 10. 3) ; 「美議員團一行明日來朝」, 『京鄕新聞』 (1947. 10. 3) ; 「美軍事委員團」, 『朝鮮日報』(1947. 10. 3) ; 「美軍事委員團 昨日空路入京(一日半滯在)」, 『朝鮮日報』(1947. 10. 5) ; 「美國會調査團 昨日入京軍首腦部와會談」, 『東亞日報』(1947. 10. 5) ; 「美軍事調査團一行入京」, 『京鄕新聞』(1947. 10. 5) ; 「美議員一行入京」, 『서울신문』(1947. 10. 5) ; 「昨日退京 南京으로出發」, 『京鄕新聞』(1947. 10. 7) ; 「六日中國向發」, 『서울신문』 (1947. 10. 7).

에서 미국 군사위원단의 행동은 파괴 분자에게 이용당할 위험성이 있다 하여, 이들의 활동과 관련하여 여하한 보도도 불허하였다.[59] 그렇다 하더라도 한국문제가 UN총회에 上程되어 국내외의 관심이 집중된 만큼, 미국 군사위원단의 내한은 주목을 끌 수밖에 없었다.[60] ≪문서 35≫에서 안재홍은 마셜 제안(9월 17일)이 UN에 상정된 뒤, 미소공위 소련 측 대표가 제안한 미소양군 동시 철퇴의 부당성을 주장하였다.

9.

≪문서 42≫「대만 재해방연맹 위원장 Thomas W. I. Liao가 조선정무위원회 위원장에게 보낸 영문 서한 및 번역문(1947. 11. 7)」은 랴오원이(廖文毅)가 남조선과도정부의 수반인 안재홍에게 대만의 자치운동을 지원해 주기를 요청하는 서한이다. 1945년 대만이 해방된 후 중화민국 국민정부 통치하에서도, 일제 지배하에서 대만인이 받던 차별대우가 변함없자, 랴오원이는 대만인의 자치를 요구하였다. 대만의 2·28사건은 1947년 2월 28일에 촉발되어 5월에야 진정 국면으로 들어섰는데, 랴오원이는 1947년 2월에 상하이로, 8월에는 홍콩으로 이동하였다. 臺灣再解放聯盟이라는 단체가 정식 발족식을 가진 때는 2·28사건 1주년인 1948년 2월 28일이었지만, 랴오원이는 상하이(上海)에서부터 대만재해방연맹이라는 이름으로 활동하였다.

≪문서 42≫는 1947년 11월 7일에 대만재해방연맹이라는 이름으로

---

59 「來京한美議員一行」, 『서울신문』(1947. 10. 7) ; 「美軍事調查團의朝鮮內行動報道를禁止」, 『京鄉新聞』(1947. 10. 7) ; 「美委員團中國向」, 『朝鮮日報』(1947. 10. 7).
60 「美國會軍事委員一行明四日來朝」, 『東亞日報』(1947. 10. 3).

홍콩(香港)에서 발송한 서한이었다. 랴오윈이는 UN이 대만을 일시 신탁통치하였다가 시민 투표로 귀속을 결정해야 한다는 청원서를 UN에 제출하는 활동을 펼쳤는데, ≪문서 42≫에서도 남조선과도정부에 이를 지원해 주기를 요청하고 있다. ≪문서 42≫에서 말하는 국민투표는 UN의 신탁통치 이후 실시할 시민 투표를 가리킨다.

≪문서 44≫「민정장관 안재홍이 전 서울대 총장 H. B. Ansted에게 보낸 영문 서한(1947. 11. 25)」·≪문서 45≫「민정장관 안재홍이 전 서울대 총장 H. B. Ansted에게 보낸 영문 헌사(1947. 11)」는 안재홍이 민정장관 명의로 국립서울대학교의 초대 총장을 지낸 해리 엔스테드에게 보낸 서한이다. 미군정청은 1946년 8월 22일 군정청법령 제102호로 「국립서울대 설립에 관한 법령」즉 국립대학안을 공포하고 국립서울대학교 신설을 강행하였다. 이에 京城大學에 통합된 각 학교는 경성경제전문학교·경성치과전문학교·경성법학전문학교·경성의학전문학교·경성광산전문학교·경성사범학교·경성공업전문학교·경성여자사범학교·수원농촌전문학교 등이었다. 국립서울대학교 내에는 농림과대학·상과대학·치과대학·사범대학·공과대학·예술대학·법과대학·문리과대학·의과대학(간호 및 간호교육학교를 포함)·대학원이 설치되었다.[61] 미군정청은 이를 8월 27일 공보부를 통하여 발표하였다.[62] 이후 이른바 국대안 반대운동이 약 1년간 일어났고, 해리 엔스터드는 국립서울대학교가 설립되자마자 시작된 혼란기에 초대 총장직을 수행하였다.[63] "Veritas Lux Mea"(진리는 나의 빛)라는 서울대학교의 교훈은 그가 지

---

[61] 「軍政廳法令 第一〇二號 : 國立서울大學校設立에關한法令」(1946. 8. 22)[『資料』3(探求堂, 1970. 12), 175~181쪽].

[62] 「서울大學案落着 法令一〇二號公布」, 『朝鮮日報』(1947. 8. 28).

[63] 이른바 국대안 파동 및 엔스테드가 총장에 취임하는 과정은 서울대학교 50년 사편찬위원회, 『서울대학교 50년사 1946~1996』상(서울대학교 출판부, 1996. 10), 6~16쪽.

었다고 한다.

≪문서 45≫를 이해하기 위해서는, 안재홍이 8·15해방 후 제창한 신민족주의의 기반으로서 朝鮮政治哲學, 이 가운데 '數의 哲理'를 이해해야 한다. 안재홍의 『新民族主義와 新民主主義』는 온·즈믄·골·잘로 訓하는 百·千·萬·億을 圓·眞·美·善으로 해석함으로써 신민족주의의 궁극 목표를 다음과 같이 제시하였다.

(33쪽)
十. 圓眞美善으로서萬民共生
온 百, 百圓通
百은 온이니 全卽具全이오 圓卽圓通이다 希臘哲學은 西洋哲學의源本이라 眞善美를說하엿으되 圓혹全을缺하엿다. …
百의온이 圓通具全을表現하는 哲理로서語義이다. …
(34쪽)
즈믄, 千, 千眞
千은 즈믄이니, 참에좋음으로 眞을일름이다.
眞은 實을 동무하나니僞가虛에딸음과같다. …
긇, 萬, 萬美
萬은 골이나 골은 긇로 美를일름이다.
均齊에서 美잇나니 골고로오 調和에서美이루나니 골卽고로오 選擇되고 調整된골美로되나니 골르(選擇)미그것이오 모든것의典型으로된者 美인것이니 型卽골이다. … 前者(千)가虛僞를容許치않는데서, 後者는不均衡과不公平을拒否하는데서 藝術로나 道德으로나 비로소眞이오 美인것이다.

(35쪽)
十一. 咸化普育의弘益願
잘, 億, 億大善
德은 잘이니 잘은善이요 至善이다. …

(36쪽)

圓, 眞, 美, 善이 宇宙究竟의 價値世界오 人生社會終極의目標이니 그는 久遠한將來에서 人類最終의 歸着으로되나 一國家一民族에잇어 바야흐로 高調되어야할 新民主主義的新民族主義의基本理念인 것이다. 모든것의終極이 道義的價値이어야한다. 萬民共生은美로서보담도 道義上의究極인 至善이오 最高善이어야한다.[64]

10.

≪문서 47≫ 「Dr. P. Jaisohn이 한국올림픽후원회 회장 안재홍에게 보낸 영문 서한(1948. 1. 12)」은 松齋 徐載弼(1864. 1. 7~1951. 1. 5)이 안재홍에게 보낸 서한이다. 1884년 12월 甲申政變에 가담하였던 서재필은, 정변이 삼일천하로 실패하자 일본을 거쳐 1885년 4월 미국으로 망명하였다. 그는 1890년 6월 귀화하여 미국 시민권을 얻고 Philip Jaisohn이 되었다. 이후 주경야독하는 고생 끝에 컬럼비아 의과대학 (Columbia Medical College : 현 조지워싱턴대학 의과대학) 야간부에서 수학하여 1893년 6월 졸업하고, 병리학 조교수(adjunct professor)가 되었다. 다음해인 1894년 6월에는 미국 철도우편 사업의 창설자인 조지 암스트롱(G. B. Armstrong) 대령의 딸 뮤리엘 암스트롱(Muriel Armstrong) 과 혼인하고, 워싱턴에서 병원을 개업하였다.

서재필은 1895년 12월 한국에 온 뒤, 1896년 『獨立新聞』을 창간하고 獨立協會를 설립하여 활동하다가 1898년 5월 다시 미국으로 돌아갔다. 그는 대한제국에서 활동하는 동안 자신의 이름을 서재필로 쓴 적

---

64 民世 安在鴻, 『新民族主義와 新民主主義』(民友社, 1945. 12), 33~36쪽. 본문에서 (33쪽) 등으로 표시한 쪽번호는 위의 책의 쪽번호를 가리킨다.

이 없었고 '제손박사' 또는 '皮提仙'이라고 하였다. 그가 서재필 박사라고 불리게 된 이유이다.

3·1민족운동이 일어나자, 서재필은 1919년 4월 필라델피아에서 韓人연합대회를 개최하고 의장직을 수행하였다. 1922년 11월 워싱턴 군축회의, 1925년 하와이 호놀룰루 범태평양회의에서는 일제의 만행을 규탄하면서 한국독립을 세계 여론에 호소하였다. 이후 서재필은 한국독립운동사에서 이름을 드러내지 않다가, 해방정국기인 1947년 정계의 거물로 갑자기 등장하였다. 여기에는 한국 태생인 그가 안재홍에게 英文으로 서한을 발송한 이유도 덧붙여 설명이 필요하다.

미군정 최고 사령관 하지 중장은 1947년 초 워싱턴을 방문하는 동안, 李承晩에 필적할 재미 한인 지도자를 물색한 끝에 서재필을 지목하였고, 서재필을 특별의정관으로 초빙하였다. 서재필은 고국을 떠난지 49년 만에 85세의 고령으로 1947년 7월 1일 귀국하였고, 하지 사령관의 최고 정치고문으로서 朝美특별의정관이라는 신설된 직책에 취임하였다.[65] 그는 대한민국정부 수립 직후인 1948년 9월 11일 미국으로 돌아가기 전까지 미군정의 고문직을 맡아 수행하였는데, 한국어를 거의 잊어버려 통역을 대동해야만 하였다.[66]

1893년 8월 미국에서 서재필을 만난 윤치호에 따르면, 서재필은 이때 이미 한국어를 잊어버렸다. 윤치호는 서재필을 'Dr. Jaisohn'으로 지칭하면서, 일기에 "제이슨 박사는 거의 완전히 모국어를 잊었다. 쓰기

---

65 서중석, 『한국현대민족운동연구-해방후 민족국가 건설운동과 통일전선』(역사비평사, 1991. 5), 577~578쪽.

66 이상 서재필과 관련한 설명 중 출처를 밝히지 않은 곳은 주진오, 「유명인사 회고록 왜곡 심하다-서재필자서전」, 역사문제연구소, 『역사비평』통권16호(역사비평사, 1991. 8), 297~301쪽 ; 주진오, 「(인물바로보기)서재필, 민족을 떠난 근대주의자」, 『내일을 여는 역사』제13호(재단법인 역사와 책임, 2002. 9), 208~224쪽 ; 崔起榮, 「해제 : 서재필이 꿈꾼 나라」, 최기영 엮음, 『서재필이 꿈꾼 나라』(푸른역사, 2010. 10), 20~40쪽.

와 읽기를 못한다."(Dr. Jaisohn has almost entirely forgotten his native tongue both written and spoken.)라고 기록하였다.[67]

1948년 1월 안재홍은 민정장관직을 수행하면서, 제14회 런던 올림픽후원회의 회장도 겸직하고 있었다. 1948년 런던에서 제14회 하계 올림픽 대회(1948년 7월 29일부터 8월 14일까지 개최되었음)가 개최될 예정이라는 소식을 접한 한국인들은, 참가를 위해 총의를 집중하고 전력을 기울였다. 1946년 7월 15일에는 올림픽對策委員會를 결성하여 임원을 선정하였다.[68] 동 위원회의 會長에는 미군정의 文敎部長 兪億兼이, 부회장에는 조선체육회 부회장 田耕武와 李相佰 2인이 선임되었다, 부회장 전경무는 올림픽 참가를 위해 해외에서 분망하게 활동하던 도중 1947년 5월 29일 비행기 조난으로 순직하였다.[69]

올림픽대책위원회는 1947년 5월 16일 조선올림픽위원회(KOC, Korean Olympic Committee)가 결성됨에 따라 해소되었다. 당일 오후 4시 YMCA에서 열린 결성 대회에서는 회장과 부회장으로는 조선체육회의 정부회장인 여운형·유억겸을 각각 선출하였다.[70] 조선올림픽위원회는 5월 22일 오후 5시 YMCA에서 올림픽준비위원회(위원장 : 유억겸)를 결성하여 곧바로 활동에 들어갔다.[71] 올림픽 참가에 필요한 경비 등을 염

---

67 박정신·이민원 번역, 『(한국사료총서 번역서❷)국역 윤치호 영문 일기』2(국사편찬위원회, 2014. 11), 150쪽의 '1893년 8월 14일 월요일'. 영문 원문은 國史編纂委員會 編, 『(韓國史料叢書19)尹致昊日記』三(國史編纂委員會, 1974. 12), 149쪽.

68 「올림픽對策委員會」, 『自由新聞』(1946. 7. 16) ; 「올림픽委員決定」, 『自由新聞』(1946. 7. 17) ; 「올림픽對策委員會開催」, 『東亞日報』(1946. 7. 18).

69 「慘!美機墜落으로-올림픽代表田耕武氏殉職」, 『東亞日報』(1947. 6. 1).

70 「NOC組織코올림픽對策委員會는解散」, 『東亞日報』(1947. 5. 4) ; 「ＮＯＣ組織코저要員九人選出」, 『朝鮮日報』(1947. 5. 9) ; 「"올림픽"委員會 組織」, 『東亞日報』(1947. 5. 17).

71 「◇올림픽準備委員會結成」, 『京鄕新聞』(1947. 5. 15) ; 「올림픽準備委員會를 結成」, 『朝鮮日報』(1947. 5. 16) ; 「올림픽準委組織」, 『朝鮮日報』(1947. 5. 24).

출하기 위하여, 1947년 7월 24일 오후 5시 각계 인사들이 永保그릴에
모여서 제14회 올림픽후원회를 조직하고, 責任委員을 선정하여 회장
에 安在鴻을 선출하였다. 후원회의 顧問과 參與로는 각 정당의 대표,
남조선과도정부 각 부처장과 차장, 각 도지사 등이 선출되었음을 보
면, 형식은 각계 인사가 회집한 결정이었지만, 안재홍이 남조선과도정
부의 수반인 민정장관에 재임 중이었으므로 당연직으로 회장에 추대
된 듯하다.[72]

안재홍의 명의(올림픽후원회 회장)로 발행 책임자가 인쇄된 올림픽
후원권은 한국 최초의 스포츠복권으로 기록된다.[73] ≪문서 83≫ 「군정
부장관 C. G. Helmick 소장이 한국올림픽후원회 회장 안재홍에게 보
낸 영문 서한(1948. 7. 12)」도 올림픽후원회장으로서 활동 내용과 관
련이 있다.

11.

1947년 10월 제2차 미소공위가 완전히 결렬되자 한국문제는 UN에
서 토의되었고, 동년 11월 14일 제2차 UN정기총회 전체회의에서는 미
국의 주장을 받아들였다. 이날 신탁통치를 거치지 않는 한국독립의
방안, 한국에 UN임시위원단을 설치하여 남북한 총선거를 감독하게
하는 한국통일안을 43대 9(기권 6)표로 결의하여 통과시켰다. UN한국

---

72 「올림픽後援會組織豫定」, 『朝鮮日報』(1947. 7. 5) ; 「(体育)第十四回올림픽
    後援會組織」, 『京鄕新聞』(1947. 7. 8) ; 「体育」, 『京鄕新聞』(1947. 7. 27) ;
    「올림픽參加後援會任員을決定코活躍」, 『東亞日報』(1947. 7. 31) ; 「올림픽後
    援會發足」, 『自由新聞』(1947. 7. 27).
73 손환·하정희, 「민세 안재홍의 스포츠 활동」, 민세안재홍선생기념사업회 편,
    『안재홍의 민족운동 연구』2(선인, 2022. 12), 178~180쪽.

임시위원단은 이 결정으로 설치되었다. 미국이 제안한 4개국 회담을 소련이 거부하자, 미국은 통일정부를 수립한다는 해결 방안을 이렇게 관철시켰으나, 12월 19일 소련은 미국이 제안한 UN한국임시위원단 설치안을 거부하였다.

UN총회의 결의에 따라 1948년 1월 8일부터 UN한국임시위원단(United Nations Temporary Commission on Korea, 약칭 UNTCOK : 국제연합한국임시위원단이라고도 한다, 이하 임시위원단으로 줄임)[74]이 金浦비행장을 통하여 來韓하기 시작했고, 先着한 임시위원단은 당일 환영 만찬이 끝난 뒤 기자회견 및 내한 제1호 성명도 발표하였다.[75] 임시위원단은 호주·캐나다·중국·엘살바도르·프랑스·인도·필리핀·시리아 8개국으로 구성되었다(본래는 우크라이나를 포함하여 9개국이었으나 우크라이나는 참석을 거부했다). 4일 뒤인 1월 12일 미소공위의 회의장이었던 덕수궁 석조전 2층 중앙홀에서 임시위원단 제1차 전체회의가 개최되었다. 회의장의 정면에는 평화와 협조를 상징하는 UN旗가 걸려 있었다.[76] 이어 1월 13일에 제2차 전체회의, 1월 15일에는 제3차 전체회의가 계속되었다.

안재홍이 자문에 응한 임시위원단의 제2분과위원회는 제5차 전체

---

74 당시 언론에는 'UN朝鮮臨時委員團'·'國際聯合朝鮮委員團'·'國際聯合朝鮮臨時委員團'·'國聯朝鮮臨時委員團'·'國聯朝鮮委員團'·'國聯朝鮮委員團'·'朝鮮臨時委員團'·'유엔朝鮮委'·'國聯委員團'·'UN委員團'·'國聯委'·'UN朝鮮委員團'·'UN朝鮮委'·'UN代表團'·'UN朝委'·'朝委' 등 정식 명칭 또 여러 약칭으로 표현되었다. '한국'이라는 국호 대신 '조선'을 사용하였으나 요즈음 학계에서는 '유엔한국임시위원단'으로 통칭하므로 관례에 따랐다.

75 「朝鮮獨立의歷史的巨步!」·「來朝第一號聲明」, 『朝鮮日報』(1948. 1. 9) ; 「유엔委員團 全民族의熱狂의歡呼裡에 昨夕金浦空港에安着」, 『東亞日報』(1948. 1. 9) ; 「獨立의膳物을이땅에·UN委員團歷史的第一步」, 『京鄕新聞』(1948. 1. 9) ; 「歡迎!UN朝鮮委員團」, 『서울신문』(1948. 1. 9).

76 「昨日UN委員團第一次會議開幕」, 『京鄕新聞』(1948. 1. 13) ; 「平和를象徵하는유엔旗下 初日부터熱烈한討議」, 『東亞日報』(1948. 1. 14).

회의의 결정에 따라 설치되었다. 1월 17일 개회한 임시위원단 제5차 회의에서는 한국민이 최대의 관심을 가지고 있는 선거 문제 및 한국민과 협의하는 문제를 토의한 결과 2개의 분과위원회를 설치하기로 결정하였다. 즉 총선거에서 자유로운 분위기를 확립하기 위하여 프랑스·캐나다·시리아 3국의 대표로서 제1분과위원회를, 한국인의 의견을 진술한 서면 혹은 건의문을 접수하기 위하여 프랑스·호주·중국·필리핀 4국의 대표로서 제2분과위원회를 구성하였다. 이날 공포된 『公報』제13호의 B항은 "B 濠洲 中國 佛蘭西 比律賓으로서 構成된 分科委員會를 第二分科委員會라稱하고 同分委에서는 朝鮮사람으로부터 이미받은 또는 將次로받을 文書를處理하고 또本委員會에 有助한 材料가될 朝鮮사람들의 意見을 陳述한 文書를 取扱할것이다"라고 규정하였다.[77]

1월 21일 제2분과 위원장으로 호주 대표 S. H. 잭슨(Jackson)이 결정되어 기자회견까지 하였으며, 당일 제2분과위원회는 『公報』제16호를 통하여 "本分科委員會는 政治的, 文化的, 宗敎的個人及團體에對하야 一月卅八日까지 書面으로意見을 提出할것과 萬若個人會見을願한다면 그代表를推薦할것을要請하는바이다 그리고本分科委員會는 遲滯없이 이問題를進行식힐것이며 分科委員會에서選定한 朝鮮人의出席을要求할것이다"라고 밝혔다."[78]

---

77 「圓熟해가는UN의業務」, 『京鄕新聞』(1948. 1. 18) ; 「二個分科委員會設置」·「公報十三號內容」, 『東亞日報』(1948. 1. 18) ; 「國聯委兩分委를設置」·「選擧自由保障 朝鮮人側意見接受」, 『朝鮮日報』(1948. 1. 18) ; 「兩分科委員會設置 委員活動漸次具體化」, 『서울신문』(1948. 1. 18).

78 「朝鮮人側의意見書는二十八日까지提出하라」·「公報十六號」·「招請狀을發送準備中」, 『朝鮮日報』(1948. 1. 22) ; 「各層各界의意見을聽取」·「招請發送準備」, 『京鄕新聞』(1948. 1. 22) ; 「第一「그룹」朝鮮人代表에 朝委,招請狀發送準備」·「委員業務進行 朝鮮人과協議할터」, 『서울신문』(1948. 1. 22) ; 「朝鮮人意見聽取」·「公報十六號」, 『東亞日報』(1948. 1. 22).

제2분과위원회는 1948년 5월 10일까지 정치·종교·문화의 각 기관에서 498통, 동종의 개인에게서 278통 등 총 776통의 通信文을 접수하였다. 이 중 478통은 서울에 있는 기관과 개인, 298통은 남한 내 각 도에 있는 개인 또 기관이 발송하였다. 통신문의 대부분은 署名捺印된 歎願書 형식이었으며, 내용은 선거 실시 및 임시위원단의 임무와 관련되었다. 또 임시위원단은 "輿論의 主流를 均衡있게 把握納得하기 爲"하여 남북한의 "著名한 政治指導者의 見解를 公廳"하기 위하여 명단까지 확정하였으나, 曺晩植·金日成 등은 북한에 있었고, 許憲 등은 미군정의 監禁命令下에 있었으므로 실현되지 못하였다.[79]

임시위원단은 내한한 이후 분망하게 활동하면서, 남과 북의 양 점령군 사령관에게 예방의 뜻을 전했으나, 소련군은 접근조차 거부했다. 1948년 1월 22일 UN소련대표 그로미코(Andrei Andreevich Gromy'ko)는 UN사무총장에게 서한을 보내어, 임시위원단의 북한 방문을 정식으로 거부하였다.[80]

소련이 임시위원단의 북한 入境을 거부하자, 안재홍은 1월 26일 기자들에게 "分割은民族의 未曾有한災厄으로 될것이니만치 最大關心事이다 아즉도次善策은 말하고십지안타 南北統一을 爲하야 內外協進하는努力이必要하다"[81]는 심경을 피력하였다. 그는 소련 측의 태도로 판단할 때 민족분단이 확정 상태임을 예견하면서 이에 대비한 차선책도 구상하고 있었으나, 아직까지는 남북통일을 위해 최선한 노력을 기울이겠다고 밝혔다. 그의 논리는, 임시위원단의 임무가 남북 총선거로

79 國會圖書館 立法事務局 編, 『<立法參考資料 第30號>1948年度 國際聯合韓國 臨時委員團 報告書(第1部 第1卷)』(大韓民國 國會圖書館, 1965. 10), 81~83쪽.
80 「重大關頭에선國聯朝委業務」, 『朝鮮日報』(1948. 1. 25) ; 「蘇北朝鮮訪問拒絶」, 『東亞日報』(1948. 1. 25) ; 「蘇,畢竟拒否通告」, 『京鄕新聞』(1948. 1. 25) ; 「北朝鮮禮訪을蘇側拒否」, 『서울신문』(1948. 1. 25).
81 「南北統一爲해 內外協進努力이必要-安長官談」, 『서울신문』(1948. 1. 28).

써 통일정부를 수립하는 데 목표를 두고 활동 중이므로, 현단계에서는 이러한 국제사회의 노력에 국내 정치세력도 부응해야 한다는 소신에서 비롯되었다. 이 점에서 중간파 노선의 안재홍은 이승만·한민당 등 單政路線 우익 세력과 분명하게 구별된다. 또 남한단독정부가 수립되는 현실을 수용하여 차선책을 구상하고 있었던 점에서, 김규식·김구 등 남북협상파와도 정치노선을 달리하였다.

소련이 임시위원단의 북한 입경을 거부하는 여건 아래에서, 임시위원단은 남한의 정치지도자만을 상대로 면담을 진행할 수밖에 없었다. 면담은 1월 26일 이승만을 필두로 하여 김구로 이어지면서, 해방정국기의 양대 지도자를 순차로 초청하여 진행되었다. 1월 27일에는 입법의원 의장 김규식, 29일에는 한민당 위원장 金性洙, 2월 2일에는 안재홍(민정장관)·조병옥(경무부장)·金用茂(대법원장), 2월 3일에는 張建相(勤勞人民黨 副委員長) 등이 면담하였다.[82]

≪문서 48≫ 「UN한국임시위원단 제2분과위원회 의장 S. H. Jackson이 민정장관 안재홍에게 보낸 영문 공문(1948. 1. 31)」은 임시위원단이 민정장관 안재홍에게 면담을 요청하는 공문이다. ≪문서 58-1≫에 따르면, 안재홍은 예정대로 2월 2일 오전 10시 30분부터 오후 12시 10분까지 1시간 40분가량 통역으로 면담하였고, 임시위원단은 "南朝鮮過渡政府의 組織職能限界等에 對하여說明을 求"하였다.[83]

≪문서 58-1≫ 「附 : UN한국임시위원단 제2분과위원회 제13차 회의록(1948. 2. 2)」은 안재홍이 2월 2일 임시위원단 제2분과에서 면담한 회의록의 사본이다. ≪문서 58≫ 「UN한국임시위원단이 안재홍에게 보낸 영문 공문(1948. 2. 10)」은 임시위원단이 안재홍에게 발송한 서한으로, 2월 2일 자 회의록을 동봉하니 수정 사항이 있으면 48시간 내

---

82 「三日까지會談한 各界의主要人士」, 『京鄉新聞』(1948. 2. 4).
83 「明日全體會議」, 『서울신문』(1948. 2. 3).

에 제출해달라는 내용이다.

임시위원단은 1948년 5·10총선거에 이르기까지 활동 내용을 UN총회에 보고서로 제출하였는데, 안재홍 등 남한 측 인사들과 면담한 내용은 『First Part of the report of the United Nations Temporary Commission on Korea, VolumeⅢ, Annexes Ⅸ-ⅩⅡ(1948)』(약칭 [A/575/Add.2])[84]의 부속문서Ⅹ에 포함되어 있다.

남조선과도정부 정무위원회(부처장 회의)는 1948년 2월 6일 아침 10시에 특별회의(임시회의)를 열어, "諸般事情에鑑하여 南朝鮮總選擧를 急速히實施하여야된다고 陳述"한 「UN한국임시위원단에게 보내는 메시지」를 만장일치로 채택하였다.[85] ≪문서 55≫「남조선과도정부 각 부처장이 UN한국임시위원단에게 보내는 메시지(1948. 2. 6)」는 남북한의 정치·경제·사회를 비롯한 제반 상황을 근거로 삼아, "실시 가능한 지역이라면 어디를 막론하고 모든 점령 지역에서 즉시 총선거가 실시되어야 한다는 것이 우리의 확고하고 솔직한 의견"임을 주장하였다. 2월 7일 오전 경무부장 조병옥이 임시위원단을 직접 방문하여 이 문건을 전달하는 형식[86]에서 보듯이, ≪문서 55≫에는 조병옥을 위시해

---

84 이 보고서의 全文은 표제를 포함해 306쪽에 달하는데, 경희대학교 한국현대사연구원 편저, 『한국문제 관련 유엔문서 자료집(上)』(경인문화사, 2017. 2), 305~612쪽에 影印 全載되었으며, 안재홍이 면담한 13차 회의록의 英文 原文 "VERATIM RECORD OF THE THIRTEENTH MEETING"은 위의 책, 414~418쪽(원문의 쪽번호는 108~112쪽)에 실려 있다. 경희대학교 한국현대사연구원 편저, 『유엔한국임시위원단 제2분과위원회 보고서-한국 측 요인 면담 기록(1948. 1. 26~3. 6)』(경인문화사, 2018. 12)은 부속문서Ⅹ의 「제2분과위원회에서 실시된 면담 및 구술 기록」을 완역하였다. 안재홍이 면담한 「제13차 회의 전문(全文) 기록」은 위의 책(2018. 12), 190~203쪽에 번역되어 있다.
85 「可能地域의總選擧 時急한施行方策을決定」, 『서울신문』(1948. 2. 8) ; 「南朝鮮選擧實施」, 『朝鮮日報』(1948. 2. 8).
86 「政務會멧세지 委員團에傳達」, 『京鄕新聞』(1948. 2. 8) ; 「南朝鮮選擧實施」, 『朝鮮日報』(1948. 2. 8).

한민당 등 단정노선 세력의 시국 대처 방안이 기저에 깔려 있었다. ≪문서 54≫「민정장관 안재홍이 UN한국임시위원단 단장 K. P. S. Menon 박사에게 보낸 영문 공문(1948. 2. 6)」은 ≪문서 55≫가 남조선과도정부의 政務會에서 만장일치로 통과되었고, 모든 정무위원과 민정장관 본인이 서명하여 임시위원단에 제출되었음을 통지하는 서한이다.

1948년 2월 7일(토) 안재홍은 洪命熹와 함께 개인 자격으로 덕수궁에서 임시위원단을 초대하여, 오후 5시부터 10시까지 장시간에 걸쳐 만찬회를 개최하였다.[87] 이 무렵 안재홍은 홍명희와 정치노선에서 같은 궤도를 걷고 있었다. 홍명희가 주도하여 1947년 10월 19·20일 民主獨立黨의 결당 대회를 가질 때, 안재홍은 민정장관에 재임 중이었으므로 결당 운동의 표면에 나설 수 없었으나, 자신의 신민족주의 이론에 근거하여 민주독립당을 지지하는 글을 잇달아 발표하였다.[88] 1947년 10월 1일 결성준비위원회가 발족한 뒤, 12월 20일 결성식을 거행한 民族自主聯盟에서도 두 사람은 뜻을 같이 하였다.[89] ≪문서 58-1≫에서 안재홍은 자신이 민주독립당의 일반 당원이라고 진술하였다.

≪문서 57≫「UN한국임시위원단 환영 만찬 연설문 영역문(1948. 2. 7) 및 영역문 초고 2부」는 안재홍이 2월 7일 만찬 석상에서 행한 table speech의 원고인데, 내용은 매우 무겁다. 그는 남한단독정부 수립이 가시화하였음을 인식하면서도, "UN한국임시위원단의 여러 위원들과 연합군은 우리의 완전한 독립과 완전히 통일된 민주국가를 수립하기 위하여 지속적으로 최선을 다하리라 믿고 또 기대합니다."라고 마지막으로 호소하였다.

---

87 「安洪兩氏 委員招待」, 『京鄕新聞』(1948. 2. 10).
88 安民世, 「民主獨立黨에寄함」(一)·(二)·(完), 『漢城日報』(1947. 9. 26·27, 10. 1) ; 安民世, 「純正右翼의集結-民主獨立黨에寄함」, 『漢城日報』(1947. 10. 12) ; 安民世, 「純正右翼의集結-中央路線問題究明(再)」, 『漢城日報』(1947. 10. 14).
89 이 무렵 안재홍의 정치노선과 활동은 김인식, 앞의 책, 541~568쪽을 참조.

12.

≪문서 62≫ 「민정장관 안재홍이 주한미군 사령관 Hodge 중장, 군
정장관 Dean 소장, 군정 부장관 Helmick 소장, 군정수석 고문 Johnson
박사에게 보낸 영문 공문(Regarding Mr. Kim Koo and His Treatment,
1948. 3. 18)」은, 장덕수 피살 사건의 배후로 지목되어 미군정 재판정
에 서게 된 金九의 대우책을, 이 무렵 김구가 김규식과 함께 추진하는
세칭 남북협상(문건에서는 '남북통일회담'으로 표현)과 연관지어 미군
정 당국에 건의한 문서이다.

1947년 12월 2일 오후 6시 50분경 한민당 정치부장으로서 당시 한
민당의 정치노선에 절대 영향력을 지닌 장덕수가, 자택에서 두 명의
청년에게 총상을 당하여(두 발 중 한 발이 복부를 관통) 병원으로 후
송 도중 절명(향년 53세)한 사건이 발생하였다. 송진우(1945. 12. 30)와
여운형(1947. 7. 19)에 이어 해방정국기 남한에서 일어난 세 번째 정치
테러였다. 범행 38시간 후인 12월 4일 장덕수 피살 사건의 범인으로
현직 경찰인 朴光玉(종로서 근무 경사, 23세)과 연대 상과 2년생 裵熙
範(20세)이 체포되었다.[90]

수사는 배후를 밝히는 데 주력하였고, 이들이 대한학생총연맹에 소
속하여 활동하였음이 드러났다.[91] 이 단체는 1947년 6월 조직되었고,
중경임시정부 주석 김구를 총재로, 임시정부 요인인 趙素昂·嚴恒燮을
명예위원장으로 추대하였다. 강령은 임시정부의 법통을 살리고, 임시

---

[90] 「張德秀氏殺害犯逮捕」·「犯人逮捕의經緯」·「警査就任當時부터 張氏殺害를計
劃」·「가슴에쓰인血書『張德秀暗殺』事件意外方面에擴大?」,『東亞日報』
(1947. 12. 5).

[91] 이하 장덕수 피살 사건과 관련하여 전거를 밝히지 않으면, 박태균,『현대사
를 베고 쓰러진 거인들-해방정국과 4인의 요인 암살, 배경과 진상』의 「3. 죽
어서 김구를 법정에 세운 장덕수」, 101~142쪽을 참조하였다.

정부를 보호 육성하며, 이북의 적색 마적을 분쇄하고, 남한의 단독정부 음모를 분쇄한다 등이었다. 경찰과 미군정 당국은 사건의 배후로 임시정부와 한국독립당을 지목하였고, 한국독립당의 중앙위원이었던 金錫璜을 수배·체포하였으며, 엄항섭·조소앙 등 임시정부 요인들도 조사를 받기 시작했다.

범인이 소속된 단체의 정치 성향과 맞물려, 당시 남한단독정부 수립에 반대하면서 남북협상을 추진하는 김구까지도 배후 혐의를 받으면서 마침내는 재판정에 서는 상황에 이르렀다.

1948년 3월 8일 김구는 기자회견을 통하여, 김구·김규식 兩氏가 동년 2월 25일 공동 명의로 북한의 金日成·金枓奉 양씨에게 남북 정치 요인 회담을 개최하자고 제의한 서한을 전달하였다는 풍설을 시인하였다.[92] 바로 이날은 장덕수 살해 사건의 5회 공판이 열린 날이었다. 김구는 3월 12일 제8회 공판에 출석하여 오후 4시 반까지 증인 심문을 받았으나,[93] 15일 속개되는 9회 공판에도 출석해야만 했다.[94] 김구가 공판에 첫 출석한 3월 12일은 김구·김규식·조소앙·조완구 등 임시정부 요인을 비롯해 金昌淑·홍명희 등 7인이 "中央政府를樹立하랴는 可能한地域選擧에는參加하지아니한다 그리고 統一獨立을 達成하기爲하야 餘生을바칠것을同胞앞에굳게盟誓한다"는 공동성명서를 발표한

92 「南北會談提議=金九氏金博士共同名義로」,『朝鮮日報』(1948. 3. 9) ;「北朝鮮에送翰 回答은尙未到-金九氏談」,『京鄕新聞』(1948. 3. 9).

93 「金九氏證人으로出廷 殺害敎唆를否認」,『朝鮮日報』(1948. 3. 13) ;「張氏事件軍律裁判」·「金九氏證人審問繼續」·「十五日에續開」,『朝鮮日報』(1948. 3. 14) ;「金九氏·證人審問廷에」·「被告中엔臨政要人없다」·「殺害使嗾안했다」·「一切關聯을否認」,『京鄕新聞』(1948. 3. 13) ;「廷內는終始沈重」,『東亞日報』(1948. 3. 13) ;「第八回午後 張氏事件軍裁」,『東亞日報』(1948. 3. 14).

94 「張氏事件軍律裁判」·「『罪人取扱에는不滿』 金九氏,謀略에對한答辯拒絶」,『朝鮮日報』(1948. 3. 16) ;「張氏事件證人審問第二日」,『京鄕新聞』(1948. 3. 16) ;「張氏事件軍 第九回午前」,『東亞日報』(1948. 3. 16) ;「第九八午後 張氏事件軍裁」,『東亞日報』(1948. 3. 17).

날이었다.[95]

　김구는 12일 공판에서도 모욕감을 느꼈으나 심문에 순조롭게 응하였다. 그러나 15일 공판에서는 자신을 죄인 취급하는 검사에게 호통을 치면서 자리를 박차고 일어나 퇴정하려고 하는 등 답변을 거부하기도 하였으므로 휴정하는 사태까지 일어났다. 재판은 김구에게 배후조종의 혐의가 없다는 판결을 내렸으나, 장덕수 피살 사건은 이렇게 김구에게 심한 모욕감을 안겨주었을 뿐 아니라, 사건의 배후로 지목되어 공판에 증인으로 섰다는 자체만으로도 정치상으로 타격을 주었다.

　≪문서 62≫는 김구가 두 차례의 공판에 증인으로 선 상황에서 김구의 대우책, 정확히 말하면 예우책을 미군정에 제안한 문건이었다. 안재홍은 "金九氏는 證據 不充分의 理由로『背後의 關係』를 解除하고 不問에 附함이 가장 妥當할 것이다."라고 제안하였다. 그는 남북협상 문제에서 김구와 의견을 달리 하였지만, 미군정을 향하여 "그 自意로 平壤方面의 朝鮮人指導者와 會談할 수 있도록 美軍側으로서는 도리어 一層 더 虛心坦懷하고 第三者的 斡旋의 役을 하여 주는 것이 朝鮮人에 對한 政略上 매우 必要하다."라고 충고하였다. "金九氏 및 그 一派에 對한 美軍政의 態度의 好否는 一般民衆에게 주는 朝美關係에 미치는 影響 자못 크므로 如上한 處置가 매우 必要하다"고 결론지었다.

13.

　임시위원단이 한국에 다녀온 뒤인 1948년 2월 하순 임시위원단 안에서는 물론, UN소총회(Little Assembly of the United Nations,)에서도

---

95 「民族自決推進-兩金氏等共同聲明」, 『朝鮮日報』(1948. 3. 13) ; 「統一獨立達成을 確執」, 『京鄕新聞』(1948. 3. 13).

남한만의 총선거 문제를 두고 격론을 벌였다. 그러다 2월 26일 UN소
총회는 임시위원단이 임무를 수행할 수 있는 가능 지역에서 총선거를
실시하자는 미국의 안을 31대 2(기권 11)표로 가결하였다.[96] 이른바
'가능 지역 총선거안'이었다. 이에 따라 3월 4일 하지 사령관은 남조선
과도입법의원에서 통과시킨 선거법안(1947년 8월 12일에 제정한 법률
제5호 「조선과도입법의원선거법」)[97]을 기준으로 삼아, 1947년 11월 14일
에 採擇된 국제연합총회 결의안(第一委員會의 報告에 의하여 採擇된
決議案)[98]에 의거해, "現在 서울에 있는 國際聯合朝鮮臨時委員團의 監視
下에" 동년 5월 9일에 남한에서 총선거를 시행한다는 요지의 특별성
명을 발표하였다[99](이후 미군정 당국은 5월 9일 정오에 皆旣日蝕이 있
을 수 있으므로 5월 10일로 선거일을 하루 연기하자고 요청하였고, 임
시위원단은 이를 수용하여 4월 3일 전체회의에서 선거 일자 등을 토
의한 결과 수용하였다).[100]

96 반대한 나라는 캐나다와 호주였다. 「中央政府樹立案 三十一對二로可決」,
『東亞日報』(1948. 2. 28) ; 「朝鮮總選擧計劃을推進」, 『朝鮮日報』(1948. 2. 28).

97 1947년 8월 12일 입법의원 제128차 본회의에서는 普選法(당시 보통선거법
을 줄여서 표현한 용어)을 原案대로 가결하여 군정장관에게 송부하였다. 南
朝鮮過渡立法議院 祕書處, 「南朝鮮過渡立法議院速記錄(略記)」第百三十二號
(一九四七年八月十二日 火,) 1∼11쪽[大韓民國國會 發行, 『南朝鮮過渡立法
議院速記錄』3(先仁文化社 影印, 1999. 5), 273∼283쪽] ; 「選擧年齡不變決定」,
『東亞日報』(1947. 8. 13) ; 「選擧年齡不變키로決定」, 『京鄕新聞』(1947. 8. 13).

98 1947년 11월 14일 UN총회 전체회의는 UN한국위원회 설치안를 가결한 뒤,
한국 점령 미소 양국 군대를 1948년 1월 1일까지 철퇴하자는 소련의 제안을
부결시켰다. 「朝鮮委員會設置案」, 『東亞日報』(1947. 11. 16) ; 「國聯朝鮮委
員派遣案可決」, 『朝鮮日報』(1947. 11. 16) ; 「UN朝鮮委員會設置案-總 會全體
會議四三對○으로可決」, 『京鄕新聞』(1947. 11. 16).

99 「自由로운雰圍氣에서 眞正한代表選出」, 『東亞日報』(1948. 3. 5) ; 「總選앞두
고 하中將聲明」, 『京鄕新聞』(1948. 3. 5) ; 「選擧法立議案에基準 自由로운雰
圍氣促進」, 『朝鮮日報』(1948. 3. 5).

100 「하-지中將의要請에依해 選擧五月十日로延期」·「選擧監視團構成」, 『東亞日
報』(1948. 4. 4) ; 「選擧日五月十日로延期」, 『朝鮮日報』(1948. 4. 4) ; 「選擧期

미군정이 선거 일정을 확정하고 공표하자, 안재홍은 민정장관으로서 5·10총선거를 시행할 방침을 구상·작성하였다. ≪문서 65≫ 「남조선과도정부의 영문 각서("총선거와 그 대책", 1948. 3. 21)」은 민정장관으로서 총선거에 임하는 원칙과 방책을 작성한 메모이다. 이 문건은 영문으로 작성하였으므로, 미군정과 미국정부의 要路를 수신자로 설정하였을 터인데, "남조선과도정부 / 한국 서울"이라는 발신처만 표기되었고, 수신처가 명기되지 않았으며 영문 제목도 없다. 문서 상단에 안재홍이 자필로 "本件 總選擧와그大策 / 未提出"이라고 썼음을 보아, 이 문건은 미군정 당국에 제출하지 않았다. 설사 제출되었다 하더라도 문건이 제시한 방안이 실행되지 않았겠지만, 경찰 개혁을 통하여 총선거를 주관하려는 안재홍의 구도, 무엇보다도 그의 경찰 개혁의 구체안을 확인할 수 있는 중요한 자료이다.

안재홍은 과도정부 내의 특정 부서(경무부 등을 가리켰다)가 특정 단체와 연관되어 있고, 극우파들이 경찰력을 장악함으로써 경찰은 법치국가의 수호자가 아니라 특정 정당과 파벌이 조종하는 조직이 되어 버렸다고 비판하였다. 그는 경찰이 대중들에게 원성의 대상이 된 이유도 지적하였다. 따라서 원만하게 선거를 치르기 위해서는 "대중과 정부 간의 괴리, 특히 경찰과 대중 간의 위험한 대립"을 해소해야 하는데, 먼저 "경찰이 대중의 증오, 분노, 그리고 반대의 대상'이었음을 반성하면서 "반드시 경찰을 완전히 재생시키고 개혁해야 한다."는 경찰 개혁의 방안을 II로 제시하였다. 이는 안재홍이 좌우합작운동에 참여한 이후 일관되게 주장하여 오던 바였다. 두 번째로 '대중의 사회적, 정치적 교육'을 주장하였는데, 대중에게 선거의 의미를 이해하게 하는 동기 부여가 중요함을 강조하였다. 그러나 한민당 출신인 조병옥·장

日이제야確定」, 『京鄕新聞』(1948. 4. 4) ; 「九日은 日食!」, 『朝鮮日報』(1948. 4. 7) ; 「日食으로選擧十日로延期」, 『京鄕新聞』(1948. 4. 7).

택상 등이 경찰력을 장악하고 있는 현실, 이를 선호하는 미군정의 시정 방침과 맞물려서 첫 번째 전제부터 개선될 여지가 없었다.

　안재홍이 ≪문서 65≫를 미군정 당국에 제출하지 못한 사유가 무엇인지는 정확하게 알 수 없지만, 그는 이 무렵 민정장관직을 사퇴하겠다는 사의를 미군정 요로에 표명하였다. ≪문서 66≫「민정장관 안재홍이 주한미군 사령관 Hodge 중장, 군정장관 Dean 소장, 군정 부장관 Helmick 소장, 군정 수석고문 Johnson 박사에게 보낸 영문 공문(Resignation, 1948. 3. 23)」은 1948년 6월 1일 사직서를 제출하여 6월 8일 수리되기 앞서 표명한 제1차 사의였다. 사의의 이유로는 '가능한 지역의 총선거'가 자신이 추구하였던 정치노선과 합치되지 않으므로, 現段階에 합치되는 인물에게 職務가 이동됨이 "政治道德上 至當한 措置"임을 들었다.

　현재 문헌상으로는 확인할 수 없지만, 미군정은 정부가 수립될 때까지 안재홍에게 직책을 수행하기를 요청하면서 1차 사표를 반려하였으며, 안재홍은 "可能地域의 總選擧에는 그 完遂를 보고 退却하기로"[101] 결심하고 직책을 계속 수행하였다. 여기에는 5·10총선거가 자신의 정치노선에서 최상의 진로는 아니었지만, 통일국가로 가는 차선책이라 판단하고, 이 선거가 통일국가의 디딤돌이 될 수 있도록 마지막까지 최선을 다하려는 의지도 반영되었다.

　안재홍은 김구를 비롯한 남북협상론자들에게도 5·10총선거에 참여하기를 간곡하게 호소하며 총선거에 한국민의 의사가 반영되도록 노력하였다. 5·10총선거는 안재홍의 구도대로 완벽하게 실행되지 못하

---

101 앞의 「民政長官을 辭任하고」, 『選集』 2, 282쪽. 이 글에서 안재홍은 "나는 昨年 五月 中에 退任의 期를 逸하였고,…"라고 표현하였다. 이에 따르면, 안재홍은 민정장관직에 취임한 지 3개월여 지난 1947년 5월, 즉 제2차 미소공위가 개막되는 시점에 진작 퇴임할 의사가 있었는데 시기를 놓쳤다.

였으나, 5월 19일 그는 5·10총선거가 민중의 지지를 받는 인물들이 대개 피선되었다는 담화를 발표하였다. 안재홍은 이렇게 5·10총선거의 정당성과 합법성을 인정하였고, 선거에 반영된 민의를 수용함으로써 신생 대한민국의 첫 출발을 인정하였다.

5·10총선거가 끝나고 5월 31일 제1대 국회가 개원하자, 안재홍은 6월 1일 자로 미군정 당국에 사의를 표명하였고, 미군정 당국은 정식 정부가 들어설 때까지 직을 수행하기를 재차 요청하였다. 그러나 안재홍은 국회가 성립되었으므로 퇴임할 적기라고 확고하게 판단하였으므로,[102] 군정장관 딘도 이를 존중하여 6월 8일부로 사표를 수리하였다. 이로써 안재홍은 1947년 2월 10일 민정장관에 취임한 지 약 1년 4개월여 만에 자리를 물러났다. ≪문서 75≫「민정장관 안재홍이 주한미군 사령관 J. R. Hodge 중장에게 보낸 영문 서한(1948. 6. 1)」은 안재홍의 민정장관 사임원이다. 그가 민정장관직에 취임한 이유와 목적, 사임의 변, 무엇보다도 재직 중의 좌절감, 실패로 귀결된 민정장관직 수행의 패배감이 진술하게 표현되어 있다. ≪문서 77≫·≪문서 79≫[=≪문서 80≫]·≪문서 82≫는 군정장관 딘, 하지 사령관, 부군정장관 헬믹이 각각 안재홍에게 민정장관직을 충실히 수행한 데 謝意를 표하는 서신이다.

14.

안재홍이 사표를 제출하자, 세간은 정치인으로서 그의 거취에 관심을 쏟았으나, "政黨에關係하리라는말은空然한風聞이지요 新聞社의 關

---

102 「安民政長官辭表提出」, 『東亞日報』(1948. 6. 8).

係만은그냥가지겠읍니다만 고요히休養해보려고합니다"[103]라고 기자들에게 발언한 대로 한동안 정계와는 거리를 두었다. 그리고 6월 8일 민정장관 퇴임 성명을 발표하고, 6월 9일부로『한성일보』사장직을 맡아 언론인으로 복귀하였다. ≪문서 76≫「한성일보 사장 안재홍이 J. R. Hodge 중장에게 보낸 영문 서한(1948. 6. 8)」과 ≪문서 78≫「한성일보 사장 안재홍이 O.C.I의 Stewart 씨에게 보낸 영문 서한(1948. 6. 12)」은『한성일보』관계 서한인데, 한민당과 안재홍의 정치노선상의 대립과 갈등이 동아일보사와 한성일보사 사이의 신문 발간 문제를 둘러싸고 연장·재연되었음을 보여주는 문건들이다. 동아일보사가 한성일보사와 共用하였던 서울公印社를 독점할 목적에서, 한성일보사를 배제하기 위하여 미군정 요로에 교섭하였음을 보여준다.

5·10총선거로 제헌국회가 성립되고 1948년 7월 17일 제헌헌법이 공포됨으로써 8월 15일 신생 대한민국이 출범하였다. 열흘 뒤인 8월 25일 북한에서도 조선최고인민회의 제1기 대의원 선거를 시행하였고 9월 9일 조선민주주의 인민공화국이 수립되었음을 공포하였다. 이로써 한국의 남과 북에 각각의 분단정부가 들어섰고, 이때부터 남과 북 사이에 치열한 정통성 경쟁이 시작되었다.

1948년 9월 21일부터 12월 12일까지 프랑스 파리 사요 궁(Palais de Chailot)에서 개최된 제3차 정기 UN총회는 대한민국과 북한이 국제사회의 승인을 얻기 위한 외교전이 펼쳐진 첫 격전지였다. 대한민국의 수석대표는 제2공화국 국무총리를 지내게 되는 張勉이었다. 9월 23일 UN총회 운용위원회는 대한민국 문제를 총회 의사 일정에 상정키로 11대 2표로 가결하였다.[104]

---

103 위의「安民政長官辭表提出」.
104 「韓國을「옵써-버」로 UN運委11對2로可決-公報處發表」,『京鄕新聞』(1948. 9. 25).

UN총회가 한창 진행되는 도중인 1948년 11월 30일 UN한국임시위원
단은 UN총회에 5·10총선거가 한국민의 총의였다는 결론의 보고서를
제출하였다. 동 보고서는 "一九四八年五月十日의投票의結果는 本委員
團選擧監視班의 諸般報告와 上記結論을考慮하고 또한韓國國民의 傳
統的及歷史的背景을 回顧함에 本委員團의 近接할수있었고 또한全地
域의 住民이全韓人口의 約三分之二를構成하는 韓國의部分의 選擧人
의自由意思의 正當한表現인것이다"고 결론지었다.[105]

1948년 12월 8일 UN정치위원회는 한국정부의 정식 승인 및 UN한국
위원단 조직에 관한 공동결의안을 41대 6표로 가결하였다. 新한국위
원단은 舊유엔한국위원단의 9개 위원국으로 구성하기로 결정하였다.[106]
마침내 12월 12일 UN총회는 소련의 강한 반대가 있었지만, 대한민국
을 승인하는 동시에 UN한국위원단을 금후 1년간 존속케 하는 결의안
을 48대 6, 기권 1(스웨덴)표로 가결하였다. 신한국위원단은 舊UN한국
임시위원단을 계승하여, 한국에서 美蘇 양군의 철퇴를 보장하며 한국
의 통일을 달성시키는 임무를 가졌다. 이른바 新韓委라는 약칭으로
더 많이 불린 UN新한국임시위원단이었다. 新위원단은 캐나다의 수정
안으로 우크라이나와 캐나다는 제외되고 7개국(오스트레일리아·중국·
엘살바도르·프랑스·인도·필리핀·시리아)으로 구성하기로 결정되었
다.[107] 한국문제는 파리에서 개최된 UN총회 최후의 토의 사항이었으

105 「五十選擧自由意思의表現 유엔의統一獨立措置熱望-總會에提出된韓委報告
   書要旨」, 『東亞日報』(1948. 12. 3) ; 「國聯韓國委員 總會報告內容」(上)·(下),
   『朝鮮日報』(1948. 12. 3·4).

106 「韓國政府를正式承認코 統一促進의新韓委設置」·「韓委廢止案否決」·「通過
   된決議文全文-韓國이唯一한中央政府」, 『自由新聞』(1948. 12. 10).

107 「世界萬邦大韓民國共同承認-大韓堂堂國際承獲得-UN總會最後全體會議 四十
   八對六으로遂可決」, 『京鄕新聞』(1948. 12. 14) ; 「燦!유엔總會大韓民國을正
   式承認-四八對六으로最後可決 新韓委七國(濠·中·佛·印·比·엘·시國)構成」,
   『東亞日報』(1938. 12. 14) ; 「大韓民國政府承認案 UN總會48對6票로可決」·

며, 이로써 9월 21일 시작된 파리총회는 12월 12일 하오 6시 11분에 폐막하였다.[108]

신한위는 1949년 1월 30일 제1진이 來韓 入京하여, 동일 사무국 대표가 위원단의 행동과 업무에 관하여 제1차 발표를 행하면서 활동을 시작하였다.[109] ≪문서 90≫「UN한국위원단 제2분과위원회 비서 Hung-Ti Chu가 한성일보 사장 안재홍에게 보낸 영문 서한(1949. 3. 11)」· ≪문서 90-1≫「附 : 제1, 제2분과위원회 청문회 질의서」·≪문서 90-2≫ 「附 : 제1, 제2분과위원회 청문회 질의서의 번역문」·≪문서 91≫「UN 한국위원단 제1, 제2분과위원회 청문회 질의서에 대한 안재홍의 답변 (1949. 3. 15)」은 신한위의 활동과 관련한 문서이다. ≪문서 90-1≫· ≪문서 90-2≫는 신한위의 제1, 제2분과위원회가 한국인 인사들과 시행할 청문회의 질의서로 신한위의 임무와 활동을 알려준다. 안재홍은 1949년 3월 15일 오전 10시 30분부터 약 2시간에 걸쳐서 신한위의 제2 분과위원회 청문회에 참석하여 협의하였다. ≪문서 91≫은 사전에 제공된 제1, 제2분과위원회 청문회 질의서(≪문서 90-1≫·≪문서 90-2≫) 에 답변할 안재홍의 자필 메모이다(판독하기 어려운 곳이 많다). 신한위의 질의서가 당시 대한민국이 당면한 현안들을 압축하였듯이, 안재홍의 시국관 특히 통일 문제의 시각이 축약되어 있다. 그는 남북한의 통일 문제에서 "國際援助에依한和平解決"을 제시하면서, 대한민국정부가 "具體的인統一增進의積極方針"을 마련하지 못하였다고 비판하였다. 통일의 전제는 "南韓에서民族主義陣營의聯衡策"인데, 현 정부는 "너무狹義的獨善排他"로써 민중을 실망시키고 있다고 지적하였다. 안

<hr>

「新委員團은七個國」, 『朝鮮日報』(1948. 12. 14) ; 「大韓民國正式承認 國聯 總會서48對6으로可決」·「新韓委七個國으로構成」, 『서울신문』(1948. 12. 14).
108 「新韓委一年存續 韓國統一再努力」, 『서울신문』(1948. 12. 14).
109 「國聯韓委第一陣 韓國使節과同道入京」·「韓國統一斡旋과 占領軍撤退監視- "韓委„入京後第一次聲明發表」, 『서울신문』(1949. 2. 1).

재홍은 "統一의政治的基礎"로 "國民基本自由의保障等으로 民族主義民主力量이集結되어 南韓의政治的條件이相對的優越水準을確保하여야 한다"고 강조하면서도, "무엇보담도 美蘇의協調가決定的인條件이다"라는 국제 조건을 전제하였다. 그리고 이 당시 일부에서 제기되는 무력통일론은 반대하였다.

15.

1949년 9월 열릴 제4차 UN총회의 개막을 앞두고, 신한위는 1949년 7월 28일 UN총회에 제출할 보고서를 만장일치로 채택하였다. 동 위원단의 주요 활동 상황 및 한국의 통일독립에 관한 제반 요소를 기록한 이 보고서는 9월 6일 UN회원단에 배부되었고, 9월 9일 오전 2시 정각에 신한위 본부에서 발표되었다. 이 보고서는 2부로 분류되어 있는데, 제2부는 관계 서류를 실은 부속문서로 구성되었다. 보고서에 해당하는 1부는 4개 장으로 구성되었는데, 제1장은 위원단의 창설(권한, 구성과 조직), 제2장은 위원단 및 부속 기관의 주요 활동 개요, 제3장은 정치·경제·사회 발전 및 한국의 통일 문제에 영향을 주는 요소, 제4장은 1948년 12월 12일 UN총회 결의의 이행을 위한 위원단의 노력 개요 및 분석과 결론을 기술하였다.[110]

---

110 「國聯韓委報告書內容」·「韓國人은統一을熱望」, 『朝鮮日報』(1949. 9. 10) ; 「韓委報告書」(一)·(二)·(完), 『朝鮮日報』(1949. 9. 10·11·12) ; 「유엔韓委報告書 槪要와結論」(一)·(二)·(三)·(完), 『東亞日報』(1949. 9. 10·11·12·14) ; 「韓委報告書結論」, 『京鄕新聞』(1949. 9. 10) ; 「韓委報告書內容-第四章 槪要·分析」①·②·③·④·完, 『京鄕新聞』(1949. 9. 10·11·12·13·14) ; 「韓委報告書內容」, 『自由新聞』(1949. 9. 10) ; 「韓委業績과結論-總會報告第四章全文」①·②·③·完, 『自由新聞』(1949. 9. 10·11·13·14). 신한위의 1949년 활동 보고서는 경희대학교 한국현대사연구원 편저, 『한국문제 관련 유엔문서 자료집』

1949년 9월 20일부터 미국 뉴욕 시외 레이크석세스(LakeSuccess)에
서 제4차 UN총회가 개막하였다. 동월 29일 미국·호주·중국·필리핀
4개국이 UN특별정치위원회에 한국독립 문제에 관한 공동결의안을 제
출함에 따라, 한국문제는 다시 UN총회의 의제로 상정되었다. 이 결의
안은 "一九四八年十二月十二日 總會決議에 依하여 유엔臨時委員團이
監視하고 協議할수있는 韓國의可能한地域에서 有效한統治權을가진
合法的政府(大韓民國政府)가 樹立되었던것이다. 同政府는 유엔臨時委
員團監視下에韓國民의自由로운 意思에 立脚한 選擧를通하여 樹立된
것이다"라고 재확인하면서, "유엔韓國委員團을 存續시키도록 決議할
것"도 제안하였다.[111]

이어 10월 3일 59개국으로 구성된 특별정치위원회는 남북한의 공공
연한 충돌을 방지하기 위하여 UN한국위원단을 재조직하는 동시에 권
한을 확장시키자는 내용의, 즉 감시 기구로서의 유엔한국위원단 존속
안을 44대 6(기권 5)표로 가결하였다.[112] 이 안건은 총회에 회부되었
고, 동월 21일 UN전체회의는 한국의 통일과 군사 분쟁을 감시할 목적
으로 한국위원단을 존속시키고 한국 통일을 도모하기 위하여 그의 권
한을 강화한다는 요지의 결의안을 48대 6(기권 3)표로 가결시켰다. 위
원단의 대표는 호주·중국·엘살바도르·프랑스·인도·필리핀·터키(종전
의 시리아를 대체) 등 7개국으로 결정하였으며, 위원단은 UN총회의
차기 결정이 있을 때까지 존속토록 하였다. 이 결의안은 다음과 같은

下(경인문화사, 2017. 2), 359~408, 451~482쪽에 「제3부 유엔한국위원단
보고서(1949)」의 '1.유엔한국위원단 보고서 제1권'·'2. 유엔한국위원단 보고
서 제2권 : 부속문서'로 번역·全載[영문 원문은 409~450, 483~549쪽]되었다.
111 「韓國問題第二段階에-美濠中比共同決議案內容」·「韓委存置案大體支持」, 『東
亞日報』(1949. 10. 2).
112 「韓委存置案을可決」, 『東亞日報』(1949. 10. 5) ; 「韓委强化存續案遂通過」,
『京鄕新聞』(1949. 10. 5) ; 「韓委存續可決」, 『朝鮮日報』(1949. 10. 5).

사실을 지적하였다. "同委員團이 南韓으로부터의 美軍撤退를 監視確證하였음에도 不拘하고 北韓으로부터의 쑈軍撤去를 確認하기에 이르지 못하였고 總會는 韓國의統一과 完全獨立을 增進하는 同時에 委員團事業을指示하지않으면 안된다 韓國의唯一한 合法的政府는 大韓民國이며 同政府는 UN監視下의 自由選擧를通하여 樹立된 것이다" 이와 같이 UN총회 특별정치위원회에서 건의한 결의안은, 한국에서 군사충돌을 초래하거나 또는 이를 포함하는 사태 발전을 감시 보고하는 권한을 UN한국위원단에 부여하였다. 이는 한국의 통일을 齎來하기 위하여 알선 원조에 응할 수 있는 권한을 부여한 결정이었다.[113]

≪문서 94≫ 「UN총회에 보내는 글(1949. 9. 30)」은 UN총회에서 한국문제가 의제로 상정될 때 한국인의 의사가 반영되어 "韓國問題의 適正解決을要"하는 희망과 방안을 제시한 문건이다. 안재홍이 부의장으로 참여한 民族陣營强化委員會는, 1949년 9월 27일 10단체 대표 19인이 참집하여 부의장 안재홍의 사회로 개회하여, 한국문제 토의가 박두하고 있는 UN총회에 메시지 발송, 강연회 개최 등의 안건을 가결 통과시켰다.[114] ≪문서 94≫는 『漢城日報』(1949. 9. 25·27일 자 社說)에 게재된 글이다. 민족진영강화위원회의 결의에 따라, 아마 안재홍이 각서 작성을 맡게 되었고, 위의 사설을 영역하여 9월 30일 자로 발송한 듯하다. ≪문서 95≫ 「미국 상원 외교관계위원회 서기 C. C. O'Day가 한성일보 사장에게 보낸 영문 서한(1949. 10. 14)」은 미국 상원을 통하여 안재홍의 의견이 UN에 전달되었음을 확인해 주는 문서이다. ≪문서 95≫에 따르면, 안재홍의 9월 30일 자 '쪽지'(note)가 "한국문

113 「韓委存續案最終決定」·「統一斡旋援助 軍事衝突을監視」, 『東亞日報』(1949. 10. 23) ; 「48對6으로可決」·「韓委存續案總會通過」, 『朝鮮日報』(1949. 10. 23) ; 「韓委存續案遂可決」·「韓委權限을擴大」, 『京郷新聞』(1949. 10. 23).
114 「UN에覺書發送-民强委第五次總會採擇」, 『漢城日報』(1949. 9. 29).

제에 관한 특정 사설들의 번역본 사본과 함께"(with the copy of a translations of certain editorials on the Korean problem), 1949년 10월 14일 자로 미국 상원(United States Senate)의 외교위원회(COMMITTEE ON FOREIGN RELATIONS)에 접수되었다. 이 사설에서 안재홍은 "이번國聯總會에서 韓國問題를 上程討議할件"이 지금까지 한국문제 해결을 방해한 蘇聯의 태도로 인하여 "公評한解決에 支障을갖어오고있으"므로, "國聯韓委의 權限을 强化하고 또그長期駐在로써 不慮할禍亂의 防止를 要請"하였다. 그는 이를 위하여 "韓國및韓民族의地位 歷史 力量等과 韓國問題處決이國際安危上에 밎으는 重大關係에對하여" 역사 속의 사례를 들어 강조하였다. "美英中蘇佛및 外他의國聯列國이 새로은깊은 認識있기를 警告한다", "民主主義列國은 今後不變의共同政策으로韓國이 民主主義의堡壘로서 아시아大陸의平和의據點됨을 確保함을要請한다"는 절박한 촉구에서, 이 무렵 안재홍의 심경이 짙게 묻어난다.

신한위의 존속과 권한의 강화는 ≪문서 94≫에서 확인한 안재홍의 희망과 일치하였다. 6·25전쟁이 일어나자 신한위는 6월 26일 북한군의 남침과 관련한 보고서를 신속하게 UN에 제출하였고, 이후의 활동도 UN결의안을 신속하게 이끌어내는 근거가 되었다.

안재홍은 1950년 5·30총선거 때 고향인 평택에서 무소속으로 출마하여 제2대 국회의원에 당선하였다. 2대 국회가 6월 19일 개원식을 거행하였고, 그의 의정 활동이 막 개시되려는 즈음, 국회가 개원한 지 1주일도 채 되지 않아 6·25전쟁이 발발하였다. 그는 피난하지 못하고 서울의 친척 집에 숨어 있다가 9월 21일 북한군 정치보위부에 연행되었고, 조소앙·김용무 등과 함께 돈암동 자택에 연금되었다가 9월 26일 납북되었다. 9·28수복을 이틀 앞둔 비극이었다.

안재홍 민정장관 문서

L. M. Bertsch 중위가 군정 직원에게 보낸 영문 각서 (1946. 10. 11)[1]

미소공동위원회 미국대표단

한국 서울

1946년 10월 11일

메모: 군정청 직원들에게

좌우합작위원회의 위원인 안재홍 씨는 긴급한 정치적 용무로 서울에서 광주로 가고 있습니다.

그가 사용하는 군용 차량은 상기 목적을 위해 사령관의 명령에 따라 제공되었습니다.

군정청 기관들은 연료와 다른 필요한 모든 것들을 안재홍 씨에게 지원해 주기 바랍니다.

L. M. 버취[2]

---

1 高麗大學校博物館 編, 『民世安在鴻選集-資料篇』8(지식산업사, 2004. 10), 17쪽의 영문을 번역하였다. 앞으로 『民世安在鴻選集』을 『選集』으로 줄인다.

2 타이핑한 "L. M. Bertsch" 위에 *Leonard M. Bertsch*라는 자필 서명이 있다. 『選集』8의 編者는 문서 제목에서 버취를 중위로 표기하였으나, 영어 원문은 "2nd Lt. CMP."이다. "세계 최우수 중위"를 자칭한 버취는 대민 홍보국 소속 장교였지만, 미군정 안에서 한국을 가장 해박하게 알고 있었으므로 하지(John R. Hodge) 사령관의 정치고문(political adviser)이 되었다. 미군정이 개

헌병단 소위

LMB:w[3]

입하여 1946년 5월 이래 추진한 좌우합작에 깊게 관여하는 등 막후의 정치
공작을 주도했다. 버취와 관련해서는 李庭植, 『金奎植의 生涯』(新丘文化社,
1974. 5), 137~139쪽 ; 정병준, 「해방정국의 미국 공작원들」, 『월간 말』통권
76호(민주언론운동협의회, 1992. 10), 101~102쪽 ; 정병준, 『몽양여운형평전』
(한울, 1995. 6), 244~246쪽을 참조.
3   문서작성자인 L. M. Bertsch의 이니셜이다.

L. M. Bertsch 중위가 전남 광주 군정 직원에게 보낸 영문 각서(1946. 10. 11)[4]

미소공동위원회 미국대표단

한국 서울

1946년 10월 11일

메모: 한국 전라남도 광주의 군정청 직원들에게

이 메모를 지참한 안재홍 씨는 좌우합작위원회를 대표하여 긴급한 정치적 용무로 광주에 체류하고 있습니다. 이 위원회는 사령관과 공식적인 협조 아래 남조선입법의원을 설립하기 위한 준비 작업을 하고 있습니다.

안재홍 씨에게 절차적 범위 내에서 가능한 모든 협조를 해주시면 감사하겠습니다.

L. M. 버취[5]

헌병단 소위

---

4 『選集』 8, 18쪽의 영문을 번역하였다.
5 타이핑한 "L. M. Bertsch" 위에 *Leonard M. Bertsch*라는 자필 서명이 있다. 이곳에서도 영어 원문은 "2nd Lt. CMP."이다.

한성일보 사장 안재홍이 A. V. Arnold 소장에게 보낸 영문 서한(1946. 10. 31)[6]

아치볼드 V. 아놀드 소장[7]
미국 버지니아 주 포트먼로 미육군 사령부[8]

1946년 10월 31일

친애하는 아놀드 장군,

장군께서 한국을 떠나던 날 여행을 마치고 서울로 돌아올 계획이었으나 강릉에서 자동차 문제로 하루가 늦어져서 유감스럽게도 귀하가 떠나는 것을 보지 못했습니다.

한국의 문제는 미국이나 소련의 사령관들의 힘으로 해결될 수 없으

---

6 『選集』8, 19쪽의 영문을 번역하였다.

7 아놀드 소장은 하지(John R. Hodge) 사령관의 지휘 아래 남한에 진주한 미군 제24군단(XXIV Corps) 산하 제7사단(7th Division)의 사단장이었다. 하지 사령관은 1945년 9월 12일부로 조선총독 아베 노부유키(阿部信行)를 정식으로 해임하고 아놀드 소장을 군정장관으로 임명하였다. 아놀드는 1946년 1월 8일 러취(Archer L. Lerch)에게 사무 인계를 마치고 군정장관직에서 물러났다. 「러취軍政長官登廳」, 『서울신문』(1946. 1. 9). 이후 그는 미소공동위원회 미국 측 수석대표로 활동하다가 1946년 9월 23일 귀국하였다. 미소공동위원회 수석대표 후임으로는 브라운 소장(Major General Albert E. Brownn)이 임명되었다. 「美蘇『共委』美代表에 쑤라운少將을任命」, 『서울신문』(1946. 9. 25). ≪문서 100≫의 (역주)를 참조.

8 영문은 "H. Q. AGF, Fort Monroe, Virginia"이다. AGF는 Army Ground Forces로 제2차 세계대전 전후 미국 군대를 말한다.

며 양국의 정부에 의해 해결되어야 한다는 귀하의 의견이 워싱턴에서 보도된 바 본인은 이에 전적으로 동의합니다.

귀하가 한국에서 계속 일할 수 없음이 유감임을 귀하에게 전하였습니다만, 귀하가 워싱턴에서 한국을 위해 일할 것이라는 점에 안심이 됩니다.

UN 회의가 뉴욕에서 개최되고 있고, 여기 한국에는 많은 중요한 일들이 일어나고 있는 지금, 한국의 상황을 잘 알고 있는 귀하야말로 귀국의 대통령과 국무부가 우리의 문제를 더욱 정확하고 충분히 이해하도록 하여 이를 해결하는 데 큰 도움이 될 것이라고 믿습니다.

한국을 소련의 영향권에 두는 것이 일본 제국주의 시기보다 더 나쁜 상황임을 귀하와 귀국의 정치인들이 잘 알고 있다고 저는 믿습니다.

미소공동위원회는 거의 붕괴된 것과 마찬가지이고 과도정부의 수립도 늦어져, 이는 건설 사업을 방해하고 선동자들의 음모에 힘을 싣고 있습니다.

이러한 상황을 오래 끌게 되면 파멸의 원인이 될 것임을 간과해서는 안됩니다. 마지막으로, 귀하와 귀하의 가족의 건강을 위해 기도합니다. 이것은 단지 개인적인 편지일 뿐입니다.

안재홍
사장
한성일보[9]

---

9 영문 이름 "President, / The Han Sung Ilbo." 위에 자필 서명 *Ahn Chai Hong*이 있다.

군정장관 대리 C. G. Helmick 준장이 안재홍에게 보낸 영문 공문(1946. 12. 6)[10]

이 문서는 헬믹이 안재홍에게 보내는 공문으로,『選集』8의 23~24쪽에 실려 있는「朝鮮過渡立法議院召集及開院式公告」와 같은 내용이다. 즉 남조선과도입법의원의 소집과 개원식을 알리는 미군정의 공문서가 군정장관 대리 미 육군 준장 헬믹(C. G. Helmick[11] / Brigadier General, United States Army / Acting Military Governor)의 명의로[12] 서명하여 안재홍(Mr. Ahn, Chan-hong)[13] 앞으로 발송한 문서이다. 번역은 ≪문서 6≫으로 대체한다.

---

10 『選集』8, 20쪽의 영문이다.

11 "C. G. Helmick" 위에 자필 서명이 있다.

12 헬믹은 군정장관 러취 소장이 일본 東京에서 탈장 수술을 받고 復任하기까지 군정장관직을 대리하였다. 「脫腸手術로 러-취長官東京에」, 『東亞日報』(1946. 11. 14). 헬믹은 1946년 11월 4일 임명되었고, 러취는 1947년 1월 15일 歸任하였다. 「軍政廳司令官代理에『참』大佐」, 『서울신문』(1946. 11. 6) ;「러취長官歸京」, 『東亞日報』(1947. 1. 17) ;「臨政樹立에盡力」, 『京鄕新聞』(1947. 1. 17).

13 타이핑한 "6 December 1946" 밑에 수신인이 *Mr. Ahn, Chan-hong*이라고 手記되어 있다.

(21쪽)

選任書

日帝支配로부터解放된以來朝鮮國民을爲한貴下의眞摯한努力에對하야
敬意를表하는同時에現下朝鮮國民의政治的, 社會的, 經濟的改革發展
에더욱貢獻케하기爲하야本官은西紀一千九百四十六年八月二十四日附
法令第百十八號[15]에依한權限으로써玆에貴下를南朝鮮過渡立法議院議

---

14   『選集』8, 21~22쪽의 國漢文으로 인쇄된 문서인 「選任書」를 정서하였다.
『選集』8, 25쪽 ≪문서 7≫의 영문과 같은 내용이다.

15   1946년 5월 제1차 미소공동위원회가 결렬된 이후, 미군정이 추진한 좌우합
작의 중요한 목표 가운데 하나가 입법기관 설치였고, 남조선과도입법의원
은 이러한 결과물이었다. 미군정은 1946년 8월 24일 「군정청 법령」 제118호
「조선과도입법의원의 창설」을 공포하였다. 이 법령의 '제1조 목적'에서는
조선과도입법의원의 목적을 "本令은모스코協約에 규정된 대로 조선전체의
임시민주정부를 수립한 통일 조선국가가 속히 건설되기를 期"하며, '제2조
입법기관의 목적'에서는 "임시조선민주정부의 수립을 기하며 정치적, 경제
적 및 사회적 개혁의 기초로 사용될 법령 초안을 작성하여 군정장관에게
제출할 직무가 있는 입법기관"이라고 임무를 규정하였다. 조선과도입법의
원은 90명의 의원으로써 구성되며, 이 중 45명은 선거로 선출되는(주민들이
대표를 뽑고 이 대표들이 선출하는) 民選議員, 45명은 미군정 사령관 하지
가 지명하는 官選議員이었다. 「軍政廳法令」 제118호(1946년 8월 24일)[國史
編纂委員會 編, 『資料大韓民國史』3(探求堂, 1970. 12), 193~196쪽]. 미군정
청 공보부는 1946년 12월 7일 피선된 관선의원과 관련하여 ≪문서 5≫의
「선임서」 및 하지 사령관의 「성명서」를 발표하였고, 성명서를 통하여 45명
의 관선의원의 명단을 공개하였다. 안재홍은 좌우합작위원회 소속으로 관
선의원에 피선되었다. 「朝鮮過渡立法議院 官選45議員七日發表」·「하-지中將
聲名」, 『朝鮮日報』(1946. 12. 8) ; 「官選立法議員 四十五名을 銓衡發表」·「選
任書」·「聲明書」, 『東亞日報』(1946. 12. 8) ; 「"立議"官選議員發表」·「하지中將
聲明」, 『京鄕新聞』(1946. 12. 8).

員에選任하게되였음을無上의光榮으로生覺합니다

本議院의開院式은西紀一千九百四十六年十二月十二日立法議院議事堂

에서擧行할豫定입니다

詳細한點은軍政長官으로부터各位에게通知할것입니다

(22쪽)

西紀一千九百四十六年十二月六日

在朝鮮美軍陸軍司令官

美國陸軍中將 죤, 알, 하지

安 在 鴻 座下

남조선과도입법의원 소집 및 개원식 공고(1946. 12. 6)[16]

(23쪽)

朝鮮過渡立法議院召集及開院式公告

一. 朝鮮過渡立法議院議員諸位는西紀一千九百四十六年十二月十日
正午까지同議院事務總長室(軍政廳第二百十四號)에來參하실事

二. 同議院의議長은同議院事務總長司會下에同年十二月十一日午前
十時軍政廳王冠室(第一會議室)에서全議員來參하야選擧할事

三. 同議院의開院式은同年十二月十二日正午에擧行함[17]

---

16 『選集』8, 23~24쪽의 국한문으로 인쇄된 문서 「朝鮮過渡立法議院召集及開
院式公告」를 정서하였다. 『選集』8, 20쪽의 ≪문서 4≫인 영문과 같은 내용
이다.

17 남조선과도입법의원(이하 입법의원)의 정식 개원일은 애초 1946년 12월 12일로
결정되었으나, 하루 전날인 11일의 예비회담에서 韓國民主黨 소속 의원들이
서울시와 강원도의 재선거에 불만을 표시하고 등원을 거부하였다. 입법의원
의 법령은 회의를 구성하는 정족수를 전체 의원의 4분의 3 이상으로 규정하
였으므로, 정족수가 미달되는 뜻밖의 사태가 일어났다. 당황한 미군정 사령
관 하지는 전체 의원의 2분의 1로써 정족수를 구성하는 수정법안을 급하게
공포하여 예비회의를 성립시켰다. 이날 예비회의는 53명의 의원이 참석했고,
49표의 절대다수로 金奎植를 의장에 선출하였다. 12월 12일 중앙청 제1회의
실에서 57명의 의원이 개원식을 거행하였지만, 곡절 끝의 개원은 입법의원
내에서 좌우합작파와 한국민주당의 갈등을 예고하였다. 이렇게 한국 역사
상 최초의 代議民主主義 기관이 탄생하였다. 한국민이 미군정 아래에서 법
령의 제정에 참여하였다는 사실은, 미군정의 권력이 한국민에게 이양되는
과정을 반영하는 점에서 의미가 컸다. 그러나 입법의원에서 제정한 법령은
軍政長官의 동의를 얻어야 효력이 발생하였기 때문에, 입법의원의 입법권
에 한계가 뚜렷하였으므로 독립된 국가의 정식 국회와는 성격이 달랐다.
김인식, 『대한민국 정부수립』(대한민국 역사박물관, 2014. 12), 123~125쪽.

西紀一千九百四十六年十二月六日

在朝鮮美國軍政長官代理

代將 씨·지·헬미 크

〔24쪽〕

安 在 鴻 座下

주한미군 사령관 J. R. Hodge 중장이 안재홍에게 보낸
영문 공문(1946. 12. 7)[18]

이 문서는 하지가 안재홍에게 보내는 공문이다. 『選集』 8, 21~22쪽
에 실려 있는 「選任書」와 같은 내용으로, 안재홍을 남조선과도입법
의원 의원으로 선임하였다는 통지서이다. 안재홍을 입법의원의 의원
으로 선임하였다는 미군정의 공문서를 미군 사령관 하지 중장의 명의
(Faithfully yours, / JOHN R. HODGE / Lieutenant General, U, S, Army /
Commanding)로 서명[19]하여 안재홍(Mr. Ahn, Chai-hong / Seoul, Korea /
Dear Mr. Ahn :) 앞으로 발송한 문서이다. 번역은 ≪문서 5≫로 대체
한다.

---

18 『選集』 8, 25쪽의 영문이다.
19 영문 이름 "JOHN R, HODGE" 위에 *JohnRHodge*라는 자필 서명이 있다.

문서 8 주한미군 사령관 J. R. Hodge 중장이 한성일보 사장 안 재홍에게 보낸 영문 서한(1947. 1)[20]

이 문서는 주한미군 사령관 중장 하지의 명의(Sincerely yours, / JOHN R. HODGE / Lieutenant General, United States Army / Commanding) 로 서명하여, 한성일보 편집장 안재홍(Mr. Ahn, Chai Hong / Editor, HangSung Ilbo, / 192-11 Ton Am / Seoul, Korea. / Dear Mr. Ahn :) 앞으로 보낸[21] 영문 서한이다.[22] 번역문은 『選集』 8, 31~35쪽에 실려

---

20 『選集』8, 29~30쪽의 영문이다. 安在鴻選集刊行委員會 編, 『選集』2(知識産業社, 1983. 2), 583~585쪽의 영문 「[附] 民政長官 就任을 提議한 하지駐韓美軍司令官의 公翰(1947. 1 〈?〉)」과 같은 서한이다.

21 영문에는 편집장을 뜻하는 Editor로 표기되었으며, 또 처음에는 Hyun Dai Ilbo로 잘못 타이핑하였다가 肉筆로 HangSung Ilbo로 고쳤다. 안재홍을 『漢城日報』의 Editor로 지칭한 표현에는 오해할 여지가 있다. 『漢城日報』는 1946년 2월 26일 창간되었으며, 안재홍은 社長으로서 이 날짜 지면에 「社長就任의辭」라는 글을 게재하였다. 창간 당시의 編輯兼發行人은 梁在廈, 印刷人은 金宗亮이었다. 1947년 1월 말경에는 編輯發行兼印刷人 金宗亮, 主筆 李瑄根, 편집국장 梁在廈였다. 『漢城日報』는 안재홍이 민정장관에 임명되었다는 1947년 2월 5일 자 공보부의 발표를 "本社社長安在鴻氏가 그就任을 承諾하였는데 昨五日公報部를通하야 다음과같이正式發表가있었다"라고 보도하였다. 「初代民政長官에 安在鴻氏就任」, 『漢城日報』(1947. 2. 6).

22 『選集』8의 編者註는 〈※ 민정장관 취임을 제안하는 내용으로 보아 1947년 1월 무렵으로 추정된다. 이 자료는 ≪민세안재홍선집≫ 제2권에 "민정장관 취임을 제의한 하지주한미군사령관의 공한"이란 이름으로 실려 있다.〉[인용문 원문에 큰따옴표(" ")가 사용되어 인용문을 〈 〉로 표시하였다(역자)]고 기술하였다. 『選集』8, 30쪽. 아래에 인용하는 안재홍의 글에 의거해, 이 문건의 작성 시기를 좀더 정확하게 추정하면 1947년 1월 말경이었다. "一月末頃(1947년을 가리킨다 : 인용자), 나는 브라운 少將에 의하여 手交된 하지中將의 推薦書翰에 인하여, 熟考集議를 지나서 二月 五日 民政長官에 就任키를 수락하였다." 「民政長官을 辭任하고-岐路에 선 朝鮮民族」(1948. 7 『新天地』),

있는 ≪문서 9≫와 같다.

『選集』2, 280쪽.

주한미군 사령관 J. R. Hodge 중장이 한성일보 사장 안재홍에게 보낸 영문 서한의 번역문 원문(1947. 1)[23]

(31쪽)[24]

安在鴻貴下

獨立朝鮮政府에 達하는[25] 길을 닦는것이 朝鮮駐屯美軍의 職務이옵기에 時間의 經過에따라 政府의 義務및[26] 責任을 漸次移讓함이 本官의 政策이었습니다

이러함으로써만 最初부터[27] 必要로녁엿든[28] 軍政府에서 朝鮮人自身이 運營하는政府로 漸次 移行하는것이 實現될[29]수있는것입니다

그럼으로 美軍이 朝鮮에到着한 그날부터[30] 事情이 許可하는限 迅速히 責任을朝鮮人官吏에게 移讓하는것이 本官의 政策이었습니다 移行은 事實 大端히 漸進的이기때문에 눈에띠이지[31] 않는일이 많었읍니다만은 着々朝鮮人이運營하는任務는[32] 增加하고 美國人이 運營하는것은

23　『選集』8, 31~35쪽에 실린, 5쪽 분량의 국한문 문서(筆寫 형태)를 정서하였다. 영문 원문은 『選集』8, 29~30쪽에 실린 ≪문서 8≫이다. 문서의 내용은 「解題」 앞 부분에서 안재홍이 민정장관직을 수락한 배경과 동기 및 「解題」에서 ≪문서 8≫·≪문서 9≫를 참조.

24　국한문 원문의 쪽번호는 1이다.

25　처음 '達한'으로 하였다가 '達하는'으로 고쳤다.

26　처음 '義務及'으로 하였다가 '義務및'으로 고쳤다.

27　처음 '最初에'로 하였다가 '最初부터'로 고쳤다.

28　처음 '하였든'에서 '녁엿든'으로 고쳤다.

29　처음 '移行할수있는것입니다'였으나 '實現될 수 있는 것입니다'로 고쳤다.

30　처음 '붙어'로 하였다가 '부터'로 고쳤다.

31　처음 '띠우지'였다가 '띠이지'로 고쳤다.

減少하였습니다. 一九四六年 九月十二日에 (32쪽으로 넘어감)[33] 러-치少將이 朝鮮人本廳部長局課長이 正式으로 軍政廳大部署를 管理하게되었다고 發表한것은 卽 朝鮮人官吏가 行政責任을 더많이 負擔할準備가 充分하다는것을 認定함에 不過한것입니다

本官은 只今 政府의 朝鮮化에 對하야 一步 前進할 時期가 到來하였다고 사료합니다[34] 本官은 現在 朝鮮人部長이 管理하고있는 各 部, 課의 事務를 調整하는 朝鮮人民政長官을 任命하여야 되겠다고 믿습니다 러-치少將과 本官은 얼마동안 이件을 銘念하며[35] 朝鮮人民政長官의 選擇에는 細心의 注意를 하였습니다

우리는 貴下의 訓練, 經驗, 愼重한 氣質, 不屈한 (33쪽으로 넘어감)[36] 愛國의 記錄, 朝鮮事情에 對한 綿密한[37] 智識으로보와 貴下가[38] 民政長官의 職責을[39] 遂行하는데 가장 適任이라고하는데 意見이 一致되었습니다

朝鮮政府안에서[40] 眞正한 愛國者가 朝鮮과 朝鮮人民의게 보담[41] 많이 奉仕할수있는 地位를 本官은 알지못합니다 우리가 當面한問題에 對하야는 容易한解決策은 없다는데 貴下도 本官과같이 아시는바입니다 우리가 當面하야잇는[42] 가장困難한問題의 하나는 政府內多數重要地位에 資格있는人員을 選任하는것입니다 이것은 美國人보다 朝鮮人이 더 잘取扱

---

32 처음 '任務를'을 '任務는'으로 고쳤다.
33 국한문 원문의 쪽번호는 2이다.
34 처음 '思惟합니다'였는데 '사료합니다'로 고쳤다.
35 처음 '慈念하며' 또는 '爲念하며'인 듯한데 '銘念하며'로 고쳤다.
36 국한문 원문의 쪽번호는 3이다.
37 처음 '親密한'이었는데 '綿密한'으로 고쳤다.
38 처음 '貴殿이'었는데 '貴下가'로 고쳤다.
39 처음 '義務를'이었는데 '職責을'로 고쳤다.
40 처음 '內에서'였는데 '안에서'로 고쳤다.
41 처음 '더'였는데 '보담'으로 고쳤다.
42 처음 '될'이었는데 '잇는'으로 고쳤다.

할수있는일입니다 우리의困難한 問題를 擔當할수있는政府를建設한다
면 우리(34쪽으로 넘어감)[43]는 人員選擇에 아무리[44]注意하여도注意가適
度[45]할수없다는데 貴下도[46] 同意하실것이라고믿읍니다 貴下도 아시다
싶피 우리는 우리가 當面하는 많은問題에 解答을發見하여야되고 우
리가警察問題, 食糧問題, 對日協力者取扱問題等의解決을 忍耐性있게
良心的으로 하지않으면 안되겠읍니다 非難批判하는것은容易한일이지
만[47]

그러나 우리가當面하는 이러한 問題의實際的, 現實的 解決策을發見하
는것은 全然別問題입니다

그것은困難한일입니다 그러나 일이至難하다고 躊躇하여서는 않되겠
읍니다 도리혀 일의困難性이 우리의想像力과 義務에對한忠誠心에 (35쪽
으로 넘어감)[48] 挑戰합니다

本官은 貴下가 民政長官으로 朝鮮에對하여 大端히 크게 奉任하실수
있다고 생각합니다[49]

貴下가 朝鮮政府에서 가장 重要한 이地位를 欣然受諾하시기를 眞心
으로 希望합니다

貴下가 이 資格으로奉仕하시기를快諾하신다면 本官에게[50] 그뜯을通知
하여[51]주시고 貴下의 任命을 同意를 얻기爲하여立法議院에 廻附할때까

---

43 국한문 원문의 쪽번호는 4이다.
44 처음 '암만'이었는데 '아무리'로 고쳤다.
45 처음 '過懷'이었는데 '適度'로 고쳤다.
46 '없다는 데'와 '貴下도' 사이에 "貴下도아시다싶이 우리는우리가當"이라는
    문장을 썼다가 지웠다.
47 처음 '입니다'이었는데 '이지만'으로 고쳤다.
48 국한문 원문의 쪽번호는 5이다.
49 처음 '生覺합니다'이었는데 '생각합니다'로 고쳤다.
50 처음 '本官의'였는데 '本官에게'로 고쳤다.
51 처음 '諒察하여'였는데 '通知하여'로 고쳤다.

지 이件은秘密에 붙이시기를 바랍니다

美軍司令官 陸軍中將 존·R·하지

L. M. Bertsch 중위에게 보낸 영문 서한(1947. 2. 3)[52]

이 문서는 안재홍이 버취 중위에게 보내는 영문 서한이다. 번역문은 『選集』8, 37~38쪽에 실려 있는 ≪문서 11≫과 같다. 이 문서의 마지막 문단에 해당하는 국문 초고가 산실된 까닭인지 『選集』8에는 누락되어 있으므로, 이 부분은 번역하여 첨가하였다.

『選集』8, 39쪽에는 ≪문서 10≫에 인용된 「軍政廳法令」 제118호 (1946년 8월 24일 공포) 5조 2항을 手筆한 영문이 있다.[53] ≪문서 11≫ 번역문 뒤에 【별첨】으로 同 법령을 국한문 원문으로 첨부하였다.

52　『選集』8, 36쪽의 영문으로, 『選集』8, 37~38쪽의 국문 초고의 영문이다.
53　『選集』8의 編者註는 "※ 1947년 2월 3일 Bertsch 중위에게 보낸 영문 서한의 국문 초고 뒷면에 적혀 있는 글이다."라고 기술하였다. 『選集』8, 37쪽.

L. M. Bertsch 중위에게 보낸 국문 초고(1947. 2. 3)[54]

(37쪽)

一. (現在)[55]立法議院內部에는現在[56]黨派的對立잇어 民政長官을[57]任命以前의推薦으로同意를求하는境遇에는相當한謀畧的妨害잇어[58]個人의威信上에(至大한影響잇)[59] 不美하겟음으로 軍政廳法令第一一八號第五條第二項『그러한未來의모든任命을追認하고玆에同意하는權限이잇음』에依하야 먼저任命하고 追認을求하도록함이妥當하다고認함

一. 모처럼本人受諾하였음에不計하고 世間에消息이流布되어雜音가(원문임 : 역자)妨害 發生하면 軍政및當該個人의立場이아울러不美한□在右速處決發表를要한다고認함

　　以上

(38쪽)

一. 하-지將軍과會談할때 立會人으로 金博士를紹待하야 會談했으면 조컷다. 알선[60]

54　『選集』8, 36쪽 영문의 국한문 초고이다. 36쪽 영문의 마지막 문단에 해당하는 국문 초고가 없으므로(애초 국문으로 작성하지 않았거나 또는 누락되었거나), 이 부분은 원 국문 초고 뒤에 번역하여 첨가하였다. 현대어 표기로 된 부분이 새롭게 번역한 곳이다.

55　처음에 ( ) 안의 '現在'를 썼다가 두 줄로 지웠다.

56　앞에서 지운 '現在'를 이곳에 삽입하였다.

57　'의'를 '을'로 고쳤다.

58　'妨害잇겟음으로'를 이렇게 고쳤다.

59　( ) 안을 썼다가 두 줄로 지웠다.

위 사항에 관하여 안재홍 씨를 돕고 있는 李昇馥, 본인 그리고 다른
여러 사람들은 위 두 개의 사항이 극히 중요하며, 따라서 안재홍 씨가
민정장관직을 수락하기 전에 위 사항들에 대한 귀하의 확약이 필요하
다고 여깁니다. 이는 안재홍 씨뿐만 아니라 하지 장군의 체면이 손상
되는 것을 방지하기 위함입니다.[61]

【별첨】

「군정청법령」 제118호 제5조 2항의 국문 원문[62]

第五條 朝鮮過渡立法議院의職務及權限

一般福利에利害에關係되는事項及軍政長官이依託한事項에關하여法
令을判定함이同議院의職務임同議院은또한過去의軍政廳에任命한人事
行政身分四等級以上의모든官職任命을再調査할權限이있으며또그러한
未來의모든任命을追認하고玆에同意하는權限이있음[63]

60　'알선'에 동그라미를 그렸다. ≪문서 11≫은 여기서 끝난다. 아래 부분은
　　≪문서 10≫의 마지막 영문을 번역하였다.

61　이 마지막 문단은 국문 초고를 영문으로 번역한 사람이 『選集』8, 37~38쪽
　　의 국문 초고에 첨가한 메모로 보인다. 안재홍의 비서 또는 협조자(others
　　assisting Mr. Ahn)라고 되어 있으나, 서명이 없어 누구인지 확인할 수 없다.
　　이승복(1895. 7. 10~1978. 10. 31)은 식민지시기 신간회운동 이래 안재홍의
　　막역지기이자 평생 동지로서, 8·15해방 이후에도 안재홍과 정치노선을 함
　　께 하였다. 이승복은 修堂 李南珪의 장손으로, 6·25전쟁 중 黃土島 전투에
　　서 전사한 그의 장남 李章遠(이남규의 증손)까지 4대가 국가유공자로 서훈
　　되었다.

62　『選集』8, 39쪽의 영문의 국문 원문이다. 「군정청법령」 제118호는 「조선과
　　도입법의원의 창설」을 말하며 1946년 8월 24일 공포되었다.

63　「軍政廳法令」 제118호(1946년 8월 24일)[國史編纂委員會 編, 『資料大韓民國
　　史』3(探求堂, 1970. 12), 194쪽].

군정장관 A. L. Lerch 소장이 남조선과도입법의원 의장
에게 보낸 영문 서한(1947. 2. 4)[64]

재조선미육군사령부
군정장관실
한국 서울

1947년 2월 4일

조선과도입법의원 의장
중앙청
서울

친애하는 의장님:

오늘 임명 명령서에 서명함으로써 본인은 안재홍 씨를 조선정부의
민정장관으로 지명하였으니, 이는 군정법령 118호에 적시된 대로 입법
의원의 승인을 받아야 합니다. 이 명령서의 사본을 동봉합니다.

이 임명은 한국인 정부 관료들의 기능과 책임을 최대한으로 높이려

---

64 『選集』8, 40쪽의 영문을 번역하였다. 군정장관 러취 소장이 남조선과도입
법의원 의장 김규식에게 발송한 공문으로, 입법의원이 안재홍의 민정장관
임명을 신속히 追認해 주기를 요청하는 내용이다. 입법의원에 제출된 국한
문 인준 요청서를 【별첨】으로 첨부한다.

는 우리의 목적을 달성하기 위해 중요하기 때문에 입법의원은 이 임명을 빠른 시일 내에 처리해 주시기 바랍니다.

아처 L. 러취[65]
미육군 소장
조선군정장관

【별첨】

군정장관 러취가 입법의원에 제출한 민정장관 인준 요청서의 국한문 원문은 다음과 같다.

一九四七年二月四日
敬仰하는 議長
本日任命書로써 本官이 安在鴻氏를 朝鮮政府의 朝鮮人民政長官으로 推薦하고 法令 第一一八號에 依하야 立法議院의 追認을 要하기로 하였습니다 該任命書를 玆에 同封합니다 最高限度까지 朝鮮人官吏들의 行事와 責任增進시킴에있어 이任命件이 있으니만치 立法議院에서 이 任命을 可及的速히 處理하시기를 바랍니다
在朝鮮軍政長官
美陸軍少將 아취-·엘·러-취

동봉한 임명사령은 다음과 같다.

---

65 "Sincerely yours,"와 "ARCHER L. LERCH" 사이에 러취의 자필 서명이 있다.

在朝鮮美國陸軍司令部軍政廳

任命辭令 第　　 號

一. 朝鮮過渡立法議院의 認定을要하고 安在鴻氏를 一九四七年二月五
日附 軍政廳朝鮮人民政長官에 任命함

一九四七年二月四日[66]

66 民政長官追認案은 1947년 2월 6일 개회한 입법의원 제15차 회의에서 두 번
째 안건으로 상정되었다. 南朝鮮過渡立法議院 祕書處, 「南朝鮮過渡立法議
院速記錄」第一九號(一九四七年二月六日 木曜日), 三쪽[南朝鮮過渡立法議
院, 『南朝鮮過渡立法議院速記錄』1(大韓民國國會 發行, 1999. 5, 先人文化社
영인본), 511쪽]. 그러나 입법의원이 資格審査하는 법률조례가 成案되지 않
았으므로 입법의원에서는 어찌할 수 없다는 논전이 일어나서 결론 없이 폐
회하였다. 동 안건은 2월 7일 제16차 본회의에서 거수 표결하여 '絶對多數'
로 통과되었다. 이 과정은 김인식, 『안재홍의 신국가건설운동 1944~1948』
(선인, 2005. 1), 478~479쪽을 참조.

(41쪽)

존 R. 하지 중장

친애하는 하지 장군,

　본인에게 민정장관직을 제안함으로써 보여준 나에 대한 귀하의 신뢰에 감사드립니다. 본인은 민정장관직이 국민의 복지와 발전에 큰 기여를 할 수 있는 자리라고 생각합니다. (군정 휘하의 각종 부처들을 조정함으로써, 그리고 행정권을 한국인들에게 양도하는 데 일익을 담당할 수 있기에)[68]

---

67 『選集』8, 41~43쪽의 手筆 영문을 번역하였다. 『選集』2, 582~583쪽의 「(公翰)하지美軍司令官에게 보낸 公翰―民政長官 就任 受諾에 앞서(1947. 3. 2)」와 동일한 문서이다. 『選集』2, 583쪽의 編者註는 "編者選. 國文原文이 保存되어 있지 않아, 英譯文을 여기에 收錄하였다. / 氏名의 英字表記는 AHN, Chai-hong."이라고 밝혔다. 『選集』8에 수록된 서한에는 안재홍의 자필 서명이 없다. 『選集』8의 編者註는 "※≪민세안재홍선집≫ 제2권에는 '하지미군사령관에 보낸 공한―민정장관 취임 수락에 앞서'란 이름으로 실려 있다. 선집에는 1947년 3월 2일자로 되어 있으나 민정장관 취임 전인 2월 초로 추정된다."[『選集』8, 41쪽]고 문건의 작성 일자를 수정하였다. 『選集』2의 編者가 확실치 않은 문서의 작성 일자를 <?>라고 표시한 예와 달리, 동 문서의 작성 일자를 "1947. 3. 2"이라고 밝혔음을 보면, 영문 원서에는 날짜가 명기되었는데 선명치 않아서 編者가 오독하였거나, 『選集』2를 편집하는 과정에서 오기되었을 수도 있다. 그렇다면 이 서한은 2월 3일 작성하여 하지에게 직접 제출하였을 가능성도 있다.

68 ( ) 안의 문구는 『選集』8, 41쪽에는 없으나, 『選集』2, 582쪽에 있으므로 번역하여 넣었다.

민정장관직의 임무가 정확하게 명시되어 있지 않습니다. 나는 이것이 그 직책의 책임을 수행하기 위해 필요하고 적절한 권한이 당연히 따라 오는 것임을 내포하기 때문이라 추측합니다. 이와 연관하여 본인이 중요하다고 생각하는 몇 가지 의견을 여기에 적습니다.

첫째, 과도입법의원이 강화될 것, 그리고 당신과 함께 일하는 사람들을 옹호하는 것이 매우 중요합니다. 공석인 자리들은 즉시 채워져야 합니다.

(42쪽)

그 다음, 여러 부처는 기본적으로 민정장관의 관리 책임하에 조정되어야 합니다. 물론 최종 결정권은 군정장관과 사령관에게 있습니다.

더 낫고 효율적인 정부를 만들기 위하여 직원들을 점진적으로 교체하는 것을 고려해야 합니다. 물론 위에서 언급한 조건들에 합당한 한도 내에서입니다.

예산을 개혁하고, 겹치거나 중복되는 부처를 없애고, 또 정부 운영의 일차적 책임을 확실하게 정해진 예하의 부서장들에게 집중시키는 방향으로 부, 처, 국 등의 조직 개편과 감축이 필요합니다.

대중의 경제적 행복과 관계된 문제들에 관한 민정장관의 견해가 존중되어야 합니다.

(42쪽 마지막 줄에서 43쪽으로 넘어감)

일제에 협력했던 자들을 제외한 한국인들이 충분한 행정 경험이 없다는 점에 기인한 문제들에 대처하기 위하여 민정장관의 직접 감독 아래 행정조사위원회가 설치되어야 합니다.

우리는 많은 어려운 문제들에 직면할 것입니다. 그러나 이들은 극복할 수 없는 문제가 아닙니다. 우리는 상호 신뢰와 지속적인 노력으로 우리의 모든 목표를 성공적으로 달성할 것입니다.

군정장관 A. L. Lerch 소장이 안재홍에게 보낸 영문 각서
(1947. 3. 12)[69]

재조선미육군사령부
군정장관실
한국 서울

1947년 3월 12일

安在鴻 民政長官 貴下

貴下가 몟ㅈ部長을 代置시키리라는 流言이 돌고있어 精神的으로적지
않은 損害를 주고있으니 貴下가最善을 다하여如斯한 流言이 없도록
하시기를바랍니다. 人事問題 外에 더重要한 問題가 解決을 기다리고
있읍니다. 人事件은 漸次的으로 하고 爲先 더重要한問題들을 몬저解
決하도록합시다. 그리하여一般을沈着케하는것이 좋다고 봅니다.

아처 L. 러취[70]

---

69 『選集』8, 44쪽의 문서이다. 상단의 수신처 및 하단의 발신처를 제외하고,
    타이핑한 본문은 영문 위에 번역문을 국한문으로 필사하였는데, ≪문서 14≫
    는 번역문을 정서하였다. 수신처가 "MEMORANDUM TO: Mr. Ahn Chai Hong"
    으로 되어 있어 『選集』8의 編者는 문서의 제목을 '각서'라고 달았으나, 군정
    장관 러취가 민정장관 안재홍에게 보낸 서한으로, 군정청의 한인 부처장 등
    을 인사 쇄신하려는 안재홍의 개혁 의지에 제동을 거는 메시지이다.
70 영문 이름 "ARCHER L. LERCH" 위에 자필 서명이 있다. 발신인 오른쪽에는
    상단에 영자로 "A.L. / LERCH" 하단에 "러-취"라는 국문을 새긴 네모난

미육군 소장
군정장관

직인이 찍혀 있다.

A. V. Arnold 소장이 민정장관 안재홍에게 보낸 영문 서한(1947. 3. 17)[71]

(45쪽)

전쟁성

워싱턴, D. C.

1947년 3월 17일

안재홍 씨

미군정청 민정장관

육군우체국 255, 우편국장 전교[72]

캘리포니아 주 샌프란시스코

친애하는 안 선생님:

조선정부에서 새 직책을 맡으심을 축하드립니다. 그 직책을 맡을 사람으로 당신만한 위상을 가진 사람을 확보했다는 점에서, 사실은 군정청이 축하를 받아야 할 것이라고 생각됩니다.

---

71 『選集』 8, 45~47쪽의 영문을 번역하였다.

72 초대 군정장관을 지냈던 아놀드 소장이 미군정청으로 보내는 서신인데, 샌프란시스코 육군우체국을 통해서 보냈다고 보인다. 아놀드는 1946년 9월 23일 귀국하였다. ≪문서 3≫의 (역주)를 참조.

민정장관직은 한국을 위하여 엄청난 양의 진보적 임무를 수행할 수 있는 권력을 가진 자리입니다. 애국심, 관심과 능력 면에서 당신을 뛰어넘는 사람을 찾을 수는 없었다고 확신합니다. 축하드리며, 당신의 노력이 남한에 커다란 발전을 가져오리라 확신합니다.

조선과도정부에서 여러 부처의 활동을 조정하는 책임이 당신에게 있습니다. 이 부처들은 뛰어난 한국인들로 구성되어 있고 그들의 열정은 이 부처들을 발전시키는 데 크게 공헌해 왔습니다. 나는 이분들을 잘 알고 있고, 최고의 한국인 친구들이라 여기며, 그들의 능력을 믿고 있습니다. 1945년 9월 이후 그들이 이룩한 진보가 놀랍고, 또한 훈련을 받은 한국인들에게 기회가 주어지면, 그들이 어떤 일을 할 수 있는가를 알게 되어 매우 흐뭇합니다. 당신은 민정장관으로서 한국의 성공적인 독립정부를 만들 기초를 다질 팀을 결합시킬 수 있다고 확신합니다. 당신과 그들 모두가 큰 성공을 이루기 바랍니다. 당신이 그들의 전폭적인 지지를 받으며 더 크고 좋은 결과를 낳을 수 있도록 그들을 지휘 감독할 수 있으리라 믿습니다.

이곳 워싱턴에서 방금 하지 장군과 내가 작년 가을 한국을 떠난 후의 한국의 상황에 대하여 이야기할 기회가 있었습니다. 지속적인 진전을 이루고 있다는 것에 기쁩니다. (45쪽에서 46쪽으로 넘어감) 때로는, 더 많은 일을 할 수 있지 않나 하는 의문도 들지만, 일 년 반 동안의 진척 상황을 검토해 볼 때 개인적으로 현 상황에 매우 만족합니다.

저는 특히 입법의원이 하고 있는 일에 관심이 있습니다.[73] 남한 각

---

73 「解題」에서 《문서 15》를 설명한 곳 ①을 참조.

지에서 모인 한국인들을 결합하는 데 문제가 있을 수 있다고 예상했습니다. 그들은 실수를 하겠지만, 실수를 통하여, 남한을 대표하는 가장 중요한 조직에서 자신들의 임무가 무엇인가를 빠르게 배우리라 예상했습니다. 신탁통치 안건에 관한 그들의 행동은 유감스럽습니다. 의회에서 공개적으로 토론된 것은 매우 유감입니다. 과도정부가 수립된 이후에 고려되었어야 할 사항이었습니다. 그러한 현명치 못한 의회의 행동은 한국의 미래에 도움이 될 수 없고, 다른 나라들에게 한국인의 평판을 나쁘게 할 뿐입니다. 신탁통치 안건을 고려할 특별한 시기가 있는 것이고, 그 시기는 신탁통치가 무엇을 의미하는가가 확실하게 알려졌을 때입니다. 의회가 고려해야 할 극히 중요한 다른 안건들이 산재해 있는데도 신탁통치와 같이 막연하고 꺼림칙한 주제에 시간을 사용하는 것은 유감입니다. 한국인들은 통일된 나라를 필요로 합니다. 그들은 스스로 독립정부를 준비하기 위해 단결된 정신을 필요로 합니다. 이러한 단결된 정신을 발전시키기 위해 한국인 스스로 노력해야 하며, 이러한 협동심은 좋은 정부를 만들기 위해 꼭 필요한 것입니다. 입법의원은 한국 전체가 가야 할 목표를 망각하면 안됩니다. 한국인들이 자신들의 국가를 위하여, 또 중요하고 건설적인 과제들을 위하여 함께 일할 수 있다는 것을 전 세계에 보여 줘야 합니다. 의회가 총선거에 관한 규정을 개발하고, 또한 교육 프로그램을 개발하여 모든 한국인이 국민으로서의 책임감을 이해하도록 하는 것이 필요합니다. 식량 부족의 고통을 겪지 않도록 식량 상황을 안정시키고자 노력하여 남한이 자급자족할 수 있도록 해야 합니다. 인구 과잉 문제, 그리고 해외에서 유입하는 난민들을 위한 거주지에 대한 해결책이 있어야 합니다. 교육과 위생에도 해결해야 할 많은 문제들이 있습니다. 남한을 독립국가로 발전시키기 위한 모든 노력이 최대한 지체없이 이루어져야 합니다. 이러한 것은 의회의 책임이고, 나는 그들이 이러한 목표를 망각하지 않으리라 믿습니다. 의회의 많은 책임들을 알지 못하고, 한국에 해가 되는 행동을 제안하는 근시안적인 사람들의 활동에 낙심해서는 안됩니다.

(47쪽)

하지 장군이 이곳을 방문해[74] 한국을 위한 아주 훌륭한 홍보를 하게 된 것은 큰 행운이었습니다. 그는 본국 정부와 재계의 많은 인사들과 환담했습니다. 그는 아주 명확히 한국의 상황과 한국이 필요한 것들을 전했습니다. 이 모든 만남에서 그는 교감과 이해를 얻었습니다. 한국인들이 국가를 재건하기 위해 훌륭한 노력을 지속한다면, 그리고 하지 장군이 미국에서 성공적으로 달성한 일들을 발전시키기 위해 협조한다면, 그 결과가 뛰어날 것이라고 본인은 확신합니다. 불행하게도, 미국이 독립을 위한 한국의 노력에 협조하기 위해 최선을 다하고 있다는 것을 알지 못하는 한국인들이 있고, 이러한 이해의 부족으로 인해 한국에 유해한 행동을 하는 사람들이 있습니다. 이러한 일이 일어나 유감이며 이러한 일이 지속되지 않으리라 믿습니다. 도와주는 방법은 오로지 하나뿐이며, 그것은 모든 한국인들이 한국문제를 해결하고자 하는 미국의 노력을 전적으로 지지하는 것뿐입니다. 한국인들은 이기적이어서는 안 되며, 개개인의 입장만을 고려해서는 안 되고, 단결하여 한국을 위해 총력적, 애국적인 노력을 해야 합니다.

일찌감치 연락하지 못한 것을 사과드립니다. 한국을 떠날 때 작별인사를 드리지 못한 것을 애석하게 생각합니다. 제 부인에게 사려 깊게 선물한 아름다운 쟁반에 대해 몇 번이고 감사를 드립니다. 그녀는

---

74 「解題」에서 ≪문서 15≫를 설명한 곳 ②를 참조.

그것을 굉장히 아끼고 있고 당신의 친절함에 너무 고마워합니다.

내가 한국과 한국의 문제에 충분히 공감하고 있음을 알기 바랍니다. 나는 항상 내가 할 수 있는 모든 방법으로 간절히 그리고 적극적으로 도움을 주고 싶습니다. 당신은 당신의 매우 중요한 자리에서 조선과도정부 내에 최상의 팀워크를 발전시킬 수 있으리라 믿으며, 또한 당신의 지도 아래 한국은 독립을 위한 확고한 경제적 기반을 다질 수 있을 것이라 믿습니다. 내가 아주 즐겁게 기억하고 있는 당신의 직원들과 매우 능력 있는 부처장들에게 안부를 전해 주십시오.

A. V. 아놀드[75]
미육군 소장
미군 수석기획참모부

---

[75] "Very sincerely"와 "A. V. ARNOLD" 사이에 *Arnold*라는 자필 성명이 있다.

주한미군 사령관 대리 A. E. Brown 소장이 안재홍에게
보낸 영문 서한(1947. 3. 27)[76]

安民政長官 座下

謹啓 今月 三十一日下午

五時半에開催되는

貴下의宴會에本官

內外가叅席하고져

하오니 玆以下諒하시옵

소셔.

一九四七年三月二十七日

朝鮮駐屯美軍司令官代理

陸軍少將 뿌라운[77]

---

76 『選集』8, 48쪽의 문서이다. 상단에는 타이핑한 영문이, 하단에는 영문을 번
역한 手筆 국한문이 있다. ≪문서 16≫은 국한문을 정서하였다. 미주둔군
사령관 하지가 방미 중이었으므로 브라운 소장이 직무를 대리하고 있었다.
「解題」에서 ≪문서 15≫를 설명한 곳 ②와 ≪문서 16≫을 참조.

77 영문에서는 "sincerely yours"와 "ALBERT E. BROWN" 사이에 자필 성명이 있다.

문서 17 김규식이 Brown 장군, Lerch 장군, Helmick 장군, Weckerling 장군, Bertsch 중위, 안재홍에게 보낸 영문 기밀 각서(1947. 4. 14)[78]

(49쪽)

대외비

1947년 4월 14일

메모

  당신이 한국 내 정책을 다시 직접적으로 통제하기 위하여 돌아오는 이때에, 본인은 이 기회를 이용해 전체적인 상황과 가까운 장래를 좌우할 정책에 관한 본인의 생각을 피력하고자 합니다.

  민주주의적 절차에 관하여 대중을 교육하며 건전하고 건설적인 중산층을 구축하는 이 두 가지의 연관된 작업에 어느 정도의 진전이 이루어졌다고 믿습니다. 즉시로 시행되어야 할 상당히 많은 일들이 더 남아 있습니다. 몇몇 특정한 사항에 대해서는 당신과 즉각적으로 상담할 기회를 요망합니다.

  I. 정부의 조직을 한국화하는 사안에서, 입법의원은 우리의 계획에

---

78 『選集』 8, 49~51쪽의 영문을 번역하였다.

통합될 수 있는 법안을, 약간의 변경이 있을 수 있지만 통과시킬 것으로 보입니다. 입법의원은 쌀 수급에 대한 정부의 감독을 계속해야 할 필요를 인식할 것이고, 인플레이션을 줄이고 생산을 복원하기 위한 노력에 전적으로 협조할 것입니다.

II. 민주주의의 기반을 다지면서 생기는 근본적인 문제들은 아직도 검토할 과제로 남아 있습니다. 이 문제들은 선거법과 친일 부역자를 정의하기 위한 법, 이 두 가지가 제기하는 문제들과 연관되어 있습니다.

(a) 미국의 정책에 협력하는 정부, 그리고 한국의 독립을 위해 효과적으로 작동하는 정부라는 온전한 뼈대를 성공적으로 설립하고자 한다면, 이 문제를 전반적으로 신중하게 검토할 필요가 있습니다. 자신들의 하위 직원들만큼은 통제하고 있는 당파적이고 부패가 만연한 관료들을 정부 내에서 청소해 낼 어떤 방법을 찾아야 합니다. 이것은 필수적인 것이고, 미국이 착수한 과제의 일환이며, 당신들이 우리가 수락하도록 노력했던 모스크바 삼상회의의 결정서에도 명시된 것입니다.

이러한 예비 작업이 완성되기 전에 새로운 정부를 위한 총선거를 즉시 실행하는 것은 이 문제의 근본 성격을 이해하지 못하는 것이고 민주주의의 실체를 표면적인 측면으로 대체하는 것입니다.

현 상황에서는 자유롭고 정직한 선거가 한국에서 치뤄질 가능성이 거의 없습니다. 건설하기 전에 개혁과 교육이 우선되어야 합니다.

선거 법령을 제정하려는 계획을 못마땅해 한다는 말은 아닙니다. 그것은 즉시로 실행되어야 합니다만, (49쪽에서 50쪽으로 넘어감) 이는 개혁 작업이 당연히 시작되어야 하는 마을 단위에서 먼저 시작될 수 있도록 제일 밑바닥에서부터 가장 위까지 시차적으로 실시되는 선거 방식이어야 합니다.

(b) 경무부 개혁은 시급하고 즉각적으로 필요합니다. 총파업을 파괴한다는 구실 아래 경찰은 무분별하게 체포를 하였고, 이를 자신들의 개인적, 정치적 반대파들에 대한 복수의 기회로 삼았습니다. 경찰 개혁이 필연적으로 당면한 과제 중 최우선 순위가 되어야 합니다. 경찰은 언제나, 그리고 어디서나 중립적이어야 함이 절대적으로 요구됩니다. (첨부된【별첨 I】참조[79])

III. 정부 내 좌우합작위원회의 기능을 재검토해야 합니다. 우리 위원들은 동 위원회가 초내각처럼 구성되어야 한다고 믿지 않습니다. 그러나 위원회가 해체되어야 한다고 믿지도 않습니다. 위원회는 차라리 정치 행위의 교환소 구실을 할 수 있는 광범위한 기구, 그리고 진정으로 애국적이고 양심적인 사람들이 믿고 참여할 수 있는 조직으로 개편되고 확장되어야 합니다.

대중의 지지를 더욱 광범위하게 확대하기 위하여, 범죄자가 아니라 그릇된 판단에 의해, 또는 당파적 검찰에 의해 피해자가 된 개인들을 사면하기 위한 계획을 군정이 반드시 지원해야 합니다. 이렇게 함으로써, 정치 교육을 확장하고, 대중의 신뢰를 구축하며, 적의 공세거리

---

79 ( ) 안은 원문 그대로 번역한 구절이다. ≪문서 17-1≫「附 : 참고자료 1. Kang Won-yong, Report on the Actual Conditions of the North Cholla Province」를 가리킨다.

를 없앨 수 있습니다. (【별첨 2】 참조[80])

뿐만 아니라, 좌우합작위원회는 접종자라는 특수 요원을 파견해 마을 단위에서 도청 소재지까지 지방자치진흥회 또는 유사한 기구를 설립하도록 촉진하고 조장하는 일이 절대적으로 시급합니다. 이것은 선거를 위해 대중을 교육하고 준비시키는 데에 아주 중요합니다.

민주주의 원칙에 입각한 국가를 건설하기 위하여 (그것이 미국의 정책이기도 하다고 믿는 바), 합작위원회의 임무는 이를 강화하고 확장하는 것이며, 개념의 오류에 관하여 우파를 계몽하고, 경찰의 당파성을 좌절시키면서, 또한 극좌파 인사들이 외세에 의한 독재를 맹목적으로 따르지 못하도록 해야 합니다. 이것이 우리의 임무이고 이것이 가능하리라 믿을 뿐만 아니라, 이것만이 우리가 가야 할 길이라고 생각합니다. 진정한 민주주의 국가를 실현하기 위해서는 민주주의의 의미를 대중화할 필요가 있고 진실한 민주적인 선거를 할 수 있을 때까지 어느 정도의 힘든 과도기는 불가피합니다. 이를 달성하기 위해, 합작위원회 (지방자치진흥회)의 선도 아래 즉시 조직을 시작하였습니다. (50쪽에서 51쪽으로 넘어감) 이들 진흥회 또는 연맹들은 우리들이 이해하는 민주주의라는 개념을 대중에게 보급할 것입니다.[81] 합작위원

---

80 ( ) 안은 원문 그대로 번역한 구절이다. ≪문서 17-2≫ 「附 : 참고자료 2. 남조선과도입법의원 의장 김규식에게 보낸 영문 보고서」를 가리킨다.

81 1946년 10월 7일 「좌우합작 7원칙」이 발표된 뒤 좌우합작운동이 진전이 없자, 좌우합작위원회 委員 元世勳은 좌우합작운동의 방향과 관련하여 "難局의 突破를꾀할" '새로운 構想을 다음과 같이 밝혔다. "所謂上層部의 合作이란 이以上希望이 없는것으로 본다 그러나 이時局을 어떻케든지 突破하지않으면안되겠다 우리는이제부터方向을돌려서 下部合作運動을 展開하려하며 이것을爲하여는위선 啓蒙運動이必要하다. 그와同時에地方自治運動을 積極的으로이르키려고한다. 獨立이란 自治에國際承認을加한것이다." 「合作은民

회는 위 임무를 완수하기 위해 노력하고 있으나 우파의 영향력 아래에 있는 경찰이 우리의 임무를 거의 불가능하게 만들고 있어서, 경찰이 근본적으로 개혁되지 않는 한 향후 모든 선거들이 민중의 정서를 반영하지 못하고, 또한 다수의 능력 있는 지도자들이 배제될 것이 우려되며 그리 될 확실성도 있습니다.

결론

결론적으로, 본인은 절대적으로 필요한 두 개의 조건을 제안할 것이며, 이 조건들이 실행되지 않는다면 남한에 비참한 결과만을 불러올 것이고, 이와 함께 군정의 철저한 실패를 불러올 것입니다.

(1) 가장 악명 높은 사람 중 적어도 몇 명은 교체하는 등 경찰 인사를 개편해야 합니다. 의심하지 않는 사람에게는 경찰이 평화와 질서를 보존하는 그들의 임무를 수행하는 듯이 보이지만, 현실은 완전히 그 반대입니다. 경찰이 한쪽에 해를 입히며 다른 쪽에 호의적일 때, 또한 정치적 사안에 간섭할 때, 민주주의의 이상을 실현하기는 불가능합니다. 경찰이 테러에 눈을 감은 사례나, 테러 집단을 선동하지는 않았을지라도 이들과 공모해 온 사례를 얼마든지 들 수 있습니다. 이와 같은 상황은 불안감을 조성하고 군정에 대한 불신을 조장할 뿐 아니라, 합작위원회의 계획도 실현할 수 없게 만듭니다. 따라서 한미(조미)공동위원회에서 이미 권장한 바와 같이, 최소한 몇몇 경찰서장과도 경찰청장 등 경찰 인사들을 교체해야 합니다.

衆合作에서-左右合作新構想에轉換-合委委員 元世勳氏談」, 『朝鮮日報』(1946. 11. 3).

(2) 총선거를 더욱 적절한 시기로 연기하는 것. 현재 한국의 경제가 친일파에 의해 지배되고 있고 친일파에 관한 법령이 제정되고 시행되지 않는 한 어떠한 애국적인 한국인도 조국에 봉사할 희망을 갖지 못합니다. 위에서 언급한 바와 같이 경찰이 개혁된 이후에야 비로소 공정한 선거를 치를 수 있을 것입니다.

(이니셜) 김규식[82]

사본 수신인: 브라운 장군
　　　　　　 러취 장군
　　　　　　 헬믹 장군
　　　　　　 웨컬링 장군
　　　　　　 버취 중위
　　　　　　 안재홍 씨

---

[82] 김규식의 英字 이니셜 *K.K*가 자필 서명되어 있다.

附 : 참고자료 1. Kang Won-yong, Report on the Actual Conditions of the North Cholla Province[83]

(52쪽)

【별첨자료 1】(참조를 위하여)

전라북도의 실제 상황에 관한 보고서

여론:

　미국이 외교 정책을 근본적으로 변경하였고 이승만 박사의 성공적인 외교 덕분에 한 달 이내에 남한에 별도의 정부가 수립될 것, 그리고 이 단독정부는 미래에 북한까지도 지배할 수 있도록 국제연합에 참여할 것이라는 선전이 널리 퍼져 있다. 동시에, 우파 정당들은 좌우합작위원회가 반동적이며 기만적인 단체라고 선전해 왔다.

83　『選集』8, 52~53쪽의 영문을 번역하였다. 姜元龍(1917. 7. 3/음력 5. 15~2006. 8. 17, 함경남도 利原 출생)이 전라북도를 현지 답사하고 정치 상황 등 실태를 보고한 문서이다[강원룡의 생년월일은 姜元龍, 『빈들에서-나의 삶, 한국현대사의 소용돌이』1(열린문화, 1993. 1), 23쪽에 의거했다]. 작성자인 강원룡은 널리 알려진 바와 같이 한국기독교장로회의 목사로 한국의 민주화운동과 종교 화합에 앞장섰던 신학자였다. 그는 8·15해방 후 월남하여 9월 20일 천신만고 끝에 서울에 도착한 뒤 곧바로 기독교 청년운동에 투신하였다. 1945년 11월 26일 조선기독청년회 전국연합회(약칭 기독청년연합회)는 "日本의 惡魔的 勢力이 解體시켰던 教會內의 靑年組織體를 復活시켜" "歷史的인 創立總會를 召集"하고 성명서를 발표하였다. 이 성명은 "새로운 國家建設을 遲延시키는 民族叛逆者를 더욱 排擊한다. 우리는 全國民의 各

A. 이리 지구

한국민주당의 자문이며 이승만 박사가 이끄는 GHC(대한독립촉성국민회)의 익산군 지부 사무총장인 신임 이리 부윤 김병수는 대규모 3·1절 기념식 연설에서 반탁운동은 과도정부가 수립된 이후에 전개되야 한다고 주장한 김규식과 그의 사람들에게 민중들이 속아서는 안되며, 김규식의 추종자인 강 씨가 이 지역에서 젊은이들에게 강연하는 것을 불허해야 한다고 강조하였다. 경찰조차도 신임 부윤의 지배 아

界各層의 總力을 集結할 수 있는 二十七年間 民族解放을 爲하여 血鬪를 繼續하여 온 大韓臨時政府와 그 要人들의 功績을 우러러보고 歡喜로 맞으며 이를 絕對支持한다."고 선언하였다. 「傳單」(朝鮮基督靑年會全國聯合會. 1945. 11. 26), 國史編纂委員會 編, 『資料大韓民國史』1(國史編纂委員會, 1968. 12), 474~475쪽. 기독청년연합회는 11월 29일 대표 4명이 金九 주석을 방문하여 38도선 철폐를 주장하면서, "大韓民國臨時政府를 絕對支持"하는 결의문을 제출하는 한편 하지에게도 진정하였고, 30일에는 동 결의문을 발표하였다. 「三十八度撤廢問題等 基靑聯合會에서 決議陳情」, 『自由新聞』(1945. 12. 1) ; 「獨立促成에 邁進」, 『朝鮮日報』(1945. 12. 1). 전국연합회는 각 교단의 중견 청년들이 함께 모여 결성하였는데, 정·부위원장과 총무 아래 사업부로서는 종교부·섭외부·사업부·정치부·선전부·음악부·구호부 등의 조직을 갖추고 있었다. 이 단체는 사회 참여 성격이 강하였는데, 강원룡은 좌익·공산주의 세력에 조직·체계를 갖추어 맞설 우익 조직체가 필요하다는 생각에서 이 단체에 참여하여 정치부장을 맡았다. 그는 기독교 청년의 처지와 시각에서 정치 상황에 의견을 개진하였고, 이로 인해 자연스럽게 이승만·김구·김규식 등 거물 정치인들과도 자주 접촉하게 되었다. 강원룡과 관련한 내용은 姜元龍, 위의 책, 147·167~172쪽. 1946년 10월 29일 자 CIC보고에 따르면, 좌우합작위원회는 1946년 10월 말 의장(Chairmen)·위원·계획부(Planning Section)·선전부(Propaganda Section)·조직부(Organization Section) 및 지방 지부(Branches Offices : 道·郡·府)의 체계로 재정비·강화되었는데, 이는 좌우합작위원회가 협의체나 단순한 연락 기구의 체제에서 獨自한 정치조직으로 전화되었음을 뜻한다. 이때 의장은 김규식·여운형, 위원은 안재홍·宋南憲 등 7명, 선전부에는 강원룡·이명하 등 8명이었다. CIC Files No. 8-168 Subject: *Coalition Committee, Organization of.*(29 October 1946)[鄭秉峻, 「1946~1947년 左右合作運動의 전개과정과 성격변화」, 『韓國史論』25(서울大學校 人文大學 國史學科, 1993. 6), 299쪽에서 재인용]. 강원룡은 좌우합작위원회의 선전부에서 활동하면서 김규식의 정치 활동을 보조하였다.

래에 있다고 전해진다. 아래는 실제로 경찰이 저지른 폭력 사례이다:

익산군 기독교청년동맹[84]의 임원이며 교회 멤버인 기독교인 백 씨는 어두운 밤 벽보를 뜯어 읽었다. '신탁통치결사반대'라는 내용이었다. 그가 벽보를 뜯자마자 여러 젊은이들이 그를 때리기 시작했다. 그는 이들에게 포위되어 거의 죽음에 이르기까지 맞았다. 그들에 의해 경찰서로 옮겨졌을 때 일제시기에 형사였던 담당 경찰은 심하게 부상당한 백 씨를 구금하였고 다른 사람들은 훈방하였다. 이 소식을 듣고 교회의 목사와 장로들뿐만 아니라 한국독립당의 지구 위원장인 양윤묵 씨는 문제의 남자는 신탁통치에 확고히 반대하는 활발하고 애국적인 우익 청년이라고 증언했다. 그러나 경찰은 그들의 증언을 무시하였다. 기독교청년동맹의 인사가 한국민주당 사무총장을 방문하여 그 사건을 전했을 때, 사무총장은 '기독교청년동맹은 김규식 박사에게 속해 있고 경찰에 구금된 젊은이는 김 박사의 추종자인 강 씨의 영향을 많이 받고 있으니 그 체포된 남자는 철저하게 조사할 필요가 있다고 생각한다'라고 말하였다. 따라서 위독한 상태에 있는 백 씨는 아직도 경찰서에 구금된 상태이다.

(53쪽)

B. 김제 지구

통금 시간 동안 경찰의 엄격한 감시에도 불구하고 테러범들이 자정

---

84 원문에 "Y.M.C.A. Federation"이라고 타이핑한 곳에서, Y.M.C.를 ~~Y.M.C.~~처럼 지우고 Young People's Christian이라고 手筆 수정하였다. 강원룡에 따르면, 조선기독교청년동맹은 1945년 8월 19일에 서울 새문안교회에서 조직된 청년 단체이다. 이 단체는 8·15해방 후 연합군을 환영하는 각종 행사들을 주관하고, 또 남한으로 들어오는 월남민이나 귀환민들을 위한 구호 사업을 펼칠 목적으로 조직되었으며 사회 참여는 적극 전개하지 않고 있었다. 姜元龍, 위의 책, 167쪽.

에 좌파 인사들의 집을 습격하여 왔다. 사람들은 이러한 테러 행위가 어떻게 통금 시간에 벌어질 수 있는 것인지 궁금할 수밖에 없다. 결과적으로 주민들 사이에 불안감이 팽배하고 있다.

C. 부안과 고창 지구

믿을 만한 소식통에 따르면, 경찰과 협력하여 우익 청년 단체들이 좌익에 속한 많은 가옥을 파괴했다. 부자들이 요청한 만큼 충분한 돈을 기부하지 않을 때마다 그들의 집도 파괴되었다. 따라서 부자나 가난한 사람, 좌익과 우익 모두 공포에 시달리고 있다.

민중의 일반 정치 성향

전주와 정읍 출신의 많은 애국 청년들과 접촉하였다. 민중들은 공산당의 압력에서 자유로워진 것 같으나, 그들은 이제 우익 정당의 압력에 시달린다. 현 상황은 그들이 김 박사와 류 씨가 정의한 정치적 과정만이 한국인들이 따라야 할 길이라고 믿게 만들고 있다. 만약 더 이상 경찰에 의한 폭력이 없어진다면 모든 애국 세력은 결국 통일된 전선으로 합쳐질 것이다.

경찰의 개혁이 현재로서 실현될 수 없지만, 민중들은 현 상황을 더 이상 감당할 수 없기 때문에 4월 20일까지 통일전선을 조직하기 위한 준비가 되어 있으며, 그들은 김 박사가 이와 관련하여 적절한 도움을 주기 위해 방문하기를 희망하고 있다.

보고자:

강원룡

附 : 참고자료 2. 남조선과도입법의원 의장 김규식에게
보낸 영문 보고서[85]

(54쪽)

【별첨자료 2】 (참조를 위하여)

김규식 박사
남조선과도입법의원 의장

친애하는 김 박사님:

　당신이 참고할 수 있도록 서울의 여론에 대한 일반적인 설문 조사
에서 얻은 아래의 보고서를 당신께 제출합니다.

　　　　<u>보고서</u>

질문 : 남한에서 토지개혁을 실행하는 방법 중 어떤 것이 민주적이라
고 간주하십니까?

---

85 『選集』8, 54쪽의 영문을 번역하였다. 작성자와 작성 목적 및 정확한 작성
　시기는 확인하지 못하였으나, 「좌우합작 7원칙」의 토지개혁안을 뒷받침하
　기 위하여 여론조사 결과를 첨부한 듯하다. 「解題」의 ≪문서 17-2≫ 부분을
　참조.

답변 : (원래의 속기 기록을 글로 옮김)

1. "민주적 실행"이란 봉건적 시스템의 농지 지배를 없애고, 위 토지들을 몰수하여 한국인의 대다수를 구성하는 농민들에게 무상으로 나눠주는 것[86]을 의미한다.

토지를 소유한 소수인들에 비해 농민 계급이 더욱 번영할 때 국가의 안정과 재활이 기대된다.

반역자와 친일파들이 소유한 敵의 토지는 당연히 보상 없이 몰수되어 농민들에게 무상으로 지급되어야 하며, 그리고 그 외 한국인들 소유의 토지는 정부가 최소 가격으로 구입함으로써 그들의 생계를 확보하고 개선하여야 한다.

이 정책이 실현될 경우, 정부는 어느 정도 재정적 어려움을 겪을 수 있다. 그러나 정부는 적절한 세금 제도를 채택하여 이 어려움을 극복할 수 있다. 만약 실행되면, 이러한 토지개혁 정책은 현재 진전이 느린 정치적 연합운동에 궁극적으로 유익할 것이다. 이 정책은 또한 통일된 정부를 수립하는 데 필수적이고 이상적인 의미를 가질 것이다. (80%)

2. 농지의 무상몰수와 무상분배. (20%)

---

86 이 부분의 원문은 "… the confiscation of these properties free to farmers, …"로, 몰수는 언급하였으나 '나눠준다'는 단어는 없다. to의 뜻에 의거해 의역하였다.

군정장관 A. L. Lerch 소장이 민정장관 안재홍에게 보낸
영문 기밀 공문(1947. 5. 10)[87]

㊙[88]

南朝鮮過渡政府

(美軍地域)

1947년 5월 10일

安在鴻民政長官 貴下

　金奎植博士의 某種事件 에關하야

本官의 建議를 要求하는二十四軍司令官의書類

가 왔기에 여기 同封합니다.

　貴官으로써 秘密裡에 警務當局이나 或은

司法當局을通하여 或은 貴官이適當하다고생각

하는 다른 方法으로라도 仔細한 調査를하여

주시기를 바랍니다. 調査에 있어서는 金博士自身이

하는 말도 듣 는것이 좋겠습니다. 調査가 끝나는대로

貴官의 意見과 提議를 添付한 秘密報告를

87　『選集』8, 55쪽의 문서이다. 하단의 발신인을 제외하고, 타이핑한 본문은 영
　　문 위에 번역문을 국한문으로 필사하였는데, ≪문서 18≫은 번역문을 정서
　　하였다.
88　활자체인 "南朝鮮過渡政府/((美軍地域)"의 위에 "CONFIDENTIAL"이라는 도장
　　이 찍혀 있고, 이 오른쪽에 ㊙라는 도장이 찍혀 있다.

주시기를 務望합니다.

아처 L. 러취[89]

미육군 소장

조선군정장관

—統一한 自主獨立朝鮮을 爲하야—

㊙[90]

---

89 영문 이름 "ARCHER L. LERCH" 위에 자필 서명이 있다. 발신인 오른쪽에는
    상단에 영자로 "A.L. / LERCH", 하단에 "러-취"라는 국문을 새긴 네모난 직인
    이 찍혀 있다.
90 맨 하단에 활자체인 "CONFIDENTIAL"이라는 도장이 찍혀 있고, 이 오른쪽에
    ㊙라는 도장이 찍혀 있다.

附 : 주한미군 사령관 J. R. Hodge 중장이 군정장관 A. L. Lerch 소장에게 보낸 기밀 서한[91]

기밀문서[92]

 1947년 4월 8일 오전에 張澤相[93] 수도청장과 본청 경찰서장인 이 경감이 본인의 사무실을 방문하여 아래와 같이 구두로 보고하였다.

 李範聲(41세), 金秉均(40세), 그리고 李思稷(41세)은 일본 피난민들의 수하물을 획득하여 엄청난 금액의 이익을 만들 수 있다고 약속하며 이인직 외 10명에게서 자금을 모았다. 총합계 금액은 1,911만 원이다. 자백한 바로, 이 씨는 이 자금 중 현금 420만 원을 김 박사에게 기증하였고, 8백만 원을 김 박사 부부의 명의로 조선은행에 예금하였다. 더욱이, 그는 김 박사가 조선저축은행에 진 빚을 갚았다고 자백했다. 그는 또한 33만 원을 김 박사와 이 씨 자신의 중개자인 구성[94] 씨에게 주었다. 위 세 명의 기획자들은 현재 본청 경찰서에 구금되어 있고 경

---

91 『選集』8, 56쪽의 영문을 번역하였다.

92 원문 CONFIDENTIAL에 밑줄이 있다.

93 한국민주당원인 張澤相은 1946년 1월 경기도 경찰부장(제1관구경찰청장)에 임명되었다. 「治安攪亂者掃蕩」, 『東亞日報』(1946. 1. 13). 이어 경성에 수도경찰청이 신설됨에 따라, 1946년 9월 17일 제1관구경찰청장 장택상이 경성경무총감과 수도경찰청장을 겸임하게 되었다. 「서울에 警務總監部新設」, 『朝鮮日報』(1946. 9. 19) ; 「首都警察廳發足」, 『서울신문』(1946. 9. 19).

94 具聖會를 가리키는 듯하다. ≪문서 18≫부터 ≪문서 21≫에서는 '구성'이라고 되어 있으며, 당시 일부 신문에서도 具聖이라고 기명한 곳이 있는데, 대부분의 보도에는 具聖會가 많다.

찰 당국의 조사를 받고 있다.

이른 오전에 李仁 검찰총장[95]이 경찰서장에게 전화하여 김 박사가 4월 8일 정오에 돈을 반환할 예정이므로 이 사건을 전적으로 취하하라고 요청하였다.

4월 9일 12시 30분에 중개자 구 씨가 본 사무실에 와서 조흥은행에 8백만 원의 예금이 있고 6백만 원은 김 박사의 명의로 되어 있다고 자백하였다. 김 박사의 부인이 장로교 여학교를 위해 3백만 원을, 고아원을 위해 3백만 원을 사용하기를 원하였다. 자금은 2월 17일에 예금되었고, 이 씨가 여러 사람에게서 큰 액수의 자금을 모으면서 김 박사의 이름을 사방으로 도용하였음이 발견된 후 3월 7일 반환되었다.

8백만 원은 이 씨에게 반환되었지만 김 박사와 원 씨[96]가 합작위원회의 용도로 사용한 3백만 원의 차이가 있다. 기획자인 이 씨가 경찰서에서 훈방되면 그에게 자금을 제공한 사람들이 돈을 돌려받을 수 있도록 조처를 취할 수 있다고 그 중개자가 말한다. 그는 또한 이 사건이 비밀리에 조사되어 저명한 지도자의 이름이 이 사건에 연루되지 않기를 바란다. 현재 정황으로는, 경찰이 수사를 아주 조심히 한다면 이 사건이 대중에게 알려지지 않을 수 있지만, 그 기획자에게 속은 사람들이 김 박사의 본부에 와서 돈을 환불해주기를 요구할 수 있다는 점에 위험이 있다.

---

95 원문은 "Chief Prosecutor"로 직역하면 부장검사이겠지만, 이때 李仁의 직책은 검찰총장이었다.
96 좌우합작위원회의 우측 대표인 元世勳을 가리킨다.

러치 장군 - 당신의 권고는 무엇입니까? 하지[97]

---

97 마진에 손으로 쓴 영문 메모이다. 원문은 "Gen. Lerch - What are your recommendations? JRH"이다. JRH라는 이니셜은 당시 미24군 사령관이었던 하지 장군을 가리킨다.

附 : 수도경찰청장 장택상이 경무부장 Maglin 대령, 조병
옥에게 보낸 기밀 공문(1947. 4. 9)[98]

(57쪽)

경무부 부부장 겸 수도경찰청장실 본부

한국 서울

1947년 4월 9일.

제목 : 거물급 인사를 빙자한 사기 사건.

수신인 : 경무부장 대령 매글린[99]

　　　　조 박사[100]

98　『選集』8, 57~60쪽의 영문을 번역하였다. 58·59·60쪽의 3개의 명세서도
　　≪문서 18-2≫에 포함시켰다.

99　William H. Maglin은 1945년 12월 20일 조선군정청 경무국장에 임명되었다.
　　「軍政廳任命辭令」第五十七號(1945. 12. 20)[國史編纂委員會 編, 『資料大韓
　　民國史』1(國史編纂委員會, 1968. 12), 635~636쪽].

100　경무부장 조병옥을 가리킨다. 조병옥은 1945년 10월 20일 재조선미육군
　　사령부 군정청 임명사령 제22호에 의거해 경무국 경무과장에 임명되었다.
　　「警察行政을一新하게」, 『自由新聞』(1945. 10. 27) ; 위의 『資料大韓民國史』1,
　　315쪽. 이후 1946년 3월 29일 미군정이 局을 部로 개칭함에 따라 경무국은
　　경무부로 개칭·승격되었고 조병옥은 경무부의 최고 수장이 되었다. 「軍政
　　廳法令」第六十四號(1946. 3. 29)[『資料大韓民國史』3(探求堂, 1969. 12), 295
　　~297쪽].

용의자 :

李範聲, 41세, 용산 강기정[동] 26번지
직업 - 조선기업주식회사 임원

金秉均, 40세, 혜화동 98번지
직업 - 조선기업주식회사 임원

李思稷, 41세, 신당동 399-4번지
직업 - 조선기업주식회사 임원

범죄 사실 : 위의 세 용의자는 1946년 9월 중에 아무런 자금 없이 조선기업주식회사[101](가짜, 가상 주식 회사)를 조직하였다. 그들은 현재의 경제 혼란과 상품의 부족을 이용하여 단번에 수천만 원을 벌기 위한 작당을 함께 하여 순식간에 백만장자가 되는 꿈을 꾸었다.

따라서 그들은 김규식 박사의 이름을 거론하며 소금, 구리와 일본 제품들을 軍政府에서 싼 가격에 구입할 것이라며 거짓 선전을 퍼트렸다. 그들은 지난 10월 시작하여 올해 2월까지 이인직을 비롯하여 10인에게 서면 계약을 통해 1,911만 원 상당의 물품을 예정된 시기 내에 구매, 재판매 및 전달한다는 약속을 하여 사기 취득하였다.

첨부된 서류는 사취된 돈이 사용된 明細를 보여준다.

극비문서

---

101 당시 신문에는 勞資企業會社(유령회사)로 보도되었다.

사기 자금의 사용 명세서[102]

1. 160 옥천정의 한국 집 구매
2. 선박 구매
3. 퀼트(quilts) 600장 구매
4. 거실 가구 구매
5. 김규식 박사에게 지불
6. 자동차 구매를 위해 김규식 박사에게 지불
7. 군정청 노동부에 기부
8. 한미협회에 기부
9. 興震黨에 기부
10. 조선통조림상품협회에 기부
11. 미나카이 직물공장의 매니저 박선철에게 대부
12. 서울건설회사에 기부
13. 민중당(공산주의 계열)에 기부
14. 김규식 박사의 조선은행 구좌에 입금
15. 종로 1가에 거주하는 김진호에게 대부
16. 군정 노동부 정보국장 민운식과 동 기관 교관 장홍연에게 줌
17. 조선흥업주식회사 직원 임금
18. 접대 및 업무비
19. 좌우합작위원회에 기부
20. 김규식 박사의 조선저축은행 대출 상환을 위하여 지불
21. 송정호[103] 씨에게 지불
22. 김 박사 측근 구성 씨에게 지불

---

102 『選集』8, 58쪽의 영문 명세서를 번역하였다.
103 신문 보도에는 孫定鎬이다.

23. 정남익에게 지불
24. 치약회사[104]에 투자
25. 이범성의 개인 비용

총합계: 1,901만 원

---

104 원문은 "Tooth Powder Co."인데 고유명사일 가능성도 있다.

김규식 박사에게 지불된 사기 자금 명세서[105]

1. 1946년 11월 7일에 용의자 이성범[106]은 김규식 박사 부인에게 그녀의 집에서 5만 원을 지불하였다.

2. 1946년 11월 중순에 용의자 이 씨는 조선산업은행 수표 20만 원을 김규식 박사에게 지불하였다.

3. 다시 11월에 용의자 이 씨는 김 박사의 측근인 구성 씨를 통하여 7만 원을 김규식 박사에게 지불하였다.

4. 1946년 11월 말 무렵 용의자 이 씨는 김규식 박사에게 13만 원의 수표를 지불하였다.

5. 1946년 11월부터 12월까지 세 번에 걸쳐 용의자 이 씨는 김규식 박사에게 총 10만 원을 지불하였다.

6. 1946년 12월 초에 용의자 이 씨는 김규식 박사에게 40만 원을 지불하였다.

7. 1946년 12월 말에 구성 씨와 용의자 이 씨는 김 박사의 조흥은행 구좌에 2백만 원을 입금하였다.

---

105 『選集』8, 59쪽의 영문 명세서를 번역하였다.
106 '이범성'의 오타인 듯하다.

8. 1947년 1월 초에 구성 씨와 용의자 이 씨는 김규식 박사의 조흥은행 구좌에 1백만 원을 입금하였다.

9. 1947년 2월 17일에 구성 씨는 김 박사의 조흥은행 구좌에 8십만 원을 입금하였다.

10. 1947년 2월 말 무렵, 다섯 또는 여섯 차례에 걸쳐 용의자 이씨는 구성 씨를 통하여 김 박사에게 총 3십만 원을 지불하였다.

김규식 박사가 받은 사기된 돈의 총액수: 1,225만 원.

피해자와 사기당한 금액 목록[107]

날짜, 피해자, 금액

1945년 초, 장성근, 10만 원

1946년 10월 중순, 설연우, 15만 원

1946년 10월 중순, 윤기동, 30만 원

1946년 11월 초, 김병기, 30만 원

1946년 11월 초, 이종태, 50만 원 (20만 원 회수됨)

1946년 11월 중순, 김응철, 30만 원

1946년 11월 말, 김목응, 50만 원

1946년 11월 말, 정남익, 250만 원

1946년 11월 말, 김재하, 366만 원

1946년 11월 말, 손정호, 200만 원

1947년 2월 17일, 손정호, 280만 원

총합계: 1,911만 원

장택상[108]

경무부 부부장

수도경찰청장

---

107 『選集』8, 60쪽의 영문 금액 목록을 번역하였다.
108 타이핑한 "T. S. CHANG" 위에 자필 서명한 *T. S. CHANG*이 있다.

附 : 김규식이 군정장관 A. L. Lerch 소장에게 보낸 기밀
서한(1947. 5. 7)[109]

(61쪽)

私信

　　삼청동 145-6
　　한국 서울
　　1947년 5월 7일

　　아처 L. 러취 미육군 소장
　　재조선미육군사령부 군정장관
　　중앙청
　　한국 서울

친애하는 러취 장군:

　이범성 건에 대한 본인의 진술과 관련한 웨컬링 장군의 보고서가
첨부된 귀하의 1947년 5월 6일 자 편지를 감사하게 받았습니다.

　그러나 귀하의 편지와 보고서에 언급된 본인의 진술에 관해 몇 가
지 점에 대해 말하고 싶습니다.

---

109 『選集』 8, 61~62쪽의 영문을 번역하였다.

첫째, 위 사항 또는 다른 문제에 관하여 1947년 4월 22일에 본인과 웨컬링 장군[110] 사이에 어떠한 회의도 실제로 열리지 않았습니다. 사실은 위에 언급된 날에 버취 중위와 대화를 했고 그에게 위와 같은 진술의 요지를 전한 바 있으나 정확한 날짜를 기록하지 않았고 단지 구두로만 전하였습니다. 따라서 소위 진술이라고 불리는 본인의 발언에 자명한 몇 가지 수정 또는 추가적인 의견을 첨부하였습니다.

하지 장군이 당신에게 부탁했다고 말하였는데 ……(원문의 줄임표임 : 역자) 자금이 상환되도록 내가 모든 가능한 노력을 다하라고 말입니다. 제가 개인적으로 상환하라는 것인지, 아니면 이 씨나 구 씨가, 만약 실제로 불법을 저질렀다면, 상환하도록 노력해야 한다는 뜻입니까? 만약 첫 번째의 뜻이라면, 내게 지불 능력이 있다 하더라도, 먼저 나의 채권자가 정확하게 누구이며 금액은 얼마인지 알 권리가 있다고 생각합니다. 더 나아가 본인이 지불 또는 '상환'해야 함을 명시하는 적절한 전표와 명령을 받을 권리가 있습니다. 본인이 실제로 받은 금액에 관해서는, 은행 장부에서 볼 수 있듯이, 이는 4백만 원이었습니다. 관련된 총금액이 1,600백만 원이라는 보도도 있었고 어떤 이들은 1,800백만 원이라고 얘기하지만, 본인은 아직도 관련된 총금액이 얼마인지도 정확하게 모릅니다. 만일 하지 장군의 뜻이 본인이 이 씨 또는 이 씨와 구 씨가 함께 상환하도록 만들라는 것이라면, 이들과 접

---

110 John Weckerling 준장은 한미공동회담의 미국 측 위원으로 참여하였다. 「騷擾實情을 調査」, 『東亞日報』(1946. 10. 24). 그는 남조선과도입법의원이 개원한 뒤, 미소공동위원회 再開를 촉진하기 위하여 입법의원과 미소공위 미국 측 대표 및 미군 수뇌부 삼자 간에 연락위원회를 설치하였을 때, 6명으로 구성된 미국 측 연락위원회의 위원장에 임명되었고, 엘 M. 버취 중위는 政治事宜로 임명되었다. 「立議新年첫會議」, 『京鄕新聞』(1947. 1. 7) ; 「立議의 新年初會議」, 『朝鮮日報』(1947. 1. 7).

촉할 수도 없는데 본인이 어떻게 그리할 수 있는지 모르겠습니다. 이 씨는 체포되었다고 알고 있고, 구 씨는 아직 체포되었는지 아닌지도 알지 못합니다. 위에 언급한 4백만 원 중에서 본인이 인출하여 사용한 금액에 관해서는, 단 1원도 개인 용도로 사용되지 않았음을 은행 장부와 전표를 통해 밝힐 수 있습니다. 즉, 모든 금액은 본인의 정치 활동이라 할 수 있는 활동들, 주로 좌우합작위원회 그리고 과도입법 의원과 관계된 접대비와 기타 일반 운영비로 지출되었습니다.

(61쪽에서 62쪽으로 넘어감)
위 문제에 관한 하지 장군과 당신의 추후 의견을 알려 주면 고맙겠습니다.

김규식[111]

추신: 언급된 보고서의 사본에 수정 및 코멘트를 달기 위한 허가를 웨 컬링 장군에게서 전화로 받아 이에 동봉하여 보냅니다.

첨부: 웨컬링 장군 보고서의 복사본.

사본 수신인 : 하지 장군
브라운 장군
웨컬링 장군
안재홍 씨
버취 중위

---

[111] "Yours very sincerely"와 "Kiusic Kimm" 사이에 *K.K*라는 자필 성명이 있다.

군정장관 A. L. Lerch 소장이 민정장관 안재홍에게 보낸 영문 각서(1947. 5. 12)[112]

南朝鮮過渡政府

(美軍地域)[113]

1947년 5월 12일

安在鴻 民政長官 貴下

　1. 李範聲 事件에 關하여는 아래
條件에該當하는 者外에 仝不法行爲 事件에
關係된者는 全部 調査하여 卽時 處斷하도록
警務部와 司法部에 命令하여 주십시요.

　2. 此件에 關係된 軍政官吏에 對하여는 貴官
이 直接嚴密한調査 하되 어데까지나 嚴正
할것이고 그들의 地位如何를 不拘하고 特
典을줄수는 없을것입니다.

　3. 此件에 있어서 받은 돈은 全部 本所有者
에게 返還하도록 할것입니다.

아처 L. 러취[114]

---

112 『選集』8, 63쪽의 문서이다. 하단의 발신인을 제외하고, 타이핑한 영문 위에
　　번역문을 국한문으로 필사하였는데, ≪문서 19≫는 번역문을 정서하였다.
113 수신인 오른쪽에 ㊞라고 手筆한 글자가 있다.
114 타이핑한 영문 이름 "ARCHER L. LERCH" 위에 자필 서명이 있다. 발신인

미육군 소장

조선군정장관

―統一한 自主獨立朝鮮을 爲하야―

군정장관 A. L. Lerch 소장이 민정장관 안재홍에게 보낸 영문 각서(1947. 5. 13)[115]

南朝鮮過渡政府

(美軍地域)

1947년 5월 13일

　民政長官 安在鴻 座下

　하지 將軍이 方今 電話로 本官에게 말하기를

貴下께서 崔東旿氏나 尹琦燮氏에게 말슴하여

李範聲事件에 關聯되여 있는 立法議員에對한

院內 調査委員會을[116] 任命토록하시기를 提議하여 왔습니다.

軍政長官

陸軍少將

아-춰·엘·러-취[117]

　─統一한 自主獨立朝鮮을 爲하야─

---

115 『選集』8, 64쪽의 문서이다. 타이핑한 본문은 영문 위에 번역문을 국한문으로 필사하였고, 하단의 발신인은 영문 밑에 국한문으로 필사하였다. ≪문서 20≫은 번역문을 정서하였다.

116 원문이 '을'로 되어 있다.

117 영문 이름 "ARCHER L. LERCH" 위에 자필 서명이 있다. 영문 발신인 밑에 국한문으로 발신인을 번역하여 놓았다.

남조선과도정부 고문관 A. L. Lerch 소장이 안재홍에게
보낸 영문 메모(1947. 5. 13)[118]

안재홍 씨

당신은 당신의 권한 아래에 있는 모든 기관을 동원하여 이범성 사
건 전체와 이에 관련된 모든 이들을 조사할 권한이 있습니다.

아-처. 엘. 러-취
美國陸軍少將
顧問官
南朝鮮過渡政府[119]

---

118 『選集』 8, 65쪽의 영문을 번역하였다. 영문으로 手筆한 서신이다.
119 하단의 발신인은 인쇄한 양식인데, 영문 위에 국한문으로 번역하여 놓았다.
이름 오른쪽에는 "A.L.L 5/13/47"이라는 서명이 있다.

민병증이 C.I.C.에서 기술한 각서(1947. 5. 15)[120]

[66쪽]

C.I.C에서 記述한覺書(文句를强要함을修正記述함)

一. 나閔丙曾[121]은安在鴻, 柳東悅[122]과「푸라이쓰」大佐[123]와「깟소」少佐
를統衛部에서고만두게하랴고計畫하얏다

二.「푸라이쓰」大佐가조처못하다고「푸라이쓰」大佐보다더高級인士官
에게말하랴하얏다

三. 此事件으로「푸라이쓰」大佐가「푸라이쓰」大佐보다더高級인士官과
不和하게된것에對하야는責任이우리에게잇다

---

120 『選集』8, 66~67쪽의 국한문 문서를 정서하였다.

121 군정청 국방부는 장래 한국 해군을 양성하고자 1945년 12월 鎭海에 朝鮮海
防兵團(일명 해안경비대)를 창설하였다. 민병증은 해방병단의 부사령 겸 참
모장을 역임했다. 「明日의大海軍을目標로 精進하는鎭海海岸警備隊들-副司
令閔丙曾氏入京談」, 『自由新聞』(1946. 4. 8) ; 「九箇海兵基地를設定」·「航空
隊도新設計畫」·「오직明日의盟誓미테 海兵으로서猛練習」, 『東亞日報』(1946.
4. 8). 해방병단은 1946년 6월 15일 군정법령 제86호 제3조에 의거하여[「解
題」의 ≪문서 22≫를 참조], 조선해안경비국에서 관할하게 됨에 따라 해방
병단 총사령부는 1947년 1월 14일부로 조선해안경비대 총사령부로 명칭을
소급하여 개칭하였다. 이보다 앞서 1946년 9월 12일 미군정 당국에서 행정
권을 이양 받아, 진해에 특별기지사령부를 창설하였다. 李丙泰, 「국방조직
의 변천과정 고찰-우리나라 초창기 국방기구를 중심으로」, 『軍史』第17號
(國防部 軍史編纂委員會, 1988. 12), 240~241쪽.

122 통위부가 설치되면서 초대 한국인 부장으로 대한민국임시정부의 군대인 한
국광복군 참모장 유동열이 임명되었다. 「軍政廳統衛部長에 柳東說氏를」,
『東亞日報』(1946. 6. 12) ; 「軍政廳에統衛部」, 『朝鮮日報』(1946. 6. 12). 「解
題」의 ≪문서 22≫를 참조.

123 통위부가 설치되면서 미국 측 통위부장으로 임명된 프라이스(T. E. Price)
대령을 가리킨다. 「解題」의 ≪문서 22≫를 참조.

四. 統衛部再組織計畫을安在鴻이全部軍政長官「러-취」將軍에게말하야
實現하랴하얏다

五. 「푸라이쓰」大佐와「깟소」少佐를統衛部에서고만두게함은「러-취」軍
政長官에게말하랴하얏고統衛部再組織計畫中一部分은實現될때까지秘
密로

(67쪽)

하기로하얏다.

六. 統衛部再組織秘密計劃의責任者는 一. 安在鴻 二. 柳東悅 三. 閔丙
曾이다

　　　　　　一九四七年五月十五日

　　　　　　　右閔 丙 曾

(68쪽)

C.I.C.의覺書說明

(一).(二)는中止하얏으나問題된것은事實이니記述書를보면一目瞭然할것이라別로問題안된다

(三)은道德上問題로오히려 이러케쓰라는것自体가조흔일이다

(四)는問題업다

(五)가大問題이다. 一部分秘密로는何故로하랴하얏나의解釋如何가重点으로이것은「러-취」長官에게秘密로하얏다는意味로解釋도되고 또 軍事上問題이니外部에秘密이다라고도解釋이된다. 門下生은後者의意味로記述하얏으나 前者의意味로도取할수잇다. 그러나記述書를보면「러-취」將軍에게秘密로할것은하나도업으니問題가안된다.

(69쪽)

(六)은(五)와도關聯되야秘密計畫은軍事上關係로秘密이다라고解釋이되고 民政長官 統衛部長 連絡者의三人이責任지는것은事實이니別로問題는업다

---

[124] 『選集』 8, 68~69쪽의 국한문 문서를 정서하였다.

미 육군 J. Weckerling 준장이 민정장관 안재홍에게 보낸 영문 서한(1947. 6. 2)[125]

미소공동위원회
한국 서울

1947년 6월 2일

안재홍 씨
민정장관
중앙청
한국 서울

친애하는 안 선생님:

5월 31일 열린 귀하의 칵테일 파티에 참석하지 못한 것을 본인 부부는 심히 유감스럽게 생각합니다.

공동위원회의 회의가 토요일 늦게까지 끝나지 않았으니 이해하리라 믿습니다. 그렇지 않았다면 기껍게 파티에 참석했을 것입니다.

---

125 『選集』 8, 70쪽의 영문을 번역하였다. 웨컬링은 「解題」의 ≪문서 17≫과 ≪문서 18-3≫의 (역주)를 참조.

우리를 기억해 준 당신의 사려 깊음에 감사를 드리고자 합니다.

존 웨컬링[126]

미육군 준장

---

[126] "Most sincerely"와 "JOHN WECKERLING" 사이에 자필 서명이 있다.

군정장관 대리 C. G. Helmick 준장이 민정장관 안재홍에게 보낸 영문 서한(1947. 7. 8)[127]

南朝鮮過渡政府
(美軍地域)
1947년 7월 8일

안재홍 씨
민정장관
남조선과도정부
한국 서울

친애하는 안 선생님:

우리 미국의 독립기념일인 7월 4일에 저에게 아주 아름다운 꽃을 선물로 주어서 감사합니다.

당신의 선물은 노동과 희생을 통해 이룩한 독립된 민주국가의 축복됨을 느끼는 계기가 되었습니다. 당신의 나라에도 동일한 축복을 기대하고, 그것이 아직 달성되지 않았음을 유감스럽게 생각합니다. 그러나, 그 목표를 향해 당신과 함께 일할 즐거움이 있습니다.

자유롭고, 통일된, 민주 한국을 축하하는 그날이 곧 오기를 기원합니다.

---

127 『選集』8, 71쪽의 문서이다.

C. G. 헬믹[128]
미육군 준장
군정장관 대리

—統一한 自主獨立朝鮮을 爲하야—

---

[128] "Sincerely yours"와 "C.G. HELMICK" 사이에 자필 서명이 있다.

A. L. Lerch 소장이 민정장관 안재홍에게 보낸 영문 서한 (1947. 7. 14)[129]

전쟁성

전쟁성 특별참모부 민사국

25 워싱턴 D. C.[130]

1947년 7월 14일

안재홍 씨

서울장관[131]

한국 서울

남조선과도정부

친애하는 안 선생님:

---

[129] 『選集』8, 72쪽의 영문을 번역하였다.

[130] 군정장관 러취 소장은 1947년 6월 21일에 渡美하여 활동하다가 8월 7일 歸任하였다. 그동안 헬믹 장군이 군정장관직을 대리하였다. 러취는 6월 19일 정례 기자회견 석상에서 귀국 목적을 언명하였다. 이에 따르면, 7월 7일에 미 국회에 국무·육군 兩省에서 對한국 원조안이 정식 상정될 터이므로 이를 효과 있게 통과시킴이 要務였고, 민간 물자 공급 계획 문제, 한국인 미국 유학생 입학 및 장학금 문제 등도 포함되었다. 「對朝鮮援助案通過爲해 러—취長官本國歸還」, 『朝鮮日報』(1947. 6. 20) ; 「南朝鮮援助언고저」, 『東亞日報』(1947. 6. 20) ; 「러-취長官歸美」, 『京鄕新聞』(1947. 6. 20) ; 「러취長官昨日歸任」, 『서울신문』(1947. 8. 8).

[131] 영문 "Seoul Administrator"를 그대로 번역하였다.

오랫동안 당신에게 편지를 쓰려 하였지만 매우 바빴습니다. 우리가 요청한 모든 것을 얻지는 못할 것이지만 최소한 다음 의회 회기 때까지 우리를 지속시켜 줄 충분한 금액이 육군 예산법에 포함되리라 믿습니다.

내가 여기에서 했던 가장 어려운 싸움 중 하나는 수출입 프로그램에 대한 최종 허가였습니다. 모든 것이 성취되었다고 믿고 있으며 그리고 내일이 시작입니다.[132] 수출입 프로그램의 시작은 한국에 매우 의미 있는 일이라고 본인은 생각합니다.

가까운 장래에 우리가 해야 할 큰 일들 중의 하나가 수산업을 향상시키기 위한 모든 노력을 하는 것이라고 여겨집니다. 수산업은 무제한의 자산을 제공합니다. 흙에서 재배할 수 있는 식량의 양에는 한계가 있으나 大洋에서 취할 수 있는 식량의 양에는 한계가 없습니다. 본인은 어선, 어망 및 기타 장비의 필요성을 강조하려 노력하였습니다.

내각의 모든 구성원에게 안부를 전해 주십시오. 그들에게 개인적으로 편지를 쓰도록 노력 하겠습니다

안부 전하며 이만.

아처 L. 러취[133]
미육군 소장

---

132 "… 그리고 내일이 시작입니다."의 영문은 "…and tomorrow is the opening date"인데, 의회 회기의 시작인지 프로그램의 시작인지 정확하지 않다. 바로 뒤의 문장에 "the opening of the Export Import Program"이 또 나옴을 보면 프로그램의 시작인 듯하다.

133 "Sincerely yours"와 "ARCHER L. LERCH" 사이에 자필 서명이 있다.

민정장관 안재홍이 미국 신문기자들을 상대로 발표한 영문 연설문(1947. 7. 24)[134]

1947년 7월 24일

미국 언론인 시찰단을 위한 메모

미국의 여론을 주도하는 미국 언론인 여러분들에게 존경을 표하고자 하며, 아래와 같은 메모를 여러분들을 위한 고급 정치적 정보로 드립니다.

1. 미소공동위원회의 성공을 통하여 북한과 남한을 통일하는 과도정부를 수립하기를 요청합니다. 미국과 러시아가 전쟁을 당장 시작할 수 없는 한 한국문제를 해결하기 위해 러시아가 미합중국과 소련의 화해를 개시할 것으로 예상됩니다. 또한 한국문제는 이차적인 것으로 간주하면서 유럽 문제에 집중하는 것이 러시아의 원칙입니다. 따라서 미소공동위원회는 성공할 가능성이 높습니다.

미소공동위원회를 통한 미합중국과 소련 간의 협력만이 한국의 독립을 지원하고 한국과 미국의 장래 우호 관계를 공고히 할 기반을 형성할 것입니다.

---

134 『選集』8, 73쪽의 영문을 번역하였다. 「解題」의 ≪문서 26≫을 참조.

최악의 경우에 이른바 남한단독정부를 수립하기 위한 미국 측의 행동이 있을 수 있습니다. 그러나 이는 독자 정부를 수립하는 과정에서 자칫 한국과 미국 양국을 소원하게 만들 불길한 가능성을 제공할지도 모른다고 염려됩니다.

2. 미국 점령군이 한국으로 진군했던 9월 초에 몇몇 공산주의자들에 의해 조종되는 親러시아 인민공화국이 수립되었습니다.

반면에 미국은 이와 같은 좌익 인사들이 활성화되는 것을 방지하기 위하여 우익 인사들과 너무 가까운 협력을 유지하였습니다. 아직까지도 좌익의 영향력이 조금은 있지만 행정, 법원과 경찰은 극우파가 장악하고 있습니다.

장차 애국적인 중립 진영(애국적인 근대주의자)이 지원을 받지 못한다면 극우 정권이라는 것을 이유로 많은 사람들이 오히려 좌익을 지지할까 우려됩니다.

한국은 통일정부의 수립뿐만 아니라 미국의 경제 원조도 진지하게 요청합니다.

한국 경제에 대한 미국의 원조와 함양을 통하여 한국 사람들의 구매력이 증가하고 한국과 미국의 국제적인 우정이 강화될 것입니다. 그리하여 한국인들은 한국이 생산하지 못하거나 싼 가격에 생산할 수 없는 미국 상품들을 더욱 더 구매하게 될 것입니다. 따라서 미국이 한국의 공업을 지원하지 않은 채 한국을 미국 상품 판매를 위한 시장으로만 만든다는 인상을, 한국인들에게 주는 것을 엄격히 금지해야 합니다.

미국의 각계 지도자들이 위에 언급한 것들을 깊이 고려할 것을 요청합니다.

안재홍[135]
민정장관
남조선과도정부

---

[135] "AHN CHAI HONG" 위에 자필 영자 서명이 있다.

문서 27 민정장관 안재홍이 군정장관 대리 C. G. Helmick 장군에게 보낸 영문 공문(1947. 8. 4)[136]

1947년 8월 4일

찰스 G. 헬믹 장군
군정장관 대리
남조선과도정부

친애하는 헬믹 장군:

전라남도의 특정 정치 상황을 고려하여 전라남도의 조선공무원실 실장 이창환 씨를 道內의 적당한 자리로 전보함이 바람직합니다. 따라서 신임 도지사인 朴乾源 씨[137]가 그의 의무를 효율적으로 수행할 수 있는 기회를 주기 위해 申徹均 씨를 전라남도 조선공무원 실장으로 추천하고자 합니다.

안재홍
민정장관 [138]

---

136 『選集』 8, 74쪽의 영문을 번역하였다.
137 1947년 7월 15일 자로 전라남도 道知事에 임명되었다. 「南朝鮮過渡政府 任命辭令」 第一號(1947. 7. 12)[『資料大韓民國史』 5(1972. 12), 66쪽]. 전임 전라남도 도지사는 徐珉濠였다. 「解題」의 ≪문서 27≫을 참조.

승인됨:

찰스 G. 헬믹 장군
군정장관 대리
남조선과도정부

에드가 A. J. 존슨
수석고문[139]

---

[138] "AHN CHAI HONG" 위에 영자 자필 서명이 있다.
[139] 재가를 받기 위해 만든 공문이다. 재가될 경우 헬믹, 또는 대리로 존슨(Dr. Edgar A J. Johnson)이 서명할 여백을 남겼다. 승인 서명이 없음을 보면 초 안이나 사본인 듯하다.

1947년 8월 26일

친애하는 안 박사님[141]:

아름다운 漆函을 주셔서
감사합니다. 이 함은 매우 아름다우며 이제 자리잡은 나의 새집에
서 즐겁게 사용할 것입니다.

이런 멋진 선물로 날 기억해 주셔서 다시 한번 감사드립니다.

재클린 쉐이퍼[142]

---

140 『選集』8, 75쪽의 手筆 영문을 번역하였다.
141 원문 "Dear Dr. Ahn,"을 그대로 번역하였다. 안재홍이 박사 학위를 취득한
   적은 없다.
142 존 웨컬링 준장의 딸이다.

민정장관 안재홍이 A. C. Wedemeyer 중장에게 보낸 영문 공문(1947. 8. 28)[143]

(76쪽)

남조선과도정부

민정장관실

한국 서울

1947년 8월 28일

알버트 C. 웨드마이어 중장

---

[143] 『選集』8, 76~78쪽의 영문을 번역하였다. 『選集』2, 586~590쪽의 영문 「(公翰)웨드마이어(1947. 8 2)」와 같은 서한이다. 『選集』8의 編者註는 〈※ 이 자료는 ≪민세안재홍선집≫ 제2권에 "웨드마이어란" 이름으로 실려 있으나 1947년 8월 2일자로 잘못 기록되어 있다.〉고 설명하였다[인용문 원문에 큰따옴표(" ")가 사용되어 인용문을 〈 〉로 표시하였다(역자)]. 『選集』8, 76쪽. ≪문서 29≫의 발신처는, 아래에서 인용할 미국 국립문서관의 소장 문건과 동일하나 작성 일자는 "28 August 1947"로 되어 있다. 문서의 제목도 약자를 사용하지 않고 "To Lt. General Albert C. Wedemeyer"로 표기하였으며, 문서 맨 끝에는 "AHN, CHAI HONG / Civil Administrator"라고 타이핑되어 있을 뿐 英字 자필 서명은 없다. 『選集』8, 78쪽. 이 문건은 미국 국립문서관 소장 『웨드마이어 문서철』box3에 보관된, 민정장관 안재홍이 웨드마이어 사절단에게 제출한 남한 정치 상황 보고서와 서한에도 포함되어 있다. 여기에는 두 건의 문서가 있는데, 이 중 하나인 "To Lt. Gen. Wedemeyer"(발신처 SOUTH KOREAN INTERIM GOVERNMENT / OFFICE OF CIVIL ADMINISTRATOR / Seoul, Korea, / 2 September 1947)와 문구상에 약간의 차이가 있을 뿐 동일한 내용이다. 이 문건의 맨 끝에는 "Ahn, Chai Hong / Civil Administrator"라고 타이핑한 이름 위에 안재홍의 영자 자필 서명이 있고, 이 오른쪽에 '安在鴻印'이라는 빨간색 도장이 찍혀 있다. 또 하나의 문건은 "2 September 1947 /

친애하는 웨드마이어 장군:

1. 미국의 태평양 정책이라는 관점에서 볼 때 한국이 동양에서 정치적 및 전략적으로 매우 중요하다는 점은 아무리 강조하여도 지나치지 않습니다.

2. 러시아 제국의 통치 아래 시작된 러시아의 침략 야망은 러시아에 대한 극도의 공포를 불러왔습니다. 러시아가 한국에 인접한 강대국이기 때문에 한국의 독립을 확보하는 가장 좋은 정책은 미국, 러시아, 영국과 중국 4대국이 상호 협력하여 이를 공동으로 보장하는 것입니다. 위 4대국의 협력이 전혀 예상되지 않을 경우에는, 차선책으로 남한에서 單獨 措處를 요구합니다.

3. 한국을 원조함에 있어 다음과 같은 몇 가지 사항에 주의해 주길 요청합니다.

a. 미 주둔군이 한국으로 진주한 1945년 9월에 이미 소수의 공산주의자들에 의해 조선인민공화국이 수립되었는데, 그들의 술책이 상당했습니다.

A REPORT / to The Wedmeyer Mission / On the Political Situation in South Korea / The Directorate of South Korea Interim Government."이다. 상기 두 문건은 鄭容郁·李吉相 編, 『解放直後 美國의 大韓政策史 資料集·10』(다락방, 1995. 12), 150~152쪽과 153~158쪽에 각각 영인·복사되어 있다. 또 http://waks.aks.ac.kr/rsh/?rshID=AKS-2012-EBZ-3101로 접속하거나, 또는 〈한국학중앙연구원〉 → 〈한국학진흥사업 성과포털〉 → 〈한국학분야 토대연구지원사업〉 → 〈민세 안재홍전집 자료집성 및 DB화 사업〉에 접속하여 DB자료-잡지-문서류에서 영문 입력 자료를 확인할 수 있다. 문서명은 각각 「민정장관 안재홍이 웨드마이어 장군에게 보내는 서한」, 「남한의 정치적 상황에 대한 과도정부의 보고」이다.

당시 상황을 조절하기 위해 미군들이 군정을 선포하면서 영향력 있는 우익 인사들과 협력하려 했습니다.

보수적인 극우주의자들은 군정에 의해 단단히 회유되었으며, 그들은 자신들의 계급 이익 또는 政黨의 이익을 확보하기 위해 최선을 다해 왔습니다. 그들은 행정, 경찰, 그리고 사법의 모든 권력을 잡았고 (일부 좌익 인사들이 우익 인사들 사이에 은밀히 끼어 있음도 인정됩니다만), 따라서 군정을 거의 좌지우지하는 정도였습니다. 반면에, 공산 분자들도 미군정에 반하여 끊임없이 음모를 꾸며 왔습니다.

따라서, 중앙과 지방의 우익 군정 관료들은 공산주의자들에게 지나친 완력을 자주 사용해 왔으며, 공산주의 성향의 사람들이 야기한 음모의 위험성과 규모에 관해 너무 과장된 보고서를 제출했습니다.
결과적으로, 미군정은 대중 전체를 압박하면서 극우익 인사들의 영향력을 지지하고 있는 것처럼 보입니다. 이러한 경향은 미군정에게서 대중들을 疏遠하게 만드는 상당한 원인을 제공해 왔습니다.

중립적인 정치 성향을 가진 상당한 숫자의 사람들이 정부의 아주 중요한 직책을 맡고 있지만, 꽤 많은 극우익 인사들에 의한 통제와 중상모략 때문에 자신들의 정치적 역량을 완전히 발휘하지 못하고 있습니다. 그러므로 정치적 상황은 더욱더 나빠지고 있습니다.

(76쪽에서 77쪽으로 넘어감)
따라서, 한국을 경제적으로 원조하면서 한국의 현 상황도 올바르게 파악해야 합니다. 반면에, 중립적 정치 성향의 애국자들이 한국의 정치를 조종할 수 없도록 해야 한다는 주장에 대해서는, 극우익 인사들이 지속적으로 대중을 압박하면 결국 대중들이 자동적으로 좌익을 지지하게 만들 것이며, 결과적으로 한국의 미래는 통제할 수 없는 혼란 상황이 되고, 또한 한국에 대한 미국의 정책도 상당한 위험에 직면하게 될 것입니다.

한국인들은 공산주의를 좋아하지 않습니다. 그러나, 미군정을 항상 이용하는 극우익의 만연한 영향력은 많은 사람들이 좌익을 어쩔 수 없이 따를 수밖에 없게 만드는 유일한 동기입니다.

b. 한국인의 진정한 보편적 의지는 미국과 러시아가 협력을 통해 공동으로 보장하는 독립을 갈망하는 것입니다. 불행하게도 미국과 러시아의 협력이 이루어지지 않는다면, 그리고 극우익이 정권을 잡는다면, 큰 위험이 발생할 것입니다. 대중들이 중립적 정치 성향의 인사들을 중심으로 모이도록 유도해야 한다는 점을 숙고하기를 요청하며, 이것만이 대중을 좌익의 유혹에서 근본적으로 벗어나게 하기 위하여 채택할 수 있는 최선의 정책입니다.

다음, 경제적으로, 식량 생산의 증가, 산림과 하천의 조절, 대중의 일상적인 생필품을 생산하는 경공업의 재건, 전기 시설의 강화,[144] 석탄과 같은 연료, 회중석, 흑연, 마그네사이트 등의 개발, 육지와 해상 운송 수단의 개선, 국제 무역의 적절한 추진, 그리고 다른 필요한 경제 시설(이들에 관한 더 상세한 내용은 다른 문서들에서 찾을 수 있습니다)에 대한 지원과 육성 ―이를 통해 대중 생활의 안정을 도모하고 북한에 대적하는 방어를 강화함― 등등이 한국의 독립을 지원하기 위한

---

[144] 원문의 enforce는 reinforce의 뜻으로 사용한 듯하다. 뒤에도 나오는 단어이다.

필수적인 항목들입니다.

한국인들은 평화를 좋아할 뿐만 아니라 총명하고 재능이 있기 때문에, 경제 원조에 힘입어,[145] 한국인들이 자치를 누리는 독립국가를 이룩하는 것은 어렵지 않습니다.

미국과 러시아 간의 협력이 실현되고 38도선이 폐지된다면 한국의 문제는 중국의 문제보다 훨씬 해결하기 쉽습니다.

한국의 완전독립 없이 중국은 독립을 즐길 수 없을 뿐만 아니라 동양의 평화도 있을 수 없습니다.

한국에는 사회적으로 강한 영향력을 가진 계층이 미미하기 때문에 이곳에 미국의 정책에 따라 민주경제를 재구성하기가 비교적 쉽습니다.
물론 한국을 민주화할 필요가 있으나, 미국에 존재하는 민주주의를 그대로 수입하는 것은 부자연스럽습니다.

c. 한국의 미래에 38도선이 존재하리라 예견하는 것은 부당하며 부적절한 것임은 잘 알려진 사실입니다.
중국, 인도 및 남태평양 군도의 국가들과 밀접한 관계를 가진 한국의 생활필수품 생산 산업을 크게 육성함은 한국의 경제적 독립을 의미합니다.[146]

---

145 문맥으로 봐서 의역하였다. 원문 "through economic aid"를, 필요한 원조만 있으면 자치 독립국가를 꾸릴 자신이 있다는 의미로 해석하였다.
146 중국 등과의 관계가 어떤 의미로 쓰였는지 명확하지 않다.

경제적 독립은 한국의 정치적 독립을 확보하기 위한 것이고, 한국이 미국의 극동 정책의 일부를 담당하는 책임을 지면서 국제 평화를 확보하기 위한 한국의 임무를 완성하기 위한 것입니다.

(78쪽)

상기된 바와 같이 경제력을 제고하는 것은 다름이 아니라, 한국인들의 구매력을 강화하는 것이고 이로 인해 한국인들은 고급의 미국 상품을 수입할 수 있을 것입니다.

한국과 미국이 1882년에 체결한 우호 조약 이후 70년 동안 우리는 우정을 누려왔습니다. 따라서 이후도 영원히 우정을 유지하리라[147] 확신합니다.

안재홍
민정장관

---

[147] 원문 maintain의 주어가 나라가 되어야 하므로, "For us"가 생략되었다고 보고 번역하였다.

미 육군 A. C. Wedemeyer 중장이 민정장관 안재홍에게 보낸 영문 서한(1947. 8. 30)[148]

공문은 워싱턴의 국무장관에게 전함[149]

국무부

워싱턴

웨드마이어 장군실

한국 서울

1947년 8월 30일

안재홍

민정장관

중앙청[150]

한국 서울

친애하는 안 선생님:

당신의 1947년 8월 29일 자 편지를 방금 받았습니다. 금요일 아침

---

148 『選集』 8, 79쪽의 영문을 번역하였다.

149 미국무부(정부)의 공식 서면 용지에 쓰여 있는 문구이다. 이 문구 밑에는 미국무부의 紋章이 있다.

150 원문은 'Capitol Building'이다.

접견실[151]에서 행한 당신의 연설[152]을 들었고, 더불어 한국의 상황에 대한 당신의 몇몇 견해를 읽는 기회[153]를 갖게 되어서 기쁩니다. 당신의 견해를 듣는 것은 우리 조사단에 도움이 되며 본인은 이를 신중히 고려할 것입니다.

아시다시피 우리 진상 조사단은 한국에 일주일 남짓 머무를 뿐입니다. 이러한 짧은 체류 기간 중에 가능한 한 많은 개인과 대표적인 단체들의 견해를 얻는 것이 조사단에 도움이 됩니다.

안부를 전해 주시고 우리나라에 대한 신뢰를 표해 주셔서 감사드립니다.

A. C. 웨드마이어[154]
미육군 중장

---

[151] 원문은 'the Throne Room'이다. 미군정은 1945년 9월 19일 주한 미육군 사령부가 사무를 보는 곳(前 조선총독부 자리)의 공식 명칭을 군정청으로 선포하였다. 미국 군인들은 이곳을 흔히 화이트홀[白館]이라고 불렀는데, 전 조선총독부 廳舍가 흰돌로 조성되었으므로 지칭하였던 비공식 용어였다. 「搾取의牙城이던總督府"軍政廳„으로改稱」, 『每日新報』(1945. 9. 19). the Throne Room은 군정청의 제1회의실로 운용되었다.

[152] 1947년 8월 29일 오전 중앙청(남조선과도정부) 제1회의실에서 열린 회의를 가리킨다. 웨드마이어 中將은 민정장관 안재홍을 위시하여 남조선과도정부의 각 부처장들과 공식 회담하고 의견을 청취하였다. 「解題」의 ≪문서 29≫를 참조.

[153] 8월 30일 오전 안재홍은 웨드마이어와 개별 회견하였다. 「解題」의 ≪문서 29≫를 참조.

[154] "Faithfully yours"와 "A. C. WEDMEYER" 사이에 자필 서명이 있다.

F. M. Lerch가 안재홍에게 보낸 영문 서한(1947. 9. 14)[155]

한국 서울

1947년 9월 14일

친애하는 안 선생님 -

　당신의 친절한 조의[156] 표현에 진심으로 감사드리며, 당신의 사려 깊은 말[157]과 방문은 슬픔을 완화하는 데 많은 도움이 되었습니다.

　플로렌스 M. 러취[158]

---

155 『選集』8, 80쪽의 手筆 영문을 번역하였다.
156 군정장관 러취 소장은 1947년 8월 28일 大動脈冠狀閉鎖症으로 입원·가료 중 9월 11일 사망하였다. 러취 소장은 1945년 12월 16일 내한하여, 1946년 1월 8일 아놀드(A. V. Arnold) 少將의 후임으로 정식 군정장관에 취임하였다. 「러취軍政長官登廳-아놀드少將과事務引繼」·「工場의敢鬪에感激」, 『서울신문』(1946. 1. 9) ; 「宿痾의心臟病으로 러-취長官逝去」, 『東亞日報』(1947. 9. 12). 안재홍은 민정장관·경무부장 등 5인으로 구성된 남조선과도정부 측의 장례위원이었고, 민정장관·입법의원 의장 등 10인으로 구성된 운구위원이었다. 「故『러-취』長官葬禮 過政과美軍聯合葬으로」, 『東亞日報』(1947. 9. 13).
157 안재홍의 애도문은 「各界人士들의弔辭-民政長官安在鴻氏」, 『京鄉新聞』(1947. 9. 12) ; 「至極히哀悼-安長官談」, 『漢城日報』(1947. 9. 12)에 실려 있다.
158 러취의 부인 플로렌스 M. 러취는 서울에 체재 중이었다.

미 제24군단 정치고문 J. E. Jacobs가 민정장관 안재홍
에게 보낸 영문 공문(1947. 9. 18)[159]

미합중국 외교단[160]

미국 정치고문관실
제24군단 본부, 서울
1947년 9월 18일

친애하는 안 선생님:

 국무장관 서리는 저에게 당신과 남조선과도정부의 부처장들이 미
합중국 대통령 모친상[161]에 심심한 조의를 표함에 대통령이 감사드림
을 전하라고 지시했습니다.

 조셉 E. 제이콥스[162]
 미합중국 정치고문

 안재홍 선생

---

159 『選集』8, 81쪽의 영문을 번역하였다.
160 원문은 "THE FOREIGN SERVICE"이다. 왼쪽에는 미국무부의 紋章이 있다.
161 트루먼(Harry S. Truman) 대통령의 모친 마사 엘렌 영 트루먼(Martha Ellen
   Young Truman ; 1852. 11. 25~1947. 7. 26)의 喪을 가리킨다.
162 "Sincerely yours"와 "Joseph E. Jacobs" 사이에 자필 서명이 있다.

민정장관

남조선과도정부

서울

附 : 미국 대통령 Truman이 보낸 감사 카드[163]

백악관
워싱턴

대통령과 영부인은 그들의 모친상에 대한 당신의 조의에 깊이 감사
드립니다.

---

163 『選集』8, 82쪽의 영문을 번역하였다.

민정장관 안재홍이 작성한 "공동위원회 실패와 현재 상황에 적절한 대응책"(1947. 9. 23)[164]

(국한문 원문서 1쪽)

美蘇共委의 不成功과 時局對策

目下朝鮮은統一建國으로民族獨立國家의完成을計劃하는途中에잇어聯合國의主導者인美合衆國의經濟的援助를緊切[165]히要請하고잇다.經濟的援助는朝鮮獨立援助의主要한實踐課業이니만치모든視角에서新祖國建設體勢를整備하지안고서는그元本的인最大한效果를나타내일수없

---

164 『選集』8, 83~86쪽의 영문에 해당하는, 띄어쓰지 않고 국한문 활자로 작성한 문건의 원문이다. 영문은 제목이 「Subject : Failure of US-USSR Joint Commission and Counter-Measure to meet Current Situation」(23 Sept. 1947)이며 타이핑으로 작성하였다. 문서의 앞 부분 상단에 "SOUTH KOREAN INTERIM GOVERMENT / Office of Civil Administrator / Seoul, Korea"라고 하여 과도정부 민정장관실에서 작성한 문건임을 표기하였고, 맨 끝에 "AHN CHAI HONG / Civil Administrator"를 명기하여 민정장관이 작성하였음도 명기하였다. 국한문 원문은 『選集』2(知識産業社, 1983. 2), 193~197쪽에 「(聲明)美蘇共委의 不成功과 時局對策」으로 맞춤법·띄어쓰기 등이 현대문으로 바뀌어 실려 있다. 『選集』2의 編者는 "(編者註) 이 聲明은 「民政長官」名儀"라고 밝혔다. 『選集』2, 197쪽. ≪문서 33≫의 영문은 『選集』8, 87~92쪽의 영문(≪문서 34≫)과 내용은 같으나 문구상에 약간의 차이가 보인다. 『選集』8, 87~92쪽의 영문을 ≪문서 34≫로 번역하였으므로, 이와 대조하기 위해 高麗大學校博物館이 소장(안재홍의 유족이 기증)한 문건(活字化된 인쇄물 위에 『選集』2의 編者가 교열을 본 흔적이 있다. 原本에 없는 활자는 手筆로 써 넣은 곳도 간혹 보인다)을 底本으로 삼아 ≪문서 33≫으로 連番을 붙여 全載한다. 이 문서의 맨 끝에는 "檀紀四二八〇年九月二三日 / 民政長官 安在鴻"으로 명의를 밝혔다.

165 『選集』2, 193쪽에는 '간절히'로 되어 있다.

다.이點은經濟援助가單純한經濟産業上의問題만에그치지안는決定的 인理由이다.以下簡單한余의見解들을述코저[166]한다.

世人은美蘇共委의協調를非難하고政治的異端視하는편도잇으나그는 틀린見解이다.機動性을띠운國際的政治路線은固執不通하는停滯性을 許容치안는것이니要는獨立戰取의確乎한體勢에서얼마큼이나政略과政 策을變通自在하게하느냐에잇는것이다.美蘇는協調되는가 畢竟破綻되 는가 UN總會의成果로써그들의監視下에南北을通한公平한選擧잇어統 一된臨時政府가樹立된다면多幸이다.만일美蘇最終으로協調되지안고 南朝鮮單獨措置로되는境遇,南朝鮮만의普選을압두고民衆을眞正한民主 主義路線으로領導하여過渡政府와衷心協力케함이重大國策의하나이다. 行政司法밋警察行政等民衆과의接觸面에서公正嚴明한態度로써法의公 平과政府에對한信賴를增强하야全民衆이民族獨立國家完成의念願에서 協同結合하야南北을通한主軸的民主力量을成長시키어서統一建國의体 勢를갓추지아니하면아니된다.卽南朝鮮[167]統一國家完成의主導力量을 가저야할것이다.그具体實踐에는左記各項의課業을要한다.

(국한문 원문서 2쪽)

一. 行政機能의一元化와强力化

現過度[168]政府는朝鮮人 民政長官의就任으로全体의調整을 圖함잇으 나아즉도政令의系統이一元化하지못하엿고各部處政務委員들의個別的 遠心傾向이除去되지안어自然共同責任制의强力한政府體勢를갓추지못 하엿다. 行政權移讓의本旨에準하야民政長官中心으로政務體勢의一元

---

166 『選集』2, 193쪽에는 '見害를 서술코자'로 되어 있다.
167 원문에는 주격조사 '이'가 없으나, 『選集』2의 編者는 '南朝鮮이'로 교열하였다. 『選集』2, 194쪽.
168 원문에는 '過度'이나 『選集』2의 編者는 '過渡'로 교열하였다. 『選集』2, 194쪽.

化가要請된다.

二. 眞正한民主主義勢力의擁護育成과그에對한民衆의趨向集結을誘
導할것이다

　眞正한民主主義는共産主義에對한自己識別이다.共産主義는그祖國
에서도年來그本質의修正이要請되고잇거니와朝鮮에서는歷史傳統과社
會의客觀條件이無産者獨裁로써流血暴力을必須條件으로하는共産主義
를要치안하며人生의個人的自主性과自由와獨創性을抹殺하고全民衆을
機械的全体主義의桎梏에繫縛시키는共産主義를反對하며더구나必然과
갓이그에附隨하는어느外國에의偏向依存을絶對排擊한다.民族解放의
完成과民族獨立國家의確立과外國에의依存없는自主의　國際協調만이
우리民族의永遠한自主와發展을保障할것이요.經濟,政治,教育等制度와
設施에서均等과共榮을目標로하야封建的資本主義的獨占壟斷을排除한
大衆共生國家의社會[169]를建設함이民族千年의安全한運命을確保하는眞
正한民主主義이다.第二次大戰以前까지의佛,英밋美國의資本的民主主
義는巨大한金融,産業資本과혹은少數의大地主들로形成된特權閥의存在
에依하야吾人이意圖하는均等共營의新民主主義와는그本質에서同一하
지안다.思想과主義는思想과主義로써鬪爭克服키로하고오히려그常軌
를逸脫하는者있는(국한문 원문서 3쪽 시작)境遇,國家權力의發動으로써그
를制裁壓服함을要한다.　卽,眞正한民主主義策[170]은政府에서樹立實踐할
것이오또는眞正한民主主義政綱政策을걸고時局에對應하야實踐正進하
는政治勢力을擁護扶植하는한편그와背馳되는諸勢力을排除克服하기에
國策的機動力을發揮시킬것이다.그것으로써共産黨과共産主義에의不

---

169 『選集』2의 編者는 "大衆共生의 國家社會"로 교열하였다. 『選集』2, 194쪽.
170 원문에는 '政'이 없으나,『選集』2의 編者는 '政策'으로 교열하였다. 『選集』2,
　　195쪽.

正當한魅惑으로부터民衆을불러도리키어이民族自主完全獨立의愛國路線에集結시켜야될것이다.이때문에는警察行政의民主化와法의威信을嚴正護持하는公正한處斷이[171]民衆의信賴를招來하는點에서强固하게要請된다.

三. 産業經濟의再建設,外國貿易의正當한推進밋生必品의適正分配等民生問題의建設的解決이다

食糧,燃料,被服等으로부터電力,運輸,紙物,履物其他各般에걸치어機械資材,原料,技術과金融財政等에까지産業經濟再建에國家的力量總動員의方策을樹立實踐할것이며바타制의實施에依한外國貿易의積極的推進과그輸入物品밋其他國內生産品의中間謀利的搾取를排除한適正分配가要請된다.우리의最大力量을效果的으로發揮하고서도오히려不及하는點잇는때에美國의經濟援助政策을正當히活用하도록할것이다.이方面에愛國運動의方法에依한人心의安定振作을要함이매우緊切하다.

四. 모든意識的非意識的인獨立妨害者와叛國家叛民族的[172]行爲와또는法과公安을破壞하는集團혹은個人에對한嚴正한團束克服이다

八一五以後南朝鮮에서는民主主義의이름에서또는自由의標榜에서放縱과破壞(국한문 원문서 4쪽 시작)가恣意로進行되고잇다.左側에對한報復에서發한[173]右方의暴力行爲도巨大한不安의條件으로되어잇다.이同族相殘은(一)民族의友愛를傷하고(二)物心兩方으로그力量을耗損하고(三)

---

171 원문에는 '그'가 없으나, 『選集』2의 編者는 "處斷이 그 民衆의"로 교열하였다. 『選集』2, 195쪽.
172 『選集』2의 編者는 "獨立妨害와 反國家反民族的"으로 교열하였다. 『選集』2, 195쪽.
173 원문에는 '出'이 없으나, 『選集』2의 編者는 '出發한'으로 교열하였다. 『選集』2, 196쪽.

또는自律과獨立의能力이없다는國際的非難의立證으로惡用될可然性이
크다.그럼으로意識的이거나非意識的이거나그結果에서前述(一)(二)
(三)各項目에該當한行爲또는그러한行爲를常習혹은아주目的으로삼는
集團또는個人에對하야는嚴重團束을加함을要한다.이로因하야識者들
로도그進路를再檢討,新認識함으로써眞正한民主主義獨立路線으로歸還
케[174]하고一般混迷,彷徨하는無意識群衆으로서도그歸向集結할곳을了
得케함을[175]要한다. 以上모든事項은 愛國的이오一般의信賴를받을만한
人物들의各部門에登場當路함을要함이매우緊切하다

五. 國防力과治安體勢의强化이다
　　現在南朝鮮에는國防機構는매우疎漏貧弱하고警察力에依한公安維
持를本位로하고잇다.그리고公安의主導力量은오로지駐屯軍에依存하
고잇는狀態이다.그러나國內,國際의諸情勢는역시國防機構의體勢를整
備하지아니할수없다.後進弱少國民인朝鮮人의國防은(一)結合互愛오
(二)國民皆勞의戰時的對處의用意오(三)國防의科學化의勵行이다.(一)
의結合互愛는國際勢力闖入의口實을拔本塞源하는까닭[176]이니此點民族
的銘心을要하는바이다.(二)平時의國民皆勞는政治,産業,文化等諸方面
에서祖國의存立과繁榮과發展을保障하는것이오.萬一의非常時에는國
民總戰의體勢에서侵略을防止하고國際友軍의發動할機會를壽備[177]할(국
한문 원문서 5쪽 시작)것이다.그런데
　　(가) 學生과靑年等의訓練方法에서(나) 士官養成의點에서(다) 其他裝

---

174 원문은 '歸還'이다. 『選集』2의 編者는 '귀속'으로 교열하였다. 『選集』2, 196쪽.
175 원문은 '了得케함'이다. 『選集』2의 編者는 '了得함'으로 교열하였다. 『選集』2,
　　196쪽.
176 『選集』2의 編者는 "하는 것인 까닭"으로 교열하였다. 『選集』2, 196쪽.
177 원문의 인쇄물은 처음 '壽肅'이었는데 '肅'을 '備'로 수정하였다. 『選集』2의 編
　　者는 이를 다시 '籌備'로 교열하였다. 『選集』2, 196쪽.

備等에서 南朝鮮은 매우 貧困無計劃한 狀態이다. 이點은 모든 行政을 通하야서의 眞正한 民主主義獨立力量의 集結과 아울러 實로 一大建設的計劃을 樹立推進하여야 할 것이다. 이點에도 自力의 最大限의 發露와 함게 美國의 經濟的 援助의 活用을 要함이 緊切하다. 吾人은 지금 八一五以後 巨大한 光明을 보는 채 歷史的 重大危機를 過程하고 잇음으로 全力量을 發揮하야 이 危局을 克服하는 與否는 實로 民族千年의 運命에 關係됨이 크다. 全朝鮮三千萬은 모든 階級的 또는 派閥的 分裂對立[178]과 더구나 政權爭奪的 內訌을 時急히 止揚淸算하고 結合獨立의 一路[179] 邁進하자—分裂은 敗亡을 固定化한다

　　檀紀四二八○年九月二十三日
　　　　民政長官 安 在 鴻

---

178 選集』2에는 "또는 派閥的"을 누락시켰다. 『選集』2, 197쪽.
179 『選集』2의 編者는 '一路로'로 교열하였다. 『選集』2, 197쪽.

민정장관 안재홍이 한미경제인클럽에서 한 영문 연설문
(1947. 9. 24)[180]

(87쪽)

남조선과도정부
민정장관실
한국 서울

제목 : 안재홍 씨의 1947년 9월 24일 朝美經濟俱樂部 연설[181]

---

[180] 『選集』 8, 87~92쪽의 영문을 번역하였다. 영문 제목은 「Subject : Speech Made by Mr. Ahn, Chai Hong to Korean-American Economic Club」(24 Sept. 1947)이다. 앞 부분의 상단에 "SOUTH KOREAN INTERIM GOVERMENT / Office of Civil Administrator / Seoul, Korea"라고 하여 과도정부 민정장관실에서 작성한 문건임을 표기하였고, 맨 끝에 "AHN CHAI HONG / Civil Administrator"을 명기하여 민정장관이 작성하였음을 밝혔다. 내용은 『選集』 8, 83~86쪽의 영문 문서와 같으나 문구상의 차이가 다소 있으므로 번역하였다. 두 영문의 국한문 원문이 ≪문서 33≫인데, 이를 英譯한 문장 자체가 어색한 군데가 많으므로, 이를 국문으로 재번역함에도 그러한 부분이 있을 수밖에 없으나 ≪문서 33≫과도 비교할 필요가 있어 재번역하였다.

[181] 『選集』 8의 編者는 ≪문서 34≫의 영문 제목에서 'Korean-American Economic Club'을 한미경제인클럽으로 번역하였으나, 당시 명칭으로 朝美經濟俱樂部가 확인된다. 1947년 8월 28일 중앙청에서 열린 조미경제구락부 만찬 회의 석상에서, 농무부 농업경제 고문 찰스·P·힛삼이 조선의 식량 증산과 자급자족책 문제로 연설하였다. 「新農耕法採用」, 『自由新聞』(1947. 9. 4). 민정장관 고문 E. A. Jonhson 博士는 미국정부에 조선 사태와 관련한 諸問題를 보고하기 위하여 1948년 3월 29일 방미하면서, 조미경제구락부원에게 「朝鮮産業의將來」라는 제목으로 연설하였다. 「美援助促求?-쫀스氏華府向發」, 『朝鮮日報』(1948. 4. 3) ; 「民政長官顧問 쫀손博士渡美」, 『京鄕新聞』(1948. 4. 3) ; 「民政長官顧問「쫀손」氏歸國」, 『東亞日報』(1948. 4. 3).

독립국가를 향해 가고 있는 한국은 연합국의 지도자인 미합중국의 경제 원조를 시급하게 그리고 간절히 요청합니다. 경제 원조는 한국의 독립을 위해 필요합니다. 새로운 조국을 재건하는 기초를 다양한 각도에서 고려하지 않으면 이 최선의 결과가 보장되지 않습니다. 이는 경제 원조가 경제나 산업에만 관계된 문제가 아님을 확실히 보여줍니다[강조합니다].

이 점들에 관한 본인의 의견을 피력하고자 합니다.

1. 어떤 사람들은 미소공동위원회와 협조하는 사람들을 정치적 이단자라고 비난합니다. 그러나 이는 정당한 견해가 아닙니다. 국제정치는 일관성이 없고 많은 가변성을 가지고 있습니다. 독립을 얻으려 시도하는 데에서, 우리의 목표는 우리가 어느 정도의 정치적, 정책적 가변성을 가지고 있는가를 알아내는 것입니다. 미합중국과 소비에트 연방공화국은 서로 협조할까요? 또는 결국 그들은 그러한 시도에 실패할까요?

UN총회의 성공에 따른 선거가 UN의 감시하에 北南 한국에서 공평하게 치러져서 통일과도정부가 수립될 수 있다면, 이것은 한국에 큰 행운일 것입니다. 미국과 소련이 그들의 협력에 관한 합의에 도달하지 못한다면, 그래서 남한만을 위한 분리된 결의가 이뤄진다면, (87쪽에서 88쪽으로 넘어감) 총선거를 대면하는 데에서 남한 사람들이 진정한 민주주의를 옹호하고 남조선과도정부와 진심으로 협력하는 것이 국가적으로 중요합니다.

통일국가의 수립은 국민들이 정부를 점점 믿을 수 있게 하고, 그리고 행정, 사법과 경찰 행정 등의 측면에서 민중과 접촉할 때 공평하고 엄격한 자세를 통한 법의 공정성을 통해서, 그리고 완전한 독립국가를 향한 열정에 기반한 민중의 협력과 단결을 통해 北南 한국에 걸쳐 주요 민주주의 이념을 양육함으로써 이룩됩니다. 이 시스템을 구체적으로 수행하기 위해서는 다음과 같은 조건들이 필요합니다.

1. 행정 기능의 통합과 강화.

남조선과도정부의 기능은 한국인 민정장관을 통하여 수행되도록 계획되었습니다. 정부의 통합 부재와 정부 부처장들의 개인적 성향의 존재로 인하여 공동 책임에 입각한 강력한 정부 구조는 아직 실현되지 못하였습니다. 따라서, 한국인들에게 행정 임무를 이양한다는 원래의 목적에 따라 정부 기능은 민정장관을 중심으로 통합되어야 한다고 생각합니다.

2. 진정한 민주주의는 육성되어야 하며, 민중은 이러한 민주주의의 주변으로[주위로] 모이도록 유도해야 합니다. 진정한 민주주의는 공산주의에 대한 차별입니다. 공산주의는 심지어 그 발생지에서조차 정책을 개정해야만 했습니다. 한국은 그 프롤레타리아 독재와 피 묻은 폭력의 공산주의를 원하지 않습니다. 개인의 독립, 자유, 그리고 독창성을 부정하고 그로 인하여 민중을 기계적 전체주의 아래에 놓는 공산주의를 한국은 반대합니다. 한국은 외국 한 나라에 편파적으로 의존하는 것을 절대적으로 거부하는데, 이런 의존은 공산주의에서는 피할 수 없습니다. (88쪽에서 89쪽으로 넘어감) 한국인의 최종 독립과 발전은 오로지 대중의 해방, 대중을 위한 그리고 대중에 의한 독립국가의 수립, 그리고 외국에 의존하지 않는 국제 협력을 통하여서만 보장될 것입니다. 경제, 정치, 교육 등의 분야에서 평등과 공영이 목표가 되어야 하고, 따라서 봉건적, 자본적 독점을 제외하고 개인에 헌신하는 국가를 수립하여야 하며, 이는 대중의 행운을 안전하게 보장하는 진정한 민주주의를 의미합니다.

제2차 세계대전 때까지 프랑스, 영국 및 미국에 존재한 자본주의적 민주주의는 금융, 산업 또는 토지를 장악하는 특권 계급에 의존하였습니다. 본인이 지지하는 신민주주의는 그 본질적인 성격에서 근본적으로 다르며, 모두의 평등과 번영을 목표로 합니다.

여러 정치적 사상과 원칙은 민주주의 사상과 원칙으로 대응하고 회유해야 합니다. 누군가 경계를 벗어나는 일을 할 경우에는 공권력을 사용하여 처벌해야 합니다. 달리 말해서, 진정한 민주주의는 정부에 의해 설립되고 실행되어야 하고, 현 상황에 대처하기 위하여 진정한 민주적 공약과 정책을 옹호하는 정치력[정치 집단]을 지지하고 육성해야 하며, 이에 반하는 정치력[정치 집단]은 정부의 권력을 동원하여 일소해야 합니다. 위와 같은 방법으로, 민중이 공산당의 원칙에 부당하게 매혹되지 못하게 하고, 민중의 완전한 자립에 입각한 애국 민주적 이상의 주변으로 모이도록 유도해야 합니다. 이런 관점에서, 경찰 행정을 민주화하고 법의 권위에 대항하는 행동에 대한 정당한 처벌을 엄격하게 설정할 것을 강력히 요청합니다.

3. 민중의 생활 문제에 대한 건설적인 해결책, 산업과 경제의 재건, 국제무역, 그리고 생필품의 적절한 분배가 필요합니다.

(90쪽)

식품, 연료, 의류, 전기, 교통, 종이, 신발, 원료, 소재, 기술, 금융, 기계 등에 걸쳐 전 산업과 경제를 재활하기 위한 목적으로 국가의 전체적 역량을 동원하기 위한 적절한 방도가 설립되어야 한다고 요청합니다. 또한, 물물교환을 통한 국제 무역을 긍정적으로 추진하고, 수입되거나 국내에서 생산된 상품들을 위한 유통 구조가 이윤 착취적 중간 단계가 없이 설립되기를 요청합니다. 우리가 자원을 효과적으로 분배하였는데도 아직 부족한 것이 있는 경우에는, 미합중국의 경제 원조 정책에 적절한 도움을 받을 것입니다. 우리가 안정화라는 목표를 달성하기 위해서는 대중의 민주적 감정을 향상시키는 것이 매우 중요합니다.

4. 독립운동에 해가 되는 사람들의 여러 의식적, 무의식적 행동, 나

라의 이익에 반하는 행동, 그리고 법과 공공 평화를 파괴하는 한국인 단체 또는 개인들은 엄격히 규제하고 이겨내야 합니다.

1945년 8월 15일 이후 민주주의와 자유라는 이름 아래 공개적으로 자행된 각종 파괴 활동이 남한에 만연하였습니다. 좌익 인사들에 대한 복수에서 기인한 우익 인사들의 폭력 활동들은 상당한 불안을 야기했습니다. 좌우익 양 정당에 의해 실행된 상호적인 학살은

(1) 대중의 상호 간 우정과 사랑에 매우 해로웠고

(2) 대중의 정신적, 물질적 수입[소득] 능력을 감소시켰고 또한 (3) 한국인들은 독립을 위한 자치력과 능력이 부족하다는 국제적 비난의 구실로 사용될 것입니다. 따라서, 위 (1) (2) (3)항에 해당하는 활동을 의식적으로 수행하거나 목적으로 하는 사람들의 단체는 엄격하게 관리되어야 합니다. (90쪽에서 91쪽으로 넘어감) 지성인은 새로운 자기반성과 현 상황에 대한 이해를 통해 독립이라는 진정한 민주주의의 이상으로 회귀해야 하며, 올바른 길을 찾지 못해 방황하는 사람들을 올바른 길로 인도해야 합니다.

이러한 목표를 실행하기 위해, 애국적이고 일반 대중이 믿을 만한 사람들이 필요합니다.

5. 강력한 국방의 실행과 평화의 유지.

현재, 남한의 국방 조직은 매우 열악하고 궁핍한 상황입니다. 공공의 평화는 주로 경찰력에 의존하고 있고, 공공의 평화를 주도하는 세력은 현재 주둔군입니다. 그러나, 여러 내외 상황으로 인해 국방의 구조 조정이 필요하게 되었습니다.

젊고 약한 한국인의 국방은 (1) 단결과 相愛, (2) 온 나라의 노력을 통한 戰時 對備, 그리고 (3) 국방의 재활을 장려함에 달려 있습니다. 위 (1)항에서 언급한 단결과 상애는 한국에 대한 어떤 국제적 영향

도 예방할 수 있을 것이며, 이러한 사실을 대중들이 마음 깊이 알아야 합니다.

위 (2)항에서 언급한 온 나라의 노력만이 평화 시에 조국의 유지, 번영, 여러 정치, 산업, 문화 등의 측면에서의 발달을 보장할 것입니다. 비상 시에는 군사 교육을 받은 사람들이 침략을 방지하고, 침략자들에 대한 우방들의 협력을 보장할 것입니다.

그러나, 남한은 학생과 젊은이들을 훈련하는 시스템이나 장교를 훈련하는 시스템 및 장비들이 궁핍한 상태입니다.

(91쪽에서 92쪽으로 넘어감)

이러한 목적을 위해 건설적인 민주적 행정 조치가 시행되고 추진되어야 합니다. 또한 이런 관점에서, 우리는 우리의 최대한의 역량을 발휘해야 하며, 그런 후에 미합중국이 제공하는 경제 원조를 바라야 합니다.

1945년 8월 15일 이후, 희망의 큰 빛이 우리에게 비춰왔습니다. 이 비상 시에 우리가 어떻게 처신하느냐는 한국 국가의 미래 운명에 지대한 영향을 미칠 것입니다.

3천만 동포 여러분! 여러 계급과 진영 간의 모든 투쟁과 대립을 즉시 없앱시다. 정권을 차지하려는 사회적 갈등을 즉시 그만두고, 앞으로, 오직 앞으로 통일과 독립을 향해 나아갑시다.

분열은 파멸을 의미할 뿐입니다!

안재홍
민정장관

[附]時局對策要綱(1947. 9. 25)[182]

一. 序論

國際情勢의 不調에 基한 自主獨立의 遲延으로 因하야 國內狀態는 混亂의 極에 達하야 民衆은 政治的 失望과 經濟的 逼迫에 시달이어 其 歸趨를 判斷하지 못할 境遇에 處하였다. 이때야말로 南朝鮮爲政當局은 政府의 基本政策 及 其에 따른 施策을 樹立하여 其 統治에 臨함으로써 南朝鮮에 賦課된 建國途上의 任務를 完遂하여야 한다.

---

182 『選集』2, 600~605쪽에 「(附)時局對策要綱」(1947. 9. 25)」의 영문이 실려 있다. 이의 底本은 타이핑한 문서로, 영문 제목은 「An Outline of Measures for Meeting the Current Situation in South Korea」이다. 영문에는 '25 September 1947'로 날짜가 명기되어 있고, 영문 제목 다음에 소괄호를 친 뒤 그 안에 남조선과도정부 부처장들에게서 만장일치로 채택되었고, 또한 부처장과 각 도지사 연석회의에서 만장일치로 채택되었다고 적었다. 문서의 맨 끝에는 "Presented by : P. O. Chough, Director, Dept of Police / Ahn Chai Hong, Civil Administrator"로 제출자 이름(조병옥 / 안재홍)이 타이핑되어 있다. 『選集』2, 605쪽의 編者註는 "이 「時局對策要綱」은, 國文 原文이 保存되어 있지 않아 英譯文을 여기에 대신 收錄한다."고 밝혔다. 『選集』2를 편집할 당시의 編者는 「시국대책요강」의 국문 원문을 찾지 못하여 영문 원문만 수록하였고, 이러한 사정을 編者註에서 附記하였다. 「시국대책요강」(앞으로 「요강」으로 줄임)의 국문과 영문을 모두 조병옥이 기초하였으므로, 안재홍의 유고철에서 국문 원문을 찾을 수 없었음은 어쩌면 당연하다. 그러나 영문 원문은 조병옥에 이어 안재홍도 서명한 뒤 하지 중장에게 보고하였으므로 안재홍의 유고철에도 남아 있었다. 「요강」이 세간에 쟁점으로 처음 떠오른 때는 1947년 10월 26일로, 우익 세력들이 남한단독선거를 촉진하자는 집회 장소에서 정치쟁점화하였다. 「總選擧를促進」, 『漢城日報』(1947. 10. 28) ; 「國際陰謀糾彈 總選擧促進國民大會」, 『東亞日報』(1947. 10. 26) ; 「總選擧卽時施行 國際陰謀를糾彈 十萬群衆絶叫」·「緊急動議로 安長官辭任要請을決議」, 『東亞日報』(1947. 10. 28). 단정노선의 우익 세력은 1947년 10월 말부터 11월 초 사이에 「요강」의 일부 조항을 문제 삼아, 안재홍을 향하여 '軍政延長의 請願'

二. 新政策樹立의 基本理論

1. 南朝鮮의 三大目標

(1) 民族的 自主獨立의 完成이 至上命令이다. 空漠한 國際主義에 反對한다. 民族國家의 形成 及 民族的 建設을 通하야 世界平和와 文化의 建設에 寄與하여야 한다.

(2) 眞正한 民主主義의 確立이 其 둘째 目標다. 所謂 進步的 民主主義란 看板的 詐欺의 民主主義를 排擊한다. 眞正한 民主主義란 個性의 尊重 及 意思表示의 自由의 兩大原則에 立脚하고 其 內包로써는 社會의 全體利益을 妨害하지 않는 範圍內에 私權 及 私有財産權을 認定하면서 人類의 經驗과 知識의 示唆로써 多數決에 依하야 漸進的으로 社會를 改良하는 主義이다. 그럼으로 私有財産의 全面的 廢止 及 革命的 方法은 拒否한다. 따라서 封建的 制度와 獨裁는 個人 或은 階級的 種類 如何를 不問하고 此를 排除한다.

(3) 政府는 民生問題를 解決하여야 한다. 政治的 民主主義는 究極

을 하였다고 정치 공세를 폈다. 이에 남조선과도정부는 1947년 11월 5일 公報部를 통하여 「요강」의 全文을 공개하였다. 따라서 「요강」의 국문 원문은 당시 신문에 보도된 자료를 활용할 수밖에 없는데, 각 신문마다 맞춤법을 달리 표기한 곳이 많고, 때로는 중요한 단어에 차이를 보이는 경우도 여러 군데 보인다. 게재한 국한문 원문은 당시 신문들에 각각 보도된 全文을 비교·검토한 연구[김인식, 「〈시국대책요강〉의 작성 경위와 내용 검토」, 『한국민족운동사연구』79(한국민족운동사학회, 2014. 6), 255~259쪽]를 全載하였다. 참조한 당시 신문은 다음과 같다. 「政界에物議를일으킨 時局對策要綱全文」, 『大東新聞』(1947. 11. 6) ; 「時局對策要綱」, 『自由新聞』(1947. 11. 6·7) ; 「過渡政府時局對策要綱」(上)·(下), 『서울신문』(1947. 11. 6·7) ; 「時局對策要綱全文」, 『東亞日報』(1947. 11. 6·7) ; 「時局對策要綱全文」(1)·(二)·(完), 『漢城日報』(1947. 11. 7·8·9) ; 「時局對策要綱」, 『새한민보』第1卷第14號·十一月中旬號(새한민보社, 1947. 11. 15 발행), 10쪽 등에 全文이 게재되어 있다. 『朝鮮日報』·『京鄕新聞』은 쟁점이 된 주요 부분만을 인용하여 보도하였다. 「所謂『南朝鮮措置要綱』問題」, 『朝鮮日報』(1947. 11. 6) ; 「"時局對策要綱"은 現情勢下의應急對策 "軍政延長"云은事實과相違」, 『京鄕新聞』(1947. 11. 6) ; 「"時局對策要綱"民政長官이內容發表」, 『中央新聞』(1947. 11. 6).

經濟的 民主主義에 依據하여야 한다. 經濟的 自由가 없는 政治的 自由는 空虛物이다. 獨占的 資本과 大地主 跋扈를 排除하고 多大數의 民衆이 經濟上 福利를 增進하는 進步的인 經濟的 社會的 立法으로 整備하여야 한다.

2. 南朝鮮過渡政府의 性格

(1) 共産系列의 團體들은 美國을 帝國主義와 資本主義 國家로 規定하면서 南朝鮮過渡政府는 美國의 搾取植民地化機關이라고 繼續的으로 惡宣傳하여 왔다.

(2) 南朝鮮過渡政府는 朝鮮建國過程의 歷史的으로 規定된 自主獨立의 準備完成 手段과 機關이다. 南北統一은 結局 其 努力과 勢力으로 完成될 것이다.

(3) 그럼으로 우리 三千萬 民衆은 南朝鮮過渡政府를 實質上 우리 政府로 認識하고 其에 充實히 協力하고 愛撫育成하야 하로바삐 換骨脫胎시켜서 名實相符하는 우리 政府로 만드러야 한다.

3. 主權은 朝鮮民族의 民族的 立場에서 運用하여야 한다.

(1) 美駐屯軍司令官은 南朝鮮 統治의 主權을 掌握하고 있다. 그러나 主權運用은 第三者의 立場에서 할 것이 아니요 民族的 立場에서 其 主權이 運用되기를 期待한다.

(2) 過去 二年間의 政治運動을 檢討하건대 政治社會團體는 二大陣營으로 對立되어 있다. 第一部類는 愛國的이고 軍政과 協力하는 親美的인 建設的 政社들이다. 第二部類는 反民族的 反軍政的 反美的 破壞的 團體들이다. 이 對立의 事實, 警察 司法軍律及 軍政 裁判의 記錄이 歷然하게 證明한다.

(3) 그럼으로 過去 官民間에 流布된 不偏不黨 中立中間 左右合作의

述語로서 政社에 臨한 理論과 態度는 方今 再檢討와 再修正을 要한
다. 前項의 對立은 不相容의 것임으로 政治的 肅淸을 通한 政治運動
의 正常狀態로 復舊된 後에야 비로소 自主獨立의 至上命令下에 左右
中間의 路線이 正當하게 區劃될 것이다.

4. 南朝鮮統治의 新局面,

(1) 自主獨立完成의 捷徑은 美蘇協調에 있다는 것은 常識이였다.

(2) 그래서 모스크바協定의 締結 及 其 實踐機關인 美蘇共同委員會
의 構成을 본 것이다.

(3) 過去 美國務省 及 朝鮮駐屯美軍司令官은 前記 捷徑論에 依據하
야 南朝鮮統治에 臨하였다.

(4) 우리 政務會는 信託問題 及 美蘇共委 協力 與否에 關한 政策에
論證됨과 가치 이 捷徑論에 依하야 行政을 負擔하여 왔다.

(5) 그러나 昨今 兩年의 美蘇共委의 實績을 보건대 蘇聯은 朝鮮을
第二蒙古 及 第二포란드化하려는 意圖가 明白하다.

(6) 더구나 北朝鮮에는 少數獨裁制의 共産主義體制의 樹立으로 强
行하고 武力의 發動으로써 南朝鮮을 其 勢力範圍에 隷屬하랴 함이 亦
是 明白하다.

(7) 그럼으로 眞正한 統一은 國際的 監視下에 南北을 通한 公正한
總選擧로써야 達成할 것이다.

(8) 따라서 南朝鮮의 國力을 充實하여야 한다.

三. **南朝鮮單獨措處의 切迫性**

1. 南朝鮮이 南北統一의 主動力이 되여야 한다.

2. 南朝鮮은 其 國力充實로써 待機態勢를 整備하야

(1) 國際壓力으로써 朝鮮問題를 平和的 解決로 하거나

(2) 國勢急變에 對處함에 功獻하여야 한다.

3. 南朝鮮의 強化方策

(1) 最近 通過한 普選法을 實施하야 南朝鮮過渡政府를 其 組織과 政策에 잇서서 強力化시킬 것

(2) 石炭 及 電力의 自足 基礎上에 輕工業을 勃興시켜서 自給自足의 南朝鮮經濟의 再編成

(3) 金爲賛制度의 設定에 依한 外國貿易을 開始하야 原料資材, 肥料 等 經濟復興의 要素를 確保할 것

(4) 生産의 增加, 消費節約, 貨幣改革과 稅制의 確立을 通하야 經濟의 安定을 期할 것

(5) 教育文化施設의 擴充으로써 國家建設의 人材를 養成함

　가. 正式教育은 國家財政力의 發展에 依하야 漸進的으로 擴充함

　나. 成人教育과 技術教育을 特別獎勵함

(6) 北朝鮮의 武力的 威脅과 國際情勢의 急變에 對備할 南朝鮮 國防體制의 強化

　가. 朝鮮警備隊 及 海岸警備隊의 擴充

　나. 國立警察의 軍事的 裝備 及 訓練

　다. 中等學校 以上 學徒의 軍事的 及 勤勞訓練

　라. 靑年運動의 統一調整 及 指導와 準軍事的 訓練을 加함

四. 國民的 意識의 昻揚과 遵法狀態의 完璧

1. 南朝鮮에 잇서서 民族的 利益을 至上命令으로 하고 法과 秩序의 軌道內에서 其 運動을 展開한다면 모든 結社는 其 理念政策 如何를 不問하고 政府의 公正平等의 保護를 받을 것이다. 그러나 反民族的 反美的 破壞的 運動은 此를 禁止할 것이다.

2. 政治社會團體로서 前項의 犯罪的 行爲를 한 者는 特別審査委員會를 設置하야 其 存續 與否를 決定할 것

3. 暴力行爲는 其 動機 及 其 發作者 如何를 不問하고 嚴重 處斷할 것

4. 共産系列의 犯罪를 處斷함에 잇서서 司法警察權 運用上 無知와 判斷力의 缺如로 因하야 附和雷同한 者를 善導할 大方針에 立脚할 것

5. 中央과 地方을 通한 言論機關의 合理的 整備 及 徹底監督으로써 破壞的 宣傳을 防止할 것

6. 政府의 政策을 一般民衆에게 理解시키기 爲하야 組織的 宣傳 啓蒙運動을 展開할 것

7. 勤勞大衆의 福利를 保障增進하는 進步的 民主的 勞働立法을 推進할 것

8. 共産系列에 黨籍을 둔 者는 文武 官公吏가 되지 못함.

(公翰)行政態勢 强化案(1947. 9. 27)[183]

(591쪽)

남한의 정치구조를 강화하기 위한 대응책

1947년 9월 27일

이 계획은 본인이 위원장으로 있는 남조선과도정부 내의 시국대책 위원회[184]가 논의한 중요 방안들을 摘示하고자 한다.

I. 서론

한국인들은 UN총회에서 [아래와 같은 사항에 대해] 미국과 소련 간의 최종 협력이 궁극적으로 달성되기를 희망한다.

1. 제한 없고, 자유로우며, 공평한 총선거가 UN의 감독하에 북한과 남한에 걸쳐 실시되기를 기대한다.

---

[183] 『選集』2, 591~599쪽의 영문을 번역하였다. 『選集』2의 編者註는 "이 公文書는「民政長官」名儀로 美軍政 高位當局者에게 提出된 것으로, 國文原文이 保存되지 않아 英譯文을 여기에 대신 收錄한다. 英文標題는 'Counter Measures to Enforce Political Structures in South Kotea'."라고 附記하였다. 『選集』2, 599쪽. 추측건대「行政態勢 强化案」이라는 국문 제목은, 안재홍 유고철에 보존되었던 本 문건에 안재홍이 이렇게 제목을 필사하였고, 『選集』2의 編者가 이를 따랐으리라 생각한다. ≪문서 34-2≫를 영문대로 번역하여「남한의 정치구조를 강화하기 위한 대응책」으로 標題하여 문건을 번역하였다.

[184] 웨드마이어가 訪韓한 동안 안재홍이 수반(민정장관)인 남조선과도정부 내에 조병옥을 위원장으로 하는 시국대책위원회가 구성되어 웨드마이어에게 보고하는 문건을 작성하였고, 웨드마이어가 離韓한 뒤에도 동 위원회가「시국대책요강」을 작성하여 하지 사령관에게 전달하였다.「解題」의 ≪문서 34-1≫·≪문서 34-2≫를 참조.

2. 통일민주과도정부가 수립될 것.

3. 미국, 소련, 중국과 영국의 연합국 4개국은 과도정부를 통하여 한국의 독립과 민주적 발전을 보장하며, 신탁통치를 없애고,[185] 주둔군의 철수는 점차적으로 진행하여 외국 침략의 위험이나 국내 안보에 대한 위험이 없는 시기에 완전히 철수한다.

4. 독립 주권을 방해하지 않는 방법으로 적절한 경제 원조를 확고히 함.

위와 같은 한국인들의 기본적 요구 사항을 실현함으로써 한국인과 미국인 간의 영원한 우정과 신뢰가 보장될 것이다.

(591쪽에서 592쪽으로 넘어감)

미국과 소련이 UN에서 궁극적인 합의에 도달하지 못하고, 미국이 남한만의 강력한 단독정부를 지지할 경우에는 이 대응책이 표준으로 채택되어야 한다.

II. 대응책의 3원칙

1. 한국독립의 수립. 독립국가가 수립되어야 한다. 이를 통해, 국제 협력을 얻을 수 있고, 따라서 세계평화와 온 인류의 문화에 기여할 수 있다.

모든 나라들이 모여 실제로는 하나의 국제적 국가가 된다는 소비에트식 국가 개념을 비판 없이 받아들인다면, 이는 마치 아편을 피우는 것과 같다. 만약 한국이 그와 같은 하나의 강력한 국가에게 단독으로 통제된다면, 이는 마치 침략 전쟁을 위해 폭탄을 매장하는 것과 같다.

2. 진정한 민주주의의 설립과 보호 육성. 이것은 소위 진보적 민주주의라는 이름을 도용하는 공산주의에 대한 싸움, 그리고 더 나아가, 파쇼적 극우파들 간의 협력하려는 경향을 방지하기 위한 싸움이다.

---

185 원문 "eliminating trusteeship" 이하는 시간상으로 뒤에 벌어지는 일로 인식된다.

진정한 민주주의야말로 개인의 독립, 자유와 독창성을 올바르게 존중함으로써 인간을 기계적인 전체주의에서 해방시키는 것이다. 진정한 민주주의는 사유재산제의 지속을 목표로 하고, 토지와 산업 조직에서 평등한 경제, 평등한 정치라는 경제적 민주 원칙을 통한 대중화된 시스템에 입각하여 기본적인 민주정치를 실행하는 것을 목표로 한다. **(592쪽에서 593쪽으로 넘어감)** 자본가들로 구성된 제한적 특권계급을 위한 국가, 또는 무산계급 공산주의 독재국가는 선호하지 않는다. 특권계급에 의한 정부는 사회혁명의 원인을 조성하고, 따라서 필연적으로 내부의 불안을 일으키며, 야심 있고, 강한 이웃 나라의 침략을 야기할 것이기 때문에, 따라서 이와 같은 사악한 원인은 완전히 뿌리 뽑아야 한다고 요구한다.

3. 보상금 문제[186]의 해결과 국방의 집행. 농지, 산업 조직 등의 구조를 어떻게 경제적으로 민주화할 것인가는 위에서 언급하였다.

(a) 식량, 의복, 주택, 전기, 연료, 종이, 유리, 고무 등의 생필품의 생산 라인과 교통, 통신 등 분야에서 재건 운동을 펼쳐야 한다. 국가 재활을 위한 모든 산업적 역량과 노동력은 기계, 원료, 기술, 자금 등을 위해 필요에 따라 일반적으로 동원되어야 한다. 산림, 홍수 방지, 농지 개발 및 경작, 그리고 어업 등의 재활 사업은 적극적으로 추진되어야 한다.

(b) 이러한 프로젝트들을 위하여, 우리 최대의 능력을 보여줘야 하고, 그래도 아직 부족함을 알았을 경우에는 미국의 경제적 원조를 요청해야 한다. 또한 외환 제도를 확고히 설립하기 위하여, 그리고 국제 교역을 적극적으로 추진하기 위하여 화폐를 조정할 필요가 있다. 경제 건설을 통하여 대중의 생활 조건을 개선하고 안정시켜야 하며, 더

---

186 원문 "Incentive Problems"에서 Incentive는 여러 가지 뜻이 있으나, 대문자로 된 점으로 보아 보상금이라 번역하였다.

나아가 국방을 강화하고 경찰을 민주적으로 안정시키는 것을 목표로 하여 민중을 민주주의 노선에 집결하도록 유도하여야 한다.

III. 실행상의 원칙

(594쪽)

1. 남조선과도정부와 이의 임무. 한국 전체 인구의 3분의 2를 대표하고, 민주주의 원칙에 입각한 독립국가의 수립을 완성하는 데 필요한 조건을 보유하고 있는 남조선과도정부는 한국인과 미국인 간의 상호 신뢰와 협력을 통하여 독립을 획득하는 과제를 추진하여 성취할 임무를 가지고 있다. 남한은 한국의 독립과 재건을 완성하는 데에서 지도력의 거점이 되어야 한다. 이와 더불어, 이 지도력은 남조선과도정부라는 조직을 위하여 확보되고, 그 조직에 의하여 집행되어야 한다.

2. 주권은 한국인을 위하여, 그리고 한국인에게 행사되어야 하며, 정부 행정은 통합되어야 한다.

한국 주둔 미군 사령관은 남한 정부의 고삐를 쥐고 있다. 그러나 주권은 제삼자가 아닌 한국인의 관점에서 행사되어야 한다. 이것이 행정기능을 [한국인에게] 넘기는 데에서 근본적인 원칙이다. 행정 기능을 이전하는 것은 두 국가 간 상호 신뢰라는 관점에서 올바르게 추진되어야 하며, 정부의 지휘는 한국인 최고 책임자이며 각 부처장들과 정부 기관들을 지도할 민정장관을 중심으로 통합되어야 한다. 만약 각 부처의 수장, 또는 다른 고위직 관료들이 자신들의 배후 지지자들을 의지하여 민정장관에 반하는 원심분리적 경향을 갖게 되면, (594쪽에서 595쪽으로 넘어감) 국가 권위에 의해 구현된 정부 지휘권은 그 위신을 잃게 되며 지휘권 행사는 마비될 것이다.

3. 정책[경찰?][187]의 민주화, 사법의 권위[위신], 국가 권위를 활발하게 발현하는 데에서 강인함이 필요하다.

미군이 조선으로 진주한 1945년 9월에 "인민공화국"을 구성한 작은 공산주의 단체가 있었다. 미군은 좌파들의 영향력을 견제하기 위하여 우파들이 영향력을 발휘하도록 협조를 요청하였다. 그 이후 1945년 말부터 1946년 초까지 활발했던 반탁 활동과 1946년 10월의 소요는 우파들이 대중을 움켜잡을 최선의 기회였다. 우익은 선전과 조직으로 대중을 사로잡기에 원칙과 이념이 너무 부족하였다. 그들은 점차 오직 정부 권력만으로, 특히 경찰의 힘을 업고 폭력을 통하여 좌익들과 싸웠다. 때로는 물론 좌파들이 우파들을 위협하기도 했지만, 일반적으로 말해서, 1947년 봄 이래 그들은 폭력을 통하여 좌익을 압도하였다. 문제를 더 악화시킨 것은, 우파들이 말하는 중립 단체 또는 중립 인사들 전체를 무차별적으로 탄압하였으며 폭력을 사용하였다. 좌파, 공산주의자, 또는 '빨갱이'라는 조작된 이름 아래 많은 무고한 사람들이 탄압을 당해왔다. 이러한 폭력에 힘입어 민중은 군정과 우파들에 대한 반감에 좌익에 동정적이거나 좌익이 되어가고 있다. 이러한 경향이 지속되도록 놔둔다면, 대중은 정부에서 더욱더 멀어지게 될 것이다.

(596쪽)

(a) 정부 스스로 진정한 민주주의 정책을 설립해야 하고, 이는 정부에 의해 실행되고 선전되어야 한다.

(b) 진정한 정당과 사회단체의 보호와 육성.

---

187 원문은 "The roughness in democratization of policies,…"이다. 이하 문장까지 고려한 전체 문맥 및 이 무렵 안재홍의 논지를 참고하면, 여기서 policies는 police를 잘못 입력한 듯하다. 또 roughness에는 부정적인 의미가 있는데, Toughness를 잘못 입력하였을 수도 있다. 혹 원래 roughness가 맞다면 용어를 잘못 선택한 듯하다. "강하게 하자"는 뜻으로 roughness를 쓸 수도 있지만, 이 단어는 '거칠게'·'험하게'·'폭력적으로'라는 뜻이다. 물론 이러한 뜻을 의도하였을 가능성도 배제할 수 없다.

(c) 중립 인사들이나 방관자들의 모든 영향력이 진정한 민주주의 노선을 지지하고 옹호하도록 유도하고 권장하여야 한다.

(d) 국가 권위는 오로지 反國家, 반독립, 그리고 반미 인사들의 각종 영향력을 억제하고 압도하기 위하여서만 사용되어야 한다.

(e) 극우파의 모든 폭력 행위, 그리고 법률이나 평화 유지를 파괴하는 행동들은 엄중히 처벌되어야 한다.

(f) 이익을 창출하기 위한 목적으로 반대파의 재산이나 권리를 불법적으로 소유하거나 몰수한 것들은 시정되어야 한다.

(g) 습관적으로 파괴를 계획하는 모든 단체에 속한 사람들은 정부 직책에서 제거되어야 한다.

(h) 좌파이건 우파이건 중립이든, 법률을 따른다면 그들에게 동일하고 공평하게 자유가 보장되어야 한다.

(i) 정부의 직원들은 애국적인 사람들 중에서 선택되어야 한다.

(j) 경찰 人事의 민주화.[188] 위에 언급한 목표들을 달성하기 위하여 경찰과 검찰에 대한 민정장관의 감독과 참여는 실행되어야 한다.

(596쪽에서 597쪽으로 넘어감)

1. 많은 민주적 애국 인사들이 경찰에 들어갈 수 있어야 하며, 국가 재건을 위해 민주주의 이념에 입각한 그들의 훈련과 교육이 반드시 실시되어야 한다.

2. 경찰을 제대로 감독하기 위한 특별 한미공동사찰단이 구성되어야 한다.

---

[188] 원문은 "Democratization of the Police Personnel Supervision over and participation in the Police andThe roughness in democratization of policies,…" 이다. Supervision 이하부터 다른 문장이므로 Personnel과 Supervision 사이에 마침표가 빠진 듯하다. 이하 1, 2, 3항은 (j)의 하부에 해당하는 듯한데, 따라서 i, ii, iii 등으로 달리 표기해야 하지만 『選集』2의 편집 그대로 두어 1, 2, 3항으로 표기하였다.

3. 경찰은 민주적 관행을 인지할 수 있도록 훈련되어야 한다. 이 목적을 달성하기 위해 한미 특별 공동 훈련 프로그램이 실시되어야 한다.

법의 권위와 국가 권위의 융통성 없는 실행은 방관자 또는 중립 인사들의 중립적 영향력이 소외되고 재조정됨을 의미한다.

IV. 경제 재건은 생산적인 재활을 돕는다.[189]

1. 경제는 화폐의 조정, 국제 교역의 발전, 일일 생활품의 적절한 분배, 그리고 중간 단계의 폭리적 착취를 방지함으로써 정상화되어야 한다.

2. 각종 생산 공장, 토목 공사, 임업 사업, 황무지의 개발, 소금 제조, 수산업 및 광업의 재활에서, 주로 실업자와 난민들로 구성된 유동 노동력이 위와 같은 목적을 위하여 직접적으로 사용되어야 하며,[190] 이는 곧 국가의 이익을 촉진하게 된다. 대중과 공공의 생활 문제는 생산의 재활과 실업자들의 구제를 통하여 안정시켜야 한다.

V. 교육과 문화의 확장과 국방의 설립

(598쪽)

초등학교부터 상급학교에 걸쳐 각급 학교들의 빠른 재조정을 통하여 젊은 세대의 교육을 장려하고 모든 가능한 방법으로 성인교육을 권장하기. 온 나라가 진정한 민주적, 애국 운동에 참여하여 통일국가

---

189 원문은 "IV. ECONOMIC RECONSTRUCTION AID[aids?] PRODUCTIVE REHABILITATION."이다. 대외 원조(aid)에 관한 내용이 없는 것으로 봐서 제목의 aid는 동사로 쓰인 듯하다.

190 원문은 "In the rehabilitation of various productive factories, civil engineering works, forestry projects, development of waste land[wasteland], salt manufacturing, marine industries and mining industries. Floating labor, chiefly consisting of the unemployed and…"이다. industries과 Floating 사이에 마침표가 찍혔으나, 마침표가 아니라 쉼표일 듯하고, 두 문장이 연결된 듯하여 한 문장으로 이어서 번역하였다.

의 재활을 중심으로 모이도록 유도해야 한다. 동시에, 남한의 정치구조는 북한의 어떠한 무력적 도발, 또는 국제정세의 갑작스런 변화로 인한 어떠한 긴급 사태도 감당할 수 있도록 강화되어야 한다.

이를 달성하기 위하여: (1) 조선경찰지구대와 조선해안경비대의 시행 또는 의용대의 설립을 고려해야 한다; (2) 국립경찰은 즉시 군대와 같은 장비를 갖추고 훈련되어야 한다; (3) 중등학교와 상급학교의 학생들을 노동 봉사와 군사 교육을 위하여 동원하는 조직을 설립해야 한다; (4) 청년운동의 조정을 빠르게 실현하기 위한 활동과 함께, 영구적인 지도 프로그램과 군사 교육을 촉구한다. 이러한 목표를 달성하기 위하여 남한의 각 도마다 단기교육 과정을 가진 두 개 이상의 훈련 기관이 설치되어야 한다.[191] 이 기관의 소년들은 평화 시에는 생산과 구호를 위해 동원되고 모든 비상사태 시 무장되어야 한다.

위와 같은 목표들을 달성하기 위하여 (1) 육군과 해군 장교들을 제대로 훈련시키고, (2) 일본 사관학교 졸업생들은 선택하여 사용할 필요가 있다. (이것은 일본 군국주의의 쓰레기들을 사용하고자 하는 것이 아니고, 진정한 민주주의에 입각한 독립국가로서 국제 협력을 시행하려는 것이다).

(599쪽)

한국인들은 그들 최고의 능력을 보여주어야 한다고 요구되고, 그런데도 부족하다고 판단되면 미합중국의 경제 원조를 요청할 것이다.

VI. 한국과 미국 간 우정의 적극적 추진

1. 양국 간의 이해를 촉진하기 위하여,[192] 양국에 관한 지식을 신문,

---

191 원문은 "To attain this objective that two or more training institutes be established in each province of South Korea with a short term training system." 이다. 목표를 달성하기 위하여 "~이 필요하다"라는 형식인데 동사가 없다. 영문의 that 앞에, "requested that…" 또는 "it is necessary that…"과 같은 형식이라고 보고 (뒤의 동사들이 원형이다), "~되어야 한다"라고 번역하였다.

잡지, 영화 또는 다른 수단을 통해 선전하고 유포한다.

2. 양국의 교양 있는 사람들[193]의 교류를 적극적으로 권장한다. 특히, 단기 해외 교환학생 시스템이 설립된다면, 유망한 과학자, 기술자 그리고 군사 전문가들을 교육할 수 있도록 시스템 재원을 정부 지출로 한다.

---

192 원문은 "To promote mutually the recognition of the two countries,…"이다. recognition은 주로 정부를 승인한다는 뜻으로 사용하는데, 교류를 통해 정부 승인을 도모한다는 의미일 수도 있겠으나, 여기서는 국민 간 교류에 관한 내용이기 때문에 위와 같이 번역하였다.

193 원문은 "The exchange of cultured people of both countries be positively encouraged."이다. cultured는 문맥상 Educated(교육받은)의 뜻으로 사용한 듯한데, 원문인 Cultured대로 번역하였다.

민정장관 안재홍이 미국 연방의회 군사대표단에게 보낸
영문 서한(1947. 10. 3)[194]

(93쪽)

남조선과도정부
민정장관실
한국 서울

1947년 10월 3일

미합중국 의회 군사위원회 대표단[195]

여러분:

여러분과 미합중국 대통령의 건강을 기원하게 되어 영광입니다.

서양에서는 한국의 독립을 실현하기 위한 법안이 외무장관 마셜 장
군에 의해 제안되어 UN총회에서 논의될 예정입니다. 반면에, 동양에
서는 서울에 있는 미소공동위원회의 러시아 대표단 수석위원이 미국

---

194 『選集』 8, 93~95쪽의 영문을 번역하였다.
195 『選集』 8의 編者註는 수신자인 "Military Delegation, / Congress of the United
States of America'를 '군사대표단'으로 번역하였는데[『選集』 8, 93쪽] 다소 오
해할 여지가 있다. 미상하원에 Committee on Armed Services가 있다. 예전
상원에는 Committee on Military Affairs가 있었다. 본 문건은 이 위원회 의원
들의 방문을 맞이하여 작성한 문건이다. 군사대표단은 군인들로, 위원회 대
표단은 의원들로 구성되었음을 의미한다.

과 러시아 군대의 1948년 초 공동 철수에 관한 제안을 동 위원회에 제출하였습니다.

이때에, 미국의 여론을 대표하는 미의회 군사위원회 위원들이 군사전문가들과 함께 미국 군대가 점령하고 있는 남한을 점검하기 위하여 한국에 도착하였습니다. 현재 해결되지 않은 38도선 벨트로 된 장벽과 여러 다른 문제들이 미국 점령군의 수뇌들과 논의될 것입니다. 이러한 사실은 전 세계의 관심을 끌 것임을 잘 알고 있습니다.

우리 한국인들은 일본 제국에서 한국을 해방시킨 미국인에게 감사해왔고 앞으로도 그럴 것입니다.

(93쪽에서 94쪽으로 넘어감)

그러나 한국은 「얄타협정」에 따라 미국과 러시아에 의해 둘로 나뉘었습니다. 1945년 8월 15일 이래, 미합중국은 한국의 독립을 공개적으로 약속한 「카이로선언」을 이행하기 위해 다양한 외교적 노력을 충실하게 해왔습니다. 그런데도 미국과 러시아는 아직 아무런 합의에도 도달하지 못하였습니다. 한국인들이 이러한 사실에 개탄하고 있을 뿐만 아니라, 미국인 여러분들도 이 사실을 크게 유감스럽게 생각하리라 믿습니다.

원칙의 관점에서 보면 한국에 있는 미국군과 소련군의 공동 철수가 최대한 빨리 실행되어야 한다고 생각합니다만, 아래와 같은 이유로, 해결되어야 할 긴급한 문제는 공동 철수에 있지 않습니다:

1. 한국은 25개월 동안 양국에 의해 분할 점령되어 왔습니다. 이러한 점령은 상당한 정치적, 사회적 혼란을 야기했습니다. 이러한 혼란은 단지 군대의 공동 철수만으로 해결되지 않을 것이고, 미해결된 문제는 북한과 남한을 통일하는 진정한 민주주의 과도정부를 어떻게 수립할 것인가에 있습니다.

2. 어떻게 대중을 진정한 민주주의 이념을 중심으로 모이도록 유도

하여 정부의 주도하에 公安을 안정화할 것인가.

3. 대중을 위한 독립국가가 될 신한국은 침략의 위협 없이 주권과 자유를 보장하기 위하여 미국, 러시아, 중국과 영국 등 연합국에 의해 보호되어야 합니다.

4. 증가된 양국 군대의 공동 철수는 한국 사람들에게 커다란 비극을 가져올 것입니다.

5. 이러한 철수는 또한, 일본의 지배 아래 있던 40년의 경험으로 판단하건대, 한국을 군사 기지화할 것이며, 태평양과 동양에 교전 상황을 야기할 것입니다. (94쪽에서 95쪽으로 넘어감) 만약 어떤 교전 상황이라도 벌어진다면, 수백만의 젊은 생명과 수십억 달러의 국가 재정이 소모될 것이고, 세계평화를 보호하기 위해 2차 세계대전에 참가했던 미국의 숭고한 국가정책도 수포가 될 것입니다.

따라서, 본인은 앞의 1에서 5까지의 모든 조건들이 여러분들에 의해 명확하고 진지하게 미의회와 국민들에게 보고되기를 바랍니다. 또한, 미국과 러시아 간의 긴밀한 협력을 통하여 한국독립을 승인하기 위한 미국의 계획을 위와 같은 방향으로 수행하도록 여러분들이 여론을 높이고 미국의 장래 정책을 주도하기를 진심으로 희망하고 요청합니다.

안재홍
민정장관
남조선과도정부

민정장관 안재홍이 중화민국 王世杰 외교부장에게 쓴 서한의 국문 초고(1947. 10. 3)[196]

(96쪽)

敬愛하는 王世杰外交部長 貴下

余는 東亞再建途中에서 中國外交의 重責을 負荷하신 貴下에게 敬意를 表하고 貴國의 蔣主席에게도 朝鮮獨立援助의 最大한 友人[197]으로서 最大한 感謝와 最高한 敬意를 表합니다

韓國의 完全한 自主獨立 없이 中國의 完全한 獨立없고 딸아서 東亞의 平和없을 것은 日帝 侵略四十年의 經驗에서 잘 立證됩니다 今番 UN 總會에서 韓國獨立計劃案이 마샬 美國務卿의 好意로써 不日 上程하게되는데 서울에 있는 美蘇共委 蘇側首席代表「슈티꼬푸」中將이 一九四八年劈頭로써 美蘇兩軍同時撤退를 提案 한일은 우리 韓人은 勿論이오 脣齒輔車의 關係에

(97쪽)

잇는 貴中國[198] 으로서도 深甚한 關心事 일것은 疑心 없읍니다 美蘇兩軍 同時撤退는 原則에서 매우 좋으나 韓國은 一九四五年 八·九月 美蘇兩軍이 南北으로 分斷占領한 以來 이미 二十五朔이 넘는 今日 政治

---

196 『選集』8, 96~99쪽의 국한문 手筆 초고를 정서하였다. ≪문서 37≫을 보면, 이 서한은 UN총회에 참석하기 위하여 渡美하는 駐韓總領事 劉馭萬을 통하여 인편으로 王世杰에게 전달하였다.
197 처음 '恩人'이었으나 '友人'으로 고쳤다.
198 처음 '貴國中國'이었으나 '貴中國'으로 고쳤다.

的 社會的 非常한 混亂과 分裂을 招來하고 잇는바 今後 韓國獨立計劃
은 다만의 同時撤兵으로써는 解決되지않고 (一) 어떠케 南北을 統一
한 眞正한 民主主義 臨時政府를 樹立하고 (二) 그政府를 中心으로 어
떠케 全朝鮮이 眞正한 民主主義理念에 依하야 大衆을 集結安定케하
야 公安이 確保 될뿐아니라 (三) 美·蘇·中·英[199] 等 諸聯合國에 依하야
民族獨立國家 로서의 新朝鮮이 國際的으로 萬一의 被侵害의 危險없
도록 그 主權과 自由(98쪽 시작)의 保障이 確立 되지안코서는 (四) 다만
의 共同撤兵은 반듯이 朝鮮의 民族的 悲劇을 招來할뿐아니라 (五) 나
아가서는 日帝支配四十年間의 經驗과 가티 東亞와 全太平洋의 戰禍
를 맨들어내는 兵站基地되고 말것이 疑心 없을 것입니다
貴下는 韓中親善의 許久한 世紀동안의 傳統과 또는 韓國의 完全獨立
없이 中國의 眞正한 獨立없는 聯關的 事情에 돌아보아 UN總會 에서
如上(一)·(二)·(三)·(四)·(五) 의 諸事項에 따라 積極 主張하야 敝韓國
의獨立完成을 極力 援助 하심 千萬 切仰합니다 余와의 사이에 同志的
信愛를 서로 許하는 貴國의 駐韓總領事 劉馭萬先生의 友誼로써 本「글
월」을

(99쪽)

貴下께 傳達하게 됨을 甚大한 光榮으로 생각합니다

　一九四七年十月三日

　南朝鮮過渡政府 民政長官

　　　　安 在 鴻

---

199 처음 '美·蘇·英·中'이었으나 '美·蘇·中·英'으로 고쳤다.

UN총회 중국 대표단 王世杰이 민정장관 안재홍에게 보낸 영문 서한의 번역문(1947. 10. 15)[200]

(101쪽)

一九四七年十月十五日

安在鴻 民政長官 貴下

　　中華民國UN代表

　　　王世杰

中華民國總領事王世杰氏가此地에到着하는卽時 劉馭萬氏[201]는 十月三日附貴函을本人에게提出하였나이다. 卽接貴下를뵈옵지는못하였으나 貴下가方(□)今하시고계신職務에關[202]하여셔는 많이듯자옵고있음니다 貴下의書翰[203]을받자와大端히즐거우며 아울어깊은關心을 가지고 拜讀하(102쪽 시작)였음을確言하나이다.

對朝鮮中國政策은 貴國이 하로라도빨이 眞正한獨立國이되는데集中되여있음니다 貴國占領軍隊撤退에關하야는 中國政府가[204]깊흔關心을가지고있는바로 이点에關하야 本人은貴下와同一한 意見을가지고있나이다

---

200 『選集』8, 100쪽에는 영문 서한이, 101~102쪽에는 手筆 번역문이 실려 있다. ≪문서 37≫은 번역문인 국한문을 정서하였다.

201 원문에는 '劉馭馬氏'로 되어 있으나 오자이다.

202 처음에는 '對'로 썼다가 '關'으로 고쳤다.

203 처음에는 '書函'으로 썼다가 '書翰'으로 고쳤다.

204 처음에는 '의'로 썼다가 '가'로 고쳤다.

민정장관 안재홍이 인도네시아공화국 수카르노 대통령에
게 보낸 공문 초고(1947. 10. 17)[205]

南朝鮮過渡政府
民政長官事務處
朝鮮, 서울
1947年10月17日

印度내시야共和國 大統領 스카르노閣下

外國貿易에關한件

朝鮮과 「스마트라」及其他間[206]과貿易하는것은兩國間의相互友好에
이바지할뿐아니라, 兩民族의經濟的活動의發展을爲하야도 여간 必須
한 問題가 아닐걷임니다.

朝鮮과外國과의貿易은, 例를들면 支那, 필립핀, 香港, 印度支那,及
其他國間의貿易은最近에이르러, 이諸國으로하야금開始된걷이올시다.
그리고또, 우리朝鮮船舶은 이諸國어는港口라도入港할수잇도록承認되
여있음니다.

---

205 『選集』8, 103쪽의 手筆 국한문을 정서하였다.
206 원문에는 '其他間'으로 되어 있는데 아래에도 '其他國間'이 나옴을 보면 其他
  國間인 듯하다.

本官은 玆에 우리朝鮮船舶이貴國港口에 入港할수잇도록容認하여주시기를要請하는바이며, 이러므로써兩民族은交易을할것이요또適當한 外國貿易이 이로써始作될건임니다.

本職은 玆에 宋在河氏를招介합니다. 氏는貴國에살고잇고, 또氏는朝鮮과貴國間에交易하는대매우適合人物이라고推薦하는바이올시다.[207] 이애關한모-든일에閣下가多大한援助를하여주시엿쓰면 大端히感謝하겟슴니다.

그리고 本職은 宋在河以下百余名의朝鮮人이 貴國에서 閣下의多大한援助下에無事히歸國한데對하야閣下께感謝의뜻을表하는바이올시다.

安在鴻
南朝鮮過渡政府 民政長官

---

207 원문에 있는 밑줄이다.

문서 39　군정장관 대리 C. G. Helmick 준장이 민정장관 안재홍에게 보낸 영문 공문(1947. 10. 20)[208]

南朝鮮過渡政府
　(美軍地域)

南朝鮮過渡政府
民政長官 安在鴻貴下

貴下의 國務長官과 國防長官과 美國大統領에게 보내신 故러-취長官에 對한悼電을 받었다는通知가 國務長官으로 부터 왔읍니다. 接受하는대로 國務長官[209]은 白堊館과 포레스탈氏[210]에게傳達하였다고 합니다.

그리고 本官이 大統領과 國防長官과 國務長官自身을代身하여 貴下에게謝意를表해달라는要請을 밨었읍니다.

美國陸軍代將[211]
軍政長官 代理
씨·지·헬믹[212]

—統一한 自主獨立朝鮮을 爲하야—

---

208 『選集』8, 104쪽의 문서이다. 하단의 발신인을 제외하고, 타이핑한 영문 위에 번역문을 국한문으로 필사하였는데, ≪문서 39≫는 번역문을 정서하였다.
209 국무장관(the Secretary of State)은 조지 마셜(George Catlett Marshall)이었다.
210 제임스 포레스탈(James Forrestal)은 국방장관(the Secretary of Defense)이었다.
211 영문 이름 "C. G. HELMICK" 위에 자필 서명이 있다.
212 원문 그대로이다.

민정장관 안재홍이 American Securities Corp. 대표 E. di Garcea에게 보낸 영문 서한(1947. 11. 1)[213]

1947년 11월 1일

E. 디 가르시아
대표
미국증권주식회사(중국)

선생님,

당신이 우리나라를 도울 것이라고 확신하기 때문에 실례를 무릅쓰고 당신에게 연락합니다.

말할 필요도 없이, 산업을 재건하기 위한 물자들이 현재 부족하다는 사실은 잘 알려져 있습니다. 특히 우리나라는 물자 부족을 더욱 심하게 겪고 있으며 무엇보다 유연탄이 필요합니다.

출처는 상관없이,[214] 십만 톤의 유연탄을 당신의 귀한 노력과 부지

---

213 『選集』8, 105쪽의 영문을 번역하였다. 『選集』8의 編者는 수신자의 이름을 Garees라고 하였는데 Garcea의 오자이다. 문서의 작성 일자인 "1st Nov., 1947." 위에 안재홍의 필체로 "葛西雅 氏에石炭依賴件"이라고 쓰여 있다.

214 영문은 〈…one hundred thousand (100,000) tons of "non-anthracite coal", no matter what is the origin of the coal.〉이다[영문 원문에 큰따옴표(" ")가 사용되어 인용문을 〈 〉로 표시하였다(역자)]. 여기서 origin of the coal은 유연탄의 구매 장소 또 국가를 지칭하기보다는 bituminous냐 그보다 싼 lignite냐 등 여러 유연탄 중에서 "아무것이나 상관없이"라는 뜻인 듯하다. Where가

런함으로 입수할 수 있다면 대단히 감사하겠습니다.

안재홍[215]
남조선과도정부
민정장관

아닌 what에 근거하여 번역하였다. anthracite coal(무연탄)은 화력이 좋고 연기가 나지 않는 상급의 석탄이며 hard coal이라 한다. 이외에는 soft coal인 bituminous coal과 lignite 등의 하급 석탄을 말한다. 따라서 Non-anthracite는 종류를 불문한 하급의 석탄을 지칭한 듯하다.

215 타이핑한 영문 이름이 Ahn Chai Hong이 아니라 An Jai Hong으로 되어 있음을 보면, 민정장관실과 연관이 적은 사람이 안재홍을 대신해 작성한 듯하다. 그러나 "I remain, Yours truly,"와 "An Jai Hong" 사이에 자필 서명은 *Ahn Chai Hong*으로 되어 있다.

민정장관 안재홍이 Gaidener 중장과 영국 국회의원들에게 보낸 영문 서한(1947. 11. 7)[216]

英國使節團에보내는「글월」[217]

남조선과도정부
민정장관실
한국 서울

1947년 11월 7일

게이드너 장군과 영국 의회 의원 여러분,

　게이드너 중장과 의회 의원 여러분의 방문을 통하여 조지 6세 폐하께 진심으로 존경을 표시할 수 있게 되어 영광입니다.
　조지 6세의 지도 아래 노동당 정부는 집권 이래 약소국들을 해방시키고 세계평화를 구축하기 위해 다양한 노력을 매우 열심히 해왔습니다.
　귀국의 위대한 노력과 목적은 칭찬할 가치가 있습니다. 영국은 카이로에서 한국독립을 위한 선언에 참가했습니다. 인도는 독립이 부여

---

216 『選集』 8, 106쪽의 영문을 번역하였다.
217 영문 발신자 위에 안재홍의 자필로 "英國使節團에보내는「글월」"이라고 쓰여 있다.

되었으며 버마는 현재 독립이 부여될 직전에 있습니다. 이러한 사실은 세계의 역사에 특별한 언급을 할 가치가 있을 뿐만 아니라, 영국 역사에도 최고의 영광으로 기록될 대단한 과업입니다.

한국은 이미 독립을 약속 받았다는 사실에도 불구하고, 지금 큰 혼란에 직면하고 있으며, 38도선의 분단으로 인하여 허물어지기 직전에 있습니다.

귀국과 다른 연합국 간의 우정을 통하여 북한과 남한을 아우르는 총선거가 실시되고, 선거에 의하여 민주통일정부가 수립되며, 새로운 정부가 국내 치안을 담당하고, 동시에 점령군이 한국에서 철수하며, 4대 강국들이 한국의 독립과 안전을 보장하고, 삼천만의 한국인들이 단결하여 민주국가를 수립하고 국제평화를 보호하는 데 일조하고자 하는 우리의 바람을 사절단 여러분들이 귀국은 물론 전 세계에 알리고 지지하기를 진심으로 희망합니다.

질문이 있으시다면 모두 답변하도록 노력하겠습니다. 마지막으로 여러분들과 영국 국민들의 건강을 기원합니다.

안재홍
민정장관[218]

---

[218] 자필로 *"AHN, CHAI HONG / Civil Administrator"*라고 쓰여 있다.

대만 재해방연맹 위원장 Thomas W. I. Liao가 조선정무 위원회 위원장에게 보낸 영문 서한의 번역문(1947. 11. 7)[219]

西紀一九四七年十一月七日

香港

台灣再解放聯盟委員長 遼(?)토-마스[220]

朝鮮政務委員會 委員長 閣下

我等台灣亡命家等은 對日媾和會議及UN에要請하고있는 國民投票에 對하야 우리가그目的을達할수있도록, 貴下의甚深한援助를비나이다. 萬若 貴下가더詳細한事項을아실必要가있다고생각하실時는 我等의代 表를보낼許可를하여주신다면 곳 우리의代表를派送하겟나이다.

---

219 『選集』8, 107쪽에는 영문 서한이, 108쪽에는 手筆 번역문이 실려 있다. ≪문 서 42≫는 번역문인 108쪽의 국한문을 정서하였다. 남조선과도정부 정무위 원회의 수반은 민정장관 안재홍이었다.

220 원문에 '遼(?)토-마스'로 되어 있다. 랴오원이(廖文毅, Liào Wényì : 1910. 3. 22~1986. 5. 9)의 본명은 廖温義(Liào Wēnyì)이다. 영어 이름인 Thomas W. I. Liao에서, Thomas는 미국 유학 당시 사용했던 이름으로 보이며(미국 유학 중 혼인하여 아이도 낳았다고 한다), W. I. Liao는 대만 이름 Liao wen yi를 표기한 듯하다. 랴오원이는 1932년 미국으로 건너가 미시간(Michigan) 대학 에 진학하여 석사 학위를, 다시 오하이오 대학(Ohio University)에 입학하여 1935년 화학공학 박사 학위를 취득하였다. 「解題」에서 ≪문서 42≫를 참조.

영국 총영사 D. W. Kermode가 민정장관 안재홍에게 보낸
영문 서한(1947. 11. 12)[221]

서울 영국 총영사관

[H.B.M.: His Britannic Majesty]

1947년 11월 22일

친애하는 안재홍 씨,

　엘리자베스 공주님의 결혼을 기념하여 친절하고 아름다운 선물을
주심에 11월 20일 구두로 감사를 드렸지만, 한국에 있는 영국 대표로
서 본인은 당신이 공주님께 보낸 인사와 선물에 얼마나 감사하고 있
는지 서면으로 다시 전하고 싶습니다.

　당신의 요청에 따라 선물을 공주님께 전달하기 위한 절차를 밟고
있으며, 공주님께서도 선물에 기뻐하실 거라고 믿습니다.

---

221 『選集』8, 109쪽의 영문 서한을 번역하였다. 미군정청은 1947년 3월 27일부
　로 미군 점령 지역 내 영국 서울 총영사관 재개를 정식 인가하였다. 총영사
　에는 커모드가 임명되었고, 영사관 소재지는 德壽宮 뒤 前 영국 영사관이었
　다. 「南朝鮮駐在英領事舘開舘」, 『朝鮮日報』(1947. 4. 2) ; 「英總領事舘認可」,
　『東亞日報』(1947. 3. 2) ; 「서울英總領事舘 再開를定式認可」, 『京鄕新聞』
　(1947. 4. 3). 1947년 10월 영국에 유학간 일이 있는 한국 사람과 한국에 와
　있는 영국 사람들이, 정치 문제를 떠나서 양국의 국제 친선과 문화 교류에
　이바지할 목적에서 韓英協會를 결성하였다. 名譽會長은 영국 총영사 커머
　드, 회장 尹潽善, 幹事 李仁洙였다. 「韓英協會結成」, 『京鄕新聞』(1947. 10. 8).

D. W. 커모드[222]
영국 총영사

안재홍
민정장관
남조선과도정부

---

222 "Yours sincerely,"와 "D.W. Kermode." 사이에 자필 서명이 있다.

민정장관 안재홍이 전 서울대 총장 H. B. Ansted에게 보낸
영문 서한(1947. 11. 25)[223]

남조선과도정부
민정장관실
한국 서울

1947년 11월 25일

전 총장, 국립서울대학교
해리 엔스테드 박사

새로운 민주교육을 구축하는 작업은 재활의 과정에 있는 한국에 훌
륭하면서도 어려운 작업입니다.

---

223 『選集』8, 110쪽의 영문 서한을 번역하였다. 해리 엔스테드(Rev Harry Bidwell
Ansted, 1893. 12. 17~1955. 12. 16)는 1944년 미군에 군목으로 입대하여 필
리핀의 레이테(Leyte) 섬에서 복무하다가 미군정하의 남한으로 전근하였다.
그는 미군정청의 문교부 고문관(당시 육군 대위)으로 있었으며, 미군정청은
1945년 10월 7일 京城大 총장에 엔스테드를 임명하였다. 國史編纂委員會
編, 『大韓民國史年表(1945. 8. 15~1969. 12. 31)』上(國史編纂委員會, 1984.
10), 7쪽. 엔스테드의 약력은 서울대학교 50년사편찬위원회, 『서울대학교 50
년사 1946~1996』상(서울대학교 출판부, 1996. 10), 10쪽을 참조. 미군정청은
1946년 8월 25일 國立 서울大學校 總長 및 大學院長·單科大學長을 내정하
였는데, 총장은 엔스테드, 大學院長 尹日善, 文理大 李泰圭 등이었다. 위의
『大韓民國史年表(1945. 8. 15~1969. 12. 31)』上, 34쪽. 엔스테드의 총장 재
직 기간은 1946년 8월 22일부터 1947년 10월 24일이었다. 「解題」에서 ≪문
서 44≫·≪문서 45≫를 참조.

이 위대한 작업의 초기에 해리 엔스테드 박사는 많은 어려움을 극복하여 왔고 그 기초 작업을 위해 크게 봉사해 왔습니다.

그의 위대한 업적은 한국교육사에 영원히 빛날 것입니다.

안재홍[224]
민정장관

---

[224] "AHN, CHAI HONG / Civil Administrator" 위에 안재홍의 영자 자필 서명이 있다.

민정장관 안재홍이 전 서울대 총장 H. B. Ansted에게 보낸
영문 헌사(1947. 11)[225]

국립서울대학교 전 총장 해리 엔스테드 박사에게 바침

온 즈믄 곯 잘

즉

조화, 진실, 아름다움과 선[226]

조화, 진실, 아름다움과 선(圓·眞·美·善)은 완전한 전체를 구성하는
것들이며 조선철학[227]의 [주]요소입니다. 이들은 그리스 철학의 진실,
선, 아름다움과 아주 필적하는 것이며 그것들보다 많은 것을 내포할
수 있습니다.

이들 온·즈믄·곯·잘은 장차 한국 및 외국인 학생들에 의하여 철학
의 세계로 널리 알려질 것입니다.[228]

---

225 『選集』8, 111쪽의 영문 서한을 번역하였다.

226 이 부분의 영문은 "OHN CHARM KOHL CHAL / Alias / Harmony, Truth, Beauty,
and Good"이다. '즈믄'은 音借하지 않고 'CHARM'으로 意譯하여 표기하였다.
안재홍의 朝鮮政治哲學의 일부분이다.

227 영문은 "…the factors of the philosophy of Korea."이다. 안재홍이 朝鮮政治哲
學이라는 용어를 고유명사로 사용하였으므로 이곳에서는 조선철학으로 번
역하였다.

228 'Elucidated'는 사전상으로 '설명되다'·'해명되다'라고 번역할 수 있겠지만, 여
기서는 Elucidate를 어떤 의미로 사용하였는지 불확실하다.

당신의 기념 노트에 이것들을 간직하시기 바랍니다.[229]

檀紀 4280년 11월

1947년 11월

안재홍[230]

---

[229] 또는 "당신의 기념품으로 간직하시기 바랍니다". 영문에서 'commemoration note'가 무슨 뜻인지 불확실하다. 혹 안재홍이 해리 엔스테드에게 "온 즈믄 곬 잘"과 같은 친필 휘호를 써서 선물하였을 가능성도 있을 듯하다.

[230] "AHN CHAI HONG" 위에 영자 자필 서명이 있다.

주한미군 사령관 J. R. Hodge 중장이 민정장관 안재홍에게
보낸 영문 서한(1948. 1. 2)[231]

제24군단 본부 사령관실
육군우체국 235
한국 서울

1948년 1월 2일

안재홍 씨
민정장관
남조선과도정부
한국 서울

친애하는 안 선생님:

금번 신년 기간 본인에 대한 귀하의 배려에 깊이 감사드리며, 저를
기억해 주심에 고마움을 표합니다.
당신과 한국 사람들에게 독립과 안보를 가져다 주는 1948년이 되길
기원합니다.

존 R. 하지[232]

---

231 『選集』8, 115쪽의 영문 서한을 번역하였다.

미육군 중장

사령관

---

232 "Sincerely yours,"와 "JOHN R. HODGE" 사이에 자필 서명이 있다.

문서 47	Dr. P. Jaisohn이 한국올림픽후원회 회장 안재홍에게 보낸 영문 서한(1948. 1. 12)[233]

(116쪽)

1948년 1월 12일

안재홍 회장님
조선올림픽후원회[234]

친애하는 안 선생님:

올림픽위원회가 발행하는 배지(badge)와 입장권을 동봉한 당신의
1월 7일 자 서신에 감사드리며, 본인의 한국에서의 활동을 기념하는

---

233 『選集』 8, 116쪽의 영문 서한을 번역하였다. 문서 하단에서 발신인이 "Dr.
Philip Jaisohn"이라고 표기되었는데, Philip Jaisohn은 甲申政變 이후 미국으
로 망명·귀화한 徐載弼의 미국 이름이다. 『選集』 8의 編者는 'Dr.' 즉 Doctor
를 博士로 이해하여 ≪문서 47≫의 제목을 「P. Jaisohn 박사가 한국올림픽후
원회 회장 안재홍에게 보낸 영문 서한」이라고 붙였으나, 서재필은 미국에
서 의사 면허를 취득하여 의사로 개업까지 하였으나 박사 학위는 취득하지
않았다. 그가 '박사'로 오인·와전 된 데에는 'Dr' 즉 Doctor를 박사로 오역한
데에도 잘못이 있겠지만, 그 자신이 '제손박사'로 자칭한 데에서 기인하였
다. 「解題」의 ≪문서 47≫을 참조.
234 안재홍은 1947년 7월 24일 결성된 올림픽후원회의 회장으로 선출되었다.
「解題」의 ≪문서 47≫을 참조.

소장품으로 간직하겠습니다. 모든 스포츠는 육체와 정신의 건강에 좋은 것이므로, 한국에서 스포츠를 촉진하는 노력이 지속되기를 진심으로 바랍니다.

당신의 후원회를 돕기 위해 제가 할 수 있는 일이 있다면 어떤 것이든 알려주시기 바랍니다. 건강을 도모하는 한국의 모든 기관들을 기꺼이 돕겠습니다.

다시 한번 감사드립니다.

Dr. 필립 제이슨[235].

---

[235] "Very sincerely yours,"와 "Dr. Philip Jaisohn" 사이에 *Philip Jaisohn*이란 자필 서명이 있다.

UN한국임시위원단 제2분과위원회 의장 S. H. Jackson이
민정장관 안재홍에게 보낸 영문 공문(1948. 1. 31)[236]

UN한국임시위원단
덕수궁
서울

1948년 1월 31일

귀하,

1월 17일에, 총선 문제에 관한 견해가 UN한국임시위원단이 임무를
수행하는 데 도움이 될 수 있는 한국인들의 진술을 확보하기 위하여,
본 위원단은 제2분과위원회라 불릴 분과위원회를 구성하기로 결의하
였습니다.

이제 당신의 견해를 분과위원회와 함께 논의하기 위하여, 본인은
위 분과위원회를 대신하여 당신을 초대하고자 합니다. 당신의 일정이
허락한다면, 2월 2일 월요일 오전 10시 30분에 서울 덕수궁에 위치한
UN한국임시위원단 회의실에서 만날 것을 제안합니다.

연락하게 되어 영광입니다.

---

236 『選集』8, 117쪽의 영문 서한을 번역하였다.

S. H. 잭슨[237]

제2분과위원회 위원장

안재홍 씨 귀하
민정장관
남조선과도정부
서울

---

[237] "yours respectfully,"와 "S. H. JACKSON," 사이에 *S. H. JACKSON*이란 자필 서명이 있다.

문서 49 · 군정 수석고문 Edgar. A. J. Jonhson이 미국무부에, 인도 주재 미국대사를 통하여 남조선과도정부의 조문을 인도 수상에게 전달해 달라고 요청하는 영문 서한(1948. 2. 3)[239]

이 문서는 남조선과도정부가 미군정을 통하여 전달되기를 요청하는 조문(≪문서 50≫과 동일한 내용)을, 군정 수석고문 Edgar. A. J. Jonhson의 명의로 미국무부에 타전한 영문이다. 문건 상단 오른쪽에는 안재홍의 필적으로 보이는 '打電原文'이라 글자가 세로글씨로 쓰여 있다. Jonhson의 명의를 제외한, 영문의 국문 원문은 119쪽의 ≪문서 50≫이다. 〈문서 49≫의 번역은 ≪문서 50≫으로 대체한다.

---

238 『選集』8, 118~120쪽에 실려 있는 세 개의 문서를 묶어서 제목을 붙였다. 『選集』8의 編者는 ≪문서 49≫~≪문서 51≫을 「군정 수석고문 Edgar. A. J. Jonhson이 미 국무부에 보낸 전문(1948. 2. 3) 및 이를 요청하는 안재홍의 글과 영역문」이라고 일괄하여 제목을 붙였는데, 문서를 3분하여 제목에 좀 더 정확을 기하였다.

239 『選集』8, 118쪽의 영문이다.

문서 50 남조선과도정부가 美國省에, 인도 주재 미국대사를 통하여 간디 애도 조문을 인도 수상에게 전달해 달라고 요청하는 국문 서한[240]

美國省貴中

下記電文을 印度駐屯美大使를 通하야 印度首相 네루氏에 傳達하심을바랍니다.

「民政長官 安在鴻과 政務會員 一同은 南朝鮮過渡政府를 代表하야 全朝鮮人의 간디翁 橫死에 對한 弔意를 表하나이다. 翁은 非暴力的, 非抵抗的 主義로 侵畧을 反抗하는 運動을 展開하야[241] 世界歷史에 新記錄을 創作 했읍니다. 翁의 橫死는 印度國民에 限하야 悲慘事일뿐 아니라 全人類에 큰 損失이라고 봅니다 此際에 印度國民은 强力한 協調와 統一의 精神으로써 간디翁의 遺旨를 貫徹하시기를 바랍니다.

---

240 『選集』 8, 119쪽의 국한문 문서를 정서하였다. 『選集』 8, 118쪽의 ≪문서 49≫의 영문과 같은 내용이다. 마하트마 간디(Mahatma Gandhi)는 1948년 1월 30일 사망하였다. 이때 국내는 UN한국임시위원단이 내한하여 한창 활동하던 중이었는데, 모든 언론은 남조선과도정부를 비롯하여 미군정 당국과 UN한국임시위원단의 추모 분위기를 전하였다.

241 처음 문장은 "非暴力的, 非抵抗的 主義로 反抗侵畧運動을 展開하야"인데 줄로 그어 고쳤다.

이 문서는 안재홍과 남조선과도정부 정무회원 일동의 弔文이며, 민정장관이라는 명의 없이 안재홍의 이름만 타이핑되어 있고, "AHN CHAI HONG." 밑에 안재홍의 영자 자필 서명이 있다. ≪문서 49≫에 실려 있는 남조선과도정부의 영문 弔文과 마지막 문장에서 약간의 차이가 있으나, 같은 내용이다. 번역은 ≪문서 50≫으로 대체한다.

---

242 『選集』8, 120쪽의 영문이다.

남조선과도정부 민정장관 명의로 인도 정부에 보내는 영문 조사(1948. 2. 4)[243]

이 문서는 발신처가 남조선과도정부 안재홍이며, 수신처가 인도 정부로, 남조선과도정부 민정장관 안재홍 명의로 간디의 죽음을 애도하는 조문이다. 타이핑한 "AHN CHAI HONG / Civil Administrator / South Korean Interim Government" 위에 안재홍의 자필로 보이는 '政務會代表'라는 가로글씨가 쓰여 있다. 번역은 ≪문서 53≫으로 대체한다.

---

[243] 『選集』8, 121쪽에 실려 있는 영문 서한이다. 『選集』8의 編者는 ≪문서 52≫·≪문서 53≫을 「민정장관, 정무회 대표 안재홍이 인도 정부에 보내는 영문 조사(1948. 2. 4)와 국문초고(1948. 2. 3)」이라고 제목을 붙였는데, 문서를 2분하여 제목에 좀더 정확을 기하였다. 문서 상단 오른쪽에 문서 작성 일자가 "4 Jan. 1948"로 되어 있는데, 『選集』8의 編者가 "※ 'Jan.'는 'Feb'의 오기로 추정된다."고 바로잡았다.

남조선과도정부 민정장관 및 정무회 대표 안재홍 명의로 인도 정부에 보내는 국문 弔辭(1948. 2. 3)[244]

「깐디」翁의 弔辭

우리 朝鮮人은 人類의 自由를 爲하야 非暴力, 非抵抗으로 最大한 鬪爭을 展開시키어 世界史上 驚異할 新記錄을 創作한『마하트마·깐디』翁의 橫死를 驚愕하고 衷心哀悼한다 그의 橫死는 印度國民의 悲慘事일뿐더러 全人類의 巨大한 損失이다 印度의 國民은 이제 새로운 反響[245]으로써 協調와 統一을 갖어오기 바란다

　　一九四八年二月三日　南朝鮮過渡政府民政長官

　　　　　政務會代表　安　在　鴻

---

244 『選集』8, 122쪽의 국한문 弔辭를 정서하였다. 『選集』8, 121쪽의 ≪문서 52≫ 영문과 같은 내용이다.

245 처음 '反省'으로 썼다가 '反響'으로 고쳤다.

민정장관 안재홍이 UN한국임시위원단 단장 K. P. S. Menon 박사에게 보낸 영문 공문(1948. 2. 6)[246]

1948년 2월 6일

메논 박사님 귀하
UN한국임시위원단 위원장
서울 덕수궁

위원장님;

남조선과도정부의 政務會[247]를 대표하여, 정무회를 만장일치로 통과하였고 모든 정무회원과 본인이 서명한 성명서를 귀하를 통하여 UN한국임시위원단에 제출하게 되어 영광입니다.

안재홍[248]
민정장관

---

246 『選集』 8, 123쪽에 실려 있는 영문 서한을 번역하였다. 문서 최상단에 안재홍의 자필로 보이는 "國聯委員團에 過政의 ㄴ 멧세-지 ㄱ 件"이라는 가로글씨가 쓰여 있다. 인도 대표인 메논의 지위는 영문으로 'Chairman of United Nations Temporary Commission on Korea'인데, 당시 신문에는 Chairman이 주로 議長으로 번역되었다. ≪문서 64≫·≪문서 68≫의 (역주)를 참조.

247 원문 "the Directorate of South Korea Interim Government"에서 directorate은 과도정부의 정무회를 가리키며, 『選集』 8, 118·120쪽에서는 cabinet이라고 영역하였다. 간디 사망 시 작성한 국문 조문에서는 '정무회원'이라고 명기하였고, 영역에서는 '內閣'이라는 뜻으로 cabinet으로 표기하였다.

248 "respectfully yours,"와 "Ahn Chai Hong, / Civil Administrator." 사이에 안재홍의 영자 자필 서명이 있다.

남조선과도정부 각 부처장이 UN한국임시위원단에게 보내는 메시지(1948. 2. 6)[249]

(124쪽)

UN한국임시위원단에 보내는 메시지

(1948년 2월 6일 아침 10시에 열린 남조선과도정부 정무회 특별회의에서 만장일치로 채택됨.)

2년 반 동안 남한 정부에 참여해 온 당사자로서, 우리 정무회원 일동은 남한에 존재하는 정치적, 사회적 상황을 평가하기 유리한 위치에 있습니다. UN한국임시위원단이 UN총회에서 부여받은 임무를 수행하는 것을 지원하기 위한 목적으로, 한국[250]이 직면하고 있는 정치문제들에 관한 우리의 견해를 고려해 주시길 바라며 위원단에 제출합니다.

한국인들은 UN위원단의 도착을 참으로 희망을 갖고 기다렸습니다. 이제 전국의 관심은 위원단에 쏠려있습니다. 평범하고 애국적인 많은 사람들이 위원단의 결정을 애타게 기다리고 있습니다. 이는 사리에도 맞고 당연한 것입니다. 우리나라는 해방이 되었지만 비극적인 38도선에 의하여 정치적, 경제적으로 둘로 분단되었습니다. 정치적 마비와 경제적 파산을 겪으면서, 우리는 꼬박 2년을 참을성 있게 노력하며 기

---

249 『選集』8, 124~127쪽의 영문을 번역하였다. 국한문 원문과 영문 사이의 뉘앙스 차이를 고려하는 데 참고가 되도록, 번역문 아래에는 당시 신문에 보도된 국한문 원문을 【별첨】으로 수록하였다.
250 영문 'korean nation'은 남북한을 아우르는 의미이므로 한국으로 번역하였다.

다려 왔지만, 헛된 것이었습니다! 모스크바 결정에 의해 만들어진 미소공동위원회는 결국 우리 모두를 실망시켰습니다. 그러나 UN총회가, 한국의 [독립국가로서의] 정당성을 인정하여, 독립된 한국을 달성할 수 있는 방법과 수단을 마련하기 위한 역사적 조치를 취하면서 우리의 국민적 희망이 되살아났습니다.

이제 한국정부의 수립으로 이어질 총선거를 감독하기 위하여 UN한국임시위원단이 여기에 왔습니다. 그러나 그 임무를 수행함에 있어, 위원단은 남한에서는 완전히 자유롭게 임무를 수행할 수 있으나, 북한으로는 들어갈 수 없는 극복하기 어려운 장애에 직면하고 있습니다. 소비에트 러시아는 UN총회에서 했던 것처럼, UN의 결정을 계속 완강하게 거부하고 있습니다. (124쪽에서 125쪽으로 넘어감) 또한 북한의 소수 독재 그룹인 인민위원회는 북한, 그리고 사실상 한국 전체에 관해 러시아가 미리 결정한 정책을 충실하게 준수하며 지지합니다. 북한에 있는 대다수의 애국적 시민들은 UN위원단을 진심으로 환영할 것입니다. 그러나 표현의 자유가 절대적으로 제한된 북한이기 때문에 [그들의 의사를] 나타낼 수 없습니다.

우리는 위원단이 남한에서만 선거를 실시하는 것이 현명하고 실행 가능한 것인지의 여부로, 사실상 딜레마에 직면하는 단계에 도달했다고 생각합니다. 남한만의 선거를 반대하는 소수 단체가 개진하고 있는 의견들, 그리고 양국 점령군이 공동 철수한 후에 한국 전체에서 총선거를 실시하자는 의견들로 인해, 위원단이 가진 의문은 더 커질 수 있습니다. 그러나 실시 가능한 지역이라면 어디를 막론하고 모든 점령 지역에서 즉시 총선거가 실시되어야 한다는 것이 우리의 확고하고 솔직한 의견입니다. 귀 위원단에 우리의 의견을 명확하게 전달하기 위하여, 아래 이유들에 관해 상세히 설명하고자 합니다.

1. 우리도 통일, 즉각적인 통일을 원합니다. 그러나 욕망과 현실은

다릅니다. 38도선을 인정하지 않는다는 위원단의 성명을 읽게 되어 기쁩니다. 그러나 그 치명적인 [38]선의 제거, 그에 따른 북한과 남한의 통일은 민주주의가 공산주의에 승리하게 되는 국제정세의 전면적 변화가 있지 않고서는 기대할 수 없습니다.

(125쪽에서 126쪽으로 넘어감)

2. 남한의 안보를 위한 적절한 조치 없이, 현시점에서 양국 점령군을 동시에 철수한다는 것은 당찮은 말입니다. 맨주먹만 가진 남한은 북한의 군대에 집어삼켜지고, 24시간 내에 남한의 지도는 빨간색으로 바뀌게 될 것이 확실합니다. 한국인들이 러시아식 정치 사회 생활 체제를 원하지 않는 한, 위와 같은 위험한 상황에 처하게 할 수 없습니다. 한국은 일본 제국주의에서 해방되었으나, 처참한 인간 노예가 될 것입니다.

3. 남한은 영토와 인구에서 과반수의 권리가 있습니다. 북한이 우리의 통제에서 벗어났다는 단순한 사실 때문에 남한마저도 정치적 혼란과 경제적 무질서에 빠질 수는 없습니다. 진정한 하나됨을 달성하기 위하여서는, 그리고 세계의 민주주의를 방어하는 데 일조하기 위하여서는, 한국정부를 수립함으로써 우리의 국력이 강화되어야 합니다. 그러한 정부만이 한국을 알차게 구성하고, 경제적으로 갱생하고, 군사적으로 준비되게 만들 것입니다.[251]

일부 외국인 및 한국인 친구들은 남한의 상황이 자유롭고 제한되지 않은 선거를 치를 수 있을 상황인가에 관해 의문을 품고 있습니다. 그에 대한 우리의 답변은 긍정적입니다. 좌파들이 파업, 폭동 그 외 파괴적인 활동을 하지 않는 한, 자신의 현명하고 총명한 투표권을 행사할 수 있는 자유로운 분위기가 모든 남한 시민들에게 제공될 것입니

---

251 영문의 맥락은 남한만의 단독정부를 말하는 듯하므로 그런 의미로 번역하였다.

다. 그 이유는 다음과 같습니다:

1. 오랜 문화의 역사를 가진 한국인들은 전체적으로 다른 사람의 권리를 존중하는 도덕적 자제력을 가지고 있습니다.

2. 해방 이후 성인교육 프로그램을 수행하여 문맹률이 크게 낮아졌습니다. 현재 문맹률은 전 인구의 약 30퍼센트로 해방 이전의 70퍼센트와 비교됩니다.

3. 중앙 및 지방 정부의 행정 기구가 잘 설치되어 있고, 효율적이고 훌륭한 시민정신을 가진 사람들로 채워져 있습니다.

4. 사법부는 아직 선진국에서 확립된 수준에 도달하지 못했을 수도 있습니다. 그러나 사법부의 독립과 청렴성은 재판에 회부되는 모든 사건들을 공평하게 다룰 것이라 신뢰할 수 있습니다.

5. 남한의 평화와 질서를 유지는 데 있어서 남한 국립경찰은 신뢰할 수 있습니다. 경찰은 이를 증명해 왔습니다. 좌익 인사들과 겉만 보는 외국인 관찰자들은 남한이 경찰국가가 되었다는 거짓 선전을 전파했습니다. 국립경찰이 강력하고 경직된 중앙집권적인 경찰임은 사실이며, 이는 다른 나라의 경찰 제도와 비교하여 약간 비정상적입니다. 이러한 외견상의 기형성은 남한만의 필요성으로 설명되어야 합니다. 첫째로 남한은 충분한 방어력을 구축하지 못하였습니다. (126쪽에서 127쪽으로 넘어감) 둘째로 국립경찰은 지난 2년 반 동안 공산주의자들의 파괴 활동과 맞서 싸워야 했습니다. 좌익 인사들이 야기한 문제들의 범위와 규모가 어느 정도이고 피해가 어느 정도였습니까? 폭동 154건; 테러 행위 350건; 노동 파업 229건; 공공 기관 방화 17건; 실패한 탈옥 3건. 82명의 경찰관이 사망하고, 119명의 민간인이 살해되었습니다.

국립경찰에 대한 비판이 일부 있다는 사실을 우리는 알고 있는데, 이는 잘못된 정보에 의거한 것입니다. 그러나 국립경찰은 스스로를 개선할 수 있을 만큼 강하다는 점을 기억해야 합니다. 민주경찰로서의 방식과 절차를 확립하기 위하여 야심찬 교육과정이 실시되고 있습니다. 현 체제하에서 자유롭고 제한되지 않은 선거가 실시될 수 있도록 그 직무를 충실하고 성실히 수행하겠다고, 국립경찰은 우리에게 장담하였습니다.

이상은 한국의 정치적, 사회적 상황을 비평 분석함으로써 우리가 도달한 최상의 결론입니다. 여러분들은 정치적, 사회적 단체의 많은 지도자들이 한 이야기를 경청하였으며, 더 많은 이야기를 들을 것입니다. 사상, 세력과 지도력이 다른 여러 종류의 정치적, 사회적 단체들이 남한에 있다는 것을 기억하기 바랍니다. 위원단이 이들의 역사와 관계를 정확히 분석하고 전체적으로 이해하지 않으면, 무작위로 경청한다고 해서 한국에 대하여 진정으로 이해할 수 없을 것입니다. 국가의 복지만을 생각하는 일반 사람들의 의견을 듣는 것이 더욱 안전할지도 모릅니다.

(서명됨)[252]

---

252 『選集』8, 127쪽 문서 최하단에는 "(signed)"로 끝나는데, 이 밑에 안재홍의 자필로 보이는 "以下各部處長連名싸인了"라는 가로글씨가 쓰여 있다. 이로 보아 이 문건에 민정장관 안재홍을 비롯하여 남조선과도정부의 각 부처장들이 연명 사인한 뒤 UN한국임시위원단에 제출하였다.

「可能地域의總選擧　時急한施行方策을決定-UN朝鮮委員團에政務會서 멧세-지」[253]

過渡政府政務會에서는 지난 六日上午十時에 特別會議를開催하고 U·N朝鮮臨時委員團에게보내는 다음과가튼內容의 멧세-지를 決議하엿 다. 同『멧세-지』에는 諸般事情에鑑하여 南朝鮮總選擧를 急速히實施하 여야된다고 陳述되여잇다.

지나간二年有半 南朝鮮行政에參劃하여온 사람들로서우리各部處長 들은 南朝鮮에現存하는 政治的 社會的 諸情勢를잘알고 올케評價할수 잇는 立場에잇으니이제 우리는 國際聯合臨時朝鮮委員會가 그總會로 붓터賦課된 使命을 完遂하는데 一助가될가하는生覺으로 朝鮮國民이 當面하고잇는 몃몃政治問題에對해서 若干 우리의見解를披瀝하야 諸 位의勘考를바라는바입니다

우리朝鮮國民은 焦燥한希望을가지고 U·N委員團의到着을기다렷스 며 只今은全國民의視聽은貴委員團에集中되여잇습니다 素朴하고愛國 的인우리國民大衆은 貴委員團의決定을 切實히苦待하고잇습니다 이것 은 맛당히論理的이오自然스러운일일것입니다 왜그런고하니 우리나라 는解放이되엇다고는하지만 悲劇的인 三八度線으로말미암아 政治的으 로나經濟的으로나 兩分이되어잇스며 쏘우리는 政治的半身不隨와 經 濟的破綻을 격그면서도 滿二年동안이나 꾸준히 努力하고 苦待하여왓 건만 모든것은 다虛ㅅ되히되고 만것입니다 그리고莫府[254]決定에 依하

---

253 『서울신문』(1948. 2. 8)을 底本으로 삼아 옮겼다. 「兩地帶中可能한곳부터 卽 時選擧를要望-國聯朝委에보내는 政務會議의멧세지」(上)·「左翼陰謀만없으 면 自由選擧는可能-國聯朝委에보내는 政務會議의멧세지」(下), 『東亞日報』 (1948. 2. 8·10) ; 「UN委員團에보내는 過政政務會멧세-지」①·②), 『京鄉新聞』 (1948. 2. 8·10)에도 全文이 실려 있다. 「南朝鮮選擧實施-政務會議朝委에要 請」, 『朝鮮日報』(1948. 2. 8, 1면 6단 우측)에는 要旨만 보도되었다.

야 設置된美蘇共同委員會도 畢竟은 우리의 所望을 水泡에 돌리고말 엇든것입니다 그러나國際聯合總會가 朝鮮에 對한正義를認識하야 朝 鮮의國家獨立을 達成할方途와 方法을 講究한 歷史的措置를 取하얏슬 적에 우리民族의 希望은 蘇生되엇습니다

이제이쌍에서 貴委員團은朝鮮國家의 政府樹立을 招來할 總選擧를 監視하기로 되엇습니다 그러나 비록南朝鮮에서는 그任務를 遂行하는 데 全的으로 自由스럽다할지라도 北朝鮮에入境할것이 許容되지안는 다는 事實에잇서서 貴委員團은 그使命을遂行하는中 어찌할수업는 障 礙에當面하실것입니다蘇聯은 國聯總會에서 한바와가치 如前히固執스 럽게U·N決定을排斥하고잇습니다 그리고 北朝鮮에잇는 少數者 獨裁 者인 人民委員會는 北朝鮮에關한 그리고 事實上으로는 全朝鮮에關한 同國의 그 미리決定한政策을 忠實히짜르고支持하고잇습니다 우리는 밋건대 北朝鮮의 壓倒的多大數인 愛國的市民은 U·N委員團을衷心으 로 歡迎하엿슬것이나 그곳에서는 意思表示의自由가絕對的으로制限되 어잇는까닭에 그들은 그쯧을 發表할수가 업섯든것입니다

貴委員團에서는 南朝鮮만이라도 總選擧를施行할것이 賢明한方策이 며 쏘한 可能한일인가 아닌가하는問題에疑訝할 其業務段階에 이미이 르럿다고 우리는밋습니다 諸位께서는 南朝鮮만의總選擧를 反對하고 나아가 兩占領軍同時撤退後에 南北을通한 總選擧를 主張하는 一部少 數人의 意見으로말미암아 疑惑을增大케할는지도모르겟습니다 그러나 우리는 굿게率直이밋건대 兩占領地帶中 이러한 選擧를施行할수 잇는 곳에서는 卽時總選擧를 施行하지안흐면안되겟습니다 委員團諸位께 우리의쯧하는바를分明히 하기爲하야서는 以下와가튼 理由를仔細히 說明드리지안흐면 안되겟습니다

---

254 '모스크바'의 음역어. 막부결정은 「모스크바 삼상회의 결정」을 가리킨다.

一. 우리는 統一을 願합니다 그리고 卽時統一되기를願합니다 그러나 所願과 現實과는 別個物것입니다 우리委員國은 三八度線을承認하지안는다고하신 貴委員團의聲明은 大端히 기쁜말슴입니다 그러나 그 致命的인 三八度線의 撤廢라든가 南北朝鮮의 統一이라는것은 現國際情勢에 어쩌한 一新的인變動이 이러나서 共産主義에對한 民主主義의 勝利를 齎來하지안는限 期待할수업는일입니다

二, 現時期에잇서서 南朝鮮의 防衛에對한 어쩌한適正한 方途도取하지안코 兩占領軍이 同時 撤退한다는것은 全然論할問題도안됩니다(萬一只今兩軍이 撤退한다면) 아무武備도업는 南朝鮮은 北朝鮮의武裝軍에 依하여 完全히 壓倒될 것이며 南朝鮮의地圖는 二十四時間內에 밝아케 變動해버리고 말것입니다 朝鮮國民이 蘇聯式의政治生活 社會生活을 願치안코잇는限 그들은그와가튼 危險한 情勢에 當面할수는 업는것입니다(萬一 그러할진대) 朝鮮은 日本帝國主義로부터 解放되엿스면서 이제쏘다시 奴隷狀態의地獄으로 쮜어들어가고말것입니다

三. 南朝鮮은 面積에잇서서나 人口에잇서서나 優越한權利를가지고 잇습니다 北朝鮮이 우리의 管轄박게잇다고해서 南朝鮮까지가 政治的 混亂과 經濟的無秩序에 放置될수는업습니다 眞正한統一을 達成하고 世界民主主義를 守護하는데 우리의分을 寄與하랴면 우리는 朝鮮民族의 政府를 樹立함으로서 우리國家의힘을 强하게하지안흐면안되겟습니다 오직이러한政府만이 우리나라를 充實하게 編制하고 經濟的으로 復舊하고 軍事的으로도 防備잇게할것입니다

國內外의 親舊들中에는 南朝鮮의 現情勢가 自由스럽고 拘束업는 選擧를할수잇는것일가하는 問題에對해서 疑心을품은 사람들이잇스나 이問題에對해서 우리는勿論 할수잇다고 對答하겟습니다 左翼分子들이 罷業暴動 其他의 破壞活動을 陰謀하지만안는다면 南朝鮮의 모든 市民은 가장賢明하고 分別잇는投票를 할수잇는 自由스러운 雰圍氣를

가지게될것입니다 그理由를 몃가지들면 다음과갓습니다.

(一) 우리朝鮮民族은 오랜文化의 歷史를 가젓슴으로 他人의 權利를 尊重하는 道德的自制心을가지고잇습니다

(二) 解放後 成人敎育을通하야 文盲은顯著하게 減少되엇습니다 解放以前의 文盲數는 全人口의 約七十퍼센트엿는데 이것이 現在에는約 三十퍼센트로 되어잇습니다

(三) 中央廳 地方廳의行政機構는 滿足하게 構成되엿고 그成員도有能하고 善良한 市民으로서 配置되어잇습니다

(四) 우리의司法部門은 先進諸國에 比하야 遜色이업는 政府의 一部分입니다 司法의 獨立과 그司法官들의 高潔함은 法廷에提出되는 모든事件을 公平히 取扱할것입니다

(五) 南朝鮮國立警察은 南朝鮮의 治安과秩序의維持를 保障할수잇슬 것입니다 이것은 그業績이말하는바입니다 共産主義者外 一部皮相的인 外國觀測者들은 南朝鮮이 警察國이되엿다고 虛僞의宣傳을 傳播하 얏습니다 勿論우리의 國立警察이强力하고 堅固하고 集中된警察로서 世界列國의警察에比하야 若干異常的인것은 事實입니다 그러나이表面 的인特異性은 南朝鮮의 緊迫한困境으로 說明될것입니다 卽첫째로 南 朝鮮은아직 充分한 防衛軍을 建設하지못하고잇스며 둘째로 우리國立 警察은지나간 二年半동안 共産主義者의 破壞活動과 싸우지안흐면 안 되엿든것입니다 그러면 左翼分子로말미암아 惹起된紛擾의範圍와 規 模는 어쩌한것이며 그被害는 얼마나한것이엿겟습니까? 暴動이一五四 件 테로行動이 三五〇件政治的煽動에依한 罷業이二二九件公共建物放 火가 一七件 脫獄이三件 警察官被害가 八十二名 一般市民의殺害가一 九九名입니다(左翼暴力에依함)

우리는誤傳된報道를 基礎로하야 警察에對한 어쩌한 非難이 이러낫 든것을 잘알고있습니다 그러나우리國立警察은 언제나 쑤준히 그自體

를 改良하는데 努力하고잇다는것을 留意하지안흐면 안되겟습니다 只
今 警察에서는 民主主義的警察의 方法과 節次를 確立하기爲하야 어
느 偉大한 訓練計劃이 進行되여가고잇습니다 우리는 國立警察이 自
由스럽고 拘束업는 總選擧가 施行되도록 現在의 機構로서 그任務를
充實하고 誠實하게 遂行할것을 確信하고잇는바입니다 以上은 우리가
朝鮮의政治的社會的諸情勢를 批判的으로 分析함으로서 到達하게된우
리의 結論입니다 諸位께서는 아직까지 만흔 政黨社會團體의指導者의
이야기를 들(□)드르섯스며[255] 압흐로도 더욱만흔사람들의 이야기를
듯게되실것입니다 그러나 南朝鮮에는 理念과人員數와 指導性이잇른
(□)[256] 各色各種의 政黨, 社會團體가 잇다는것을 諸位께서는 銘心하
야 주시기 바랍니다. 貴委員團으로서는 그들의 來歷과關係에 對하야
充分한 理解와 바른 評價업시 손닷는대로 이사람 저사람의 意見을 들
음으로서는 朝鮮의 참된模樣을 그려낼수는 업슬것입니다 차라리 國
民의福利以外의 아모것도 生覺하지안는 一般 大衆의 意見을 들어보
는것이 훨신더 安全하실것입니다

---

255 밑줄 부분은 다른 신문과 표현이 다르다. 『東亞日報』에는 "이야기를 들엇섯
   스며 앞으로도", 『京鄉新聞』은 "이야기를 들으셨으며 앞으로도"로 되어 있
   다.
256 밑줄 부분은 다른 신문과 표현이 다르다. 『東亞日報』에는 "指導性이다른",
   『京鄉新聞』은 "指導性이달은"로 되어 있다.

영국 총영사 D. W. Kermode가 안재홍에게 보낸 영문
서한(1948. 2. 7)[257]

(128쪽)

영국 총영사관
서울

1948년 2월 7일

친애하는 안재홍 씨,

오늘 저녁 창덕궁에서 열리는 만찬에 저희 부부를 초대하여 주심에
감사드리며, 저희도 도쿄(東京)에서 온 손님을 위해 파티를 열고 있기
때문에 대단히 유감스럽게도 참석할 수 없음을 전하기 위하여 서신을
보냅니다.

초대장을 방금 받았기 때문에 (129쪽으로 넘어감) 저희가 참석하지 못
함을 미리 전할 수 없었습니다. 이 서신이 늦게 전달될 경우를 대비하
여, 당신께 사정을 설명하고 저희가 애석해함을 전해달라고 패터슨
씨에게 부탁하였습니다. 당신의 매우 친절한 초대에 응할 수 없어 저
희는 진정 유감입니다.

D. W. 커모드[258]

---

257 『選集』 8, 128~129쪽에 실려 있는 영문 필사 서한을 번역하였다. ≪문서 43≫
의 (역주)를 참조.

258 *"Yours sincerely,"* 밑에 *"D. W. Kermode."*라는 자필 서명이 있다.

UN한국임시위원단 환영 만찬 연설문 영역문(1948. 2. 7) 및 영역문 초고 2부[259]

【완성본】[260]

(130쪽)

UN한국임시위원단 메논 위원장과 위원 여러분, 브라운 장군, 그리고 내외빈 여러분

추운 날씨와 바쁜 업무에도 불구하고, 오늘 만찬에 많은 귀빈들이

---

259 『選集』8, 130~136쪽에 실려 있는 영문 table speech의 타이핑 사본 3개를 번역하였다. 영문 원문에는 없는 표현이지만, 이 사본들을 각각 완성본(130 ~132쪽), 초고1(133~134쪽), 초고2(135~136쪽)로 표현한다. 완성본의 상단(130쪽)에는 안재홍의 자필로 "1948年 2月7日(土)昌德宮仁政殿에서 / UN委員團歡迎ㄴ 테불스피치ㄱ 全譯也"라고 쓰여 있다. UN총회의 결의에 따라 구성된 UN한국임시위원단은 오스트레일리아, 캐나다, 중국, 엘살바도르, 프랑스, 인도, 필리핀, 시리아, 우크라이나 사회주의공화국 대표들로 구성되었다. 1948년 1월 12일, 서울에서 개최된 제1차 UN한국임시위원단 회의에 참석한 각국 대표들은 잭슨(Samuel. H. Jackson, 호주), 패터슨(George. S. Patternson, 캐나다), 리우위안(Liu Yu-Wan, 劉馭萬, 중국), 봉꾸르(Jean-Louis Paul-Boncour, 프랑스), 메논(K. P. S. Menon, 인도), 아란즈(Melecio Arranz, 필리핀), 자비(Zeki Djabi, 시리아) 등이었다. 우크라이나 소비에트사회주의공화국 대표는 참석하지 않았으며, 엘살바도르 대표단(발레 ; Miguel Angel Pena Valle)은 1948년 1월 29일에 도착하였다. 이후 중국은 슈투(T. Ssutu ; 제1 교체대표)·왕궁싱(Gung-Hsing Wang ; 제2 교체대표), 엘살바도르는 린도(Hugo Lindo), 프랑스는 마네(Olivier Manet), 인도는 나이르(K. G. Nair), 필리핀은 루나(Rufino Luna), 시리아는 무기르(Yasin Mughir)로 대표가 교체되었다. 경희대학교 한국현대사연구원 편저, 『한국문제 관련 유엔문서 자료집(上)』(경인문화사, 2017. 2)의 「제1부 유엔한국임시위원단 보고서(1948)」, 40~42, 125쪽[英文 原文은 위의 책, 78~79쪽, 149쪽(영문 원문의 쪽번호는 6~7쪽, 5쪽].

260 역자가 편의상 붙인 용어이다.

와 주셔서 매우 감사하고 대단히 영광스럽습니다.

오늘날 전 세계 국가들은 서로 밀접하게 연결되어 있어서 한 나라의 불안정이 국제평화에 상당한 영향을 끼칩니다. 이러한 사실이야말로 UN총회에서 도달한 결정에 따라 UN한국임시위원단을 한국으로 오게 한 것이라고 본인은 믿으며, 국제적 도덕성을 강조한 40개국이 넘는 국가가 한국의 독립을 돕기로 UN총회에서 합의하였습니다.

한국은 태평양의 서쪽 해안에 4천 년 전에 세워졌습니다. 그 이후 한국의 주변 민족들에 의해 수차례 침략을 당해왔습니다. 그러나 침략을 당할 때마다 주변국들의 평화를 위한 방파제로서, 또한 한국 자신의 자유를 위해 필사적으로 싸워왔습니다. 지난 40년 동안 한국은 불행히도 일본의 노예가 되었고, 동양의 평화가 부서졌으며, 그리하여 세계의 평화도 교란되었습니다. 따라서 한국의 독립은 한국인들의 지고한 염원일 뿐만 아니라 한국의 우방들에게도 중대한 관심사입니다.

미소공동위원회가 실패한 후 한국독립을 지원하는 크나큰 임무를 떠맡게 된 UN한국임시위원단은 반드시 좋은 결과를 낳아야 합니다.

메논 위원장님, 당신이 1월 12일에 발표한 성명을 정확히 기억합니다. 아마도 역사시대 이전 수천 년 전부터 한국과 인도는 중앙아시아 대륙을 통하여 문화를 교류해 왔음이 분명합니다. 이 두 나라의 관계는 위와 같이 가깝습니다. 일주일 전에 돌아가신 故 聖마하트마 간디로 대표되는 자유와 평화의 정신에 입각하여 한국의 독립을 열정적으로 지지하고 있는 인도에 깊은 경의를 표합니다.

호주는 사회적 평등을 자랑하며, 태평양전쟁 당시 대단한 과업을 완수했습니다. 여기서 의도적으로 강조하는 바, 동양의 평화가 호주에 얼마나 중요한지 모릅니다.[261] 당신들의 극진한 친절에 잭슨 박사 외 호주의 여러분들에게 감사드립니다.

캐나다는 나치 독일의 공세를 분쇄하는 데 헌신하였고, 태평양전쟁에 크게 공헌하였습니다. 태평양의 평화를 확보한다는 관점에서 한국의 독립을 위한 캐나다의 열정을 믿습니다. 여러분의 우정에 패터슨 부부와 캐나다의 여러 대표들에게 감사드립니다.

한국과 중국은 천년이 넘게 공동의 국제 전선을 제시하여 왔습니다. 우리는 함께 일어설 것이며 함께 무너질 것입니다. (130쪽에서 131쪽으로 넘어감) 중국은 한국의 독립을 단순한 외국의 문제로 간주하지 않으리라 전적으로 확신합니다. 여러분들의 한국독립을 향한 열성에 대해 리우 박사, 후 박사[262] 그리고 다른 분들께 감사드립니다.

---

261 영문은 "It is no use for the country that I here intentionally emphasize how much the peace of the orient concerns with the country."인데, "it is no use for the country"가 무슨 뜻으로 쓴 말인지 확실하지 않다. 앞 문장과 연결된 듯도 하다.

262 영문은 "Dr. Hoo"인데 胡世澤(Hoo Chi-Tsai)을 가리키는 듯하다. 胡世澤은 빅터 후(Victor Hoo)라고도 불리며, 신탁통치(Department of Trusteeship)와 비자치지역(Non-Self-Governing Territories) 정보 부서의 책임을 맡고 있는 UN사무차장보(UN Assistant Secretary General)로, UN한국임시위원단의 사무국장(Head Secretariat UN Commission on Korea)에 임명되었다. 胡世澤은 1948년 1월 8일 來韓하였는데, 당시 신문에는 國聯朝鮮委員團(유엔朝鮮委員團)의 事務總長·事務局長으로 표현되었다. 「歡迎·獨立朝鮮誕生의前夜-委員團一行의 面面」, 『京鄉新聞』(1948. 1. 7) ; 「政府樹立에盡瘁-UN朝鮮委員團胡博士等第一聲」, 『京鄉新聞』(1948. 1. 8) ; 「國聯委員團의到着一日遲延」·「朝鮮獨立을早速實現-胡事務總長·시國代表出發談」, 『朝鮮日報』(1948. 1. 8) ; 「유엔團最初業務-朝鮮人과의會合-東京서胡博士談」, 『東亞日報』(1948. 1. 9).

엘살바도르 공화국은 평화와 자유를 사랑하는 것으로 유명하며, 한국인들의 마음을 잘 알고 있습니다. 발레 박사와 린도 박사는 한국이 독립을 획득함에 일조하기 위하여 멀리 태평양을 건너왔습니다. 그들이 한국문제에 대하여 아주 신중하게 일하고 있다는 점에 마음이 놓입니다. 김포공항에서 그들을 맞이할 때 마치 오랫동안 친했던 사람처럼 그들과 악수했습니다.

필리핀 군도는 태평양전쟁 때 대단한 희생을 치렀고, 동양의 평화가 인류 평화와 얼마나 연관되었는지 가장 잘 아는 나라라고 믿습니다. 필리핀은 스페인 침략 이후 투쟁해 온 그 정신에 입각하여 일본과 40년을 싸워 온 한국의 문제를 이해한다고 믿습니다. 현재 필리핀에 머물고 있는 아랑게 씨[263]가 그립습니다. 룽 박사[264]와 직원들의 친절한 노력에 감사드립니다.

수천 년 전에 시리아는 한국인과 같은 인종으로 구성되었고, 당시 시리아 사람들은 한국과 유사한 언어를 사용했다고 추측합니다.

한국이 독립을 얻을 수 있도록 다마스커스에서 만 오천 마일을 날아 온 자비 박사와 그의 동료들에게 무한한 감사를 드립니다. 또한 한국의 현실을 파악하려는 그들의 노력에 경의를 표합니다.

프랑스는 18세기 혁명 이후 한국의 우방국이었습니다. 1차 및 2차 세계대전에서 탁월하게 보여준 그들의 국가적 용기를 높이 평가합니다. 특히나 봉꾸르 씨는 한국에 대한 자국의 특별우호정책을 준수하

---

263 영문은 "Mr. Arrange"인데 아란즈(Melecio Arranz)를 가리키는 듯하다.
264 영문은 "Dr Lung"인데 루나(Rufino Luna)를 가리키는 듯하다.

여 우리 망명정부가 重慶에 있을 때부터 한국에 우호적이었습니다. 그는 분규에 휩싸인 발칸반도 출신입니다. 봉꾸르 씨와 직원 여러분의 지금까지의 노력과 그리고 앞으로도 매우 기대되는 노력에 감사드립니다.

차제에 대영제국의 커모드 총영사 부부와 프랑스공화국의 코스틸레 총영사 부부가 오늘 만찬에 참석하신 것에 감사드립니다.

한 국가의 역사적이고 중요한 과도기적 상황은 쉽게 해결되지 않는 것 같습니다. 우리는 일본의 속박에서 해방된 지 벌써 세 번째의 새해를 맞았습니다. 그러나 우리가 염원하는 통일된 독립정부는 아직 수립되지 않았습니다. 우리의 기대와는 달리, 국제적 공조는 더욱 나빠지고 있습니다. 극심한 혼란이 더욱 악화되고 서역의 발칸반도, 근동과 중앙아시아로 확산되고 있습니다. 따라서 뜻하지 않은 평화적 협력이 동양에서 이루어져 북한과 남한의 통일, 그리고 민주정부의 수립을 가져올 것이라고는 거의 기대할 수 없습니다. 위와 같은 상황에서, 정치적 상황을 조정할 우리의 책임이 물론 크다 하겠습니다. 그러나 UN총회 측의 노력이 현재만큼이나 미래에도 더욱 많을 것입니다.

(131쪽에서 132쪽으로 넘어감)

북한과 남한의 동시 선거와 통일된 정부의 수립을 위해 마지막 순간까지 희망하고 희망할 것입니다. 많은 소란이 일어날 것이라고 가정하는 것은 아주 당연합니다. 어떠한 소란이 일어날지라도, 또는 아주 혼란스런 소란이 발생할지라도, UN한국임시위원단의 여러 위원들과 연합군은 우리의 완전한 독립과 완전히 통일된 민주국가를 수립하기 위하여 지속적으로 최선을 다하리라 믿고 또 기대합니다.

인류는 아주 많은 것들을 경험했습니다. 많은 민족들의 값진 경험 덕분에, 우리는 공산주의를 액면 그대로 채택하지 않고 공산주의에 내포된 경제적 민주주의라는 강점을 채택한 나라를 수립할 수 있습니다.[265] 우리의 오랜 역사와 우리 사회의 객관적 현실에서 볼 때, 모든 사람들의 공영이라는 이상에 입각하여 민주국가의 약점을 포함하지 않는 진정한 민주사회를 수립할 수 있습니다.

물론 위와 같은 사실은 우리의 협력과 노력에 달려 있습니다. 그러나, 우리는 이러한 중요한 과제가 완료되기를 여러분과 연합국에게 매우 기대하고 있습니다.

메논 위원장과 여러 위원들의 건강과 성공을 위해 건배합니다. 다음으로 브라운 장군과 그의 동료들의 성공과 건강을 위해 축배를 듭니다.

안지홍[266]

---

[265] 영문은 "we can adopt for our country to be established the strong points of the economic democracy which communism can imply if we do not straightly adopt"인데, "만약~하지 않으면"이라 번역하면 어색하여 이렇게 번역하였다.

[266] 영문이 "AHN CHI HONG"으로 타이핑되어 있다.

【초고1】[267]

(133쪽)

발언[268]

UN한국위원단 메논 위원장, 대표단 위원 여러분, 브라운 장군, 그리고 귀빈 여러분, 이 연회에 초대하게 되어 영광입니다.

오늘날 국가 간의 상호 관계나 한 국가의 불행이 조만간 모든 나라의 국제적 문제가 되리라는 것을 잘 알고 있습니다. 따라서 UN총회는 국제적 정의에 입각한 40여 국가의 결정에 따라 한국이 통일과 독립을 달성하는 데 일조하기 위하여 한국에 대표단을 보냈습니다.

한국은 4천 년이 넘는 역사상 수차례 외국에 의한 침략을 받아 왔습니다. 그러나 한국은 항상 한국의 자유를 위하여 싸워 왔고, 극동 평화의 중추로 자리 잡고 있습니다. 일본제국주의가 강제로 한국을 점령한 이래로 극동의 평화 및 세계평화가 파괴되었습니다. 실제로 오늘날 한국의 독립은 한국인들뿐만 아니라 주변국들을 위해서도 아주 중요합니다.

---

267 초고2(『選集』8, 135~136쪽)는 타자로 된 원본 즉 초고1(133~134쪽)의 carbon copy인 듯하다. 그러나 교정된 순서는 초고2가 먼저이다. 카피에 간략한 교정을 한 후에 이렇게 교정된 마크를 교정자가 원본에 복사해 기입하였고, 이를 제2의 교정자가 또다시 교정을 보았다. 따라서 초고1을 번역하였다. 최종 연설문 즉 완성본(『選集』8, 130~132쪽)은 내용이 초고보다 훨씬 많다.
268 영문은 REMARKS이다.

아시다시피 공동위원회는 실패하였고, 우리 한국인은 대표단 여러분들이 통일되고 독립된 한국을 수립하는 데 성공할 것이라고 굳게 믿습니다.

UN한국위원단 위원장 메논 박사, 1948년 1월 12일에 전국적으로 방송된 당신의 메시지를 아주 잘 기억합니다. 인도와 한국은 고대로부터 문화와 문명을 교환해 왔고, 우리는 여러 면에서 관계가 있다고 믿습니다.

우리는 모든 인류를 위한 자유와 평화의 상징인 간디의 암살에 매우 유감입니다. 간디의 정신에 따라 인도 사람들은 한국의 독립을 지지하고 도움을 줄 것을 확신합니다.

호주 대표이신 잭슨 박사, 당신은 태평양전쟁에서 너무 많은 희생을 한 국가 중 하나를 대표하고 있으며, 귀국은 또한 태평양 지역의 평화에 지대한 관심을 갖고 있습니다. 캐나다 대표단 여러분, 여러분의 나라는 2차 세계대전 중에 나치군을 섬멸하는 데 지대한 공헌을 하였고, 한국의 독립에 크게 공감하고 있습니다. 중국의 대표단에 대하여 말하자면, 중국과 한국은 내외 문제에 관해 항상 공통의 목적을 가지고 있기 때문에 형제와 같은 느낌입니다. 중국은 한국의 문제들을 한국의 문제일 뿐만 아니라 중국의 문제라고 간주할 것을 믿습니다.

(134쪽)

엘살바도르의 대표 베에스 박사,[269] 한국의 자유에 대한 당신의 현

---

269 원문은 타이핑한 영문 "The delegate of El, Salvador," 다음에 手筆로 "Dr Velles"를 써 넣었는데, 발레(Miguel Angel Pena Valle)를 가리키는 듯하다.

명한 조언과 진지한 태도에 깊이 감사드립니다. 김포공항에서 당신을 만났을 때 저는 그저 옛 친구를 만난 것 같았습니다.

필리핀공화국의 대표 루나 박사, 귀국은 아주 최근에 완전한 독립을 획득하는 데 성공하였으며, 貴 국민들은 우리의 상황을 아주 잘 이해하고 우리나라를 돕는 데 최선을 다할 것이라고 확신합니다.

시리아의 대표단 여러분, 시리아의 문화, 언어, 그리고 인종은 한국과 유사하다고 생각합니다. 한국의 독립을 수립하는 데 참여해 주신 데 대해 깊은 감사를 표현하고 싶습니다.

프랑스에 관하여, 본인은 귀국의 18세기 혁명을 기억합니다.

봉꾸르 씨, 전쟁 기간 동안 重慶에 있던 대한민국임시정부에 성의와 친절을 보여주었다고 들었습니다.

영국과 프랑스의 총영사들에게도 오늘 이 연회에 와 주셔서 감사한 마음을 전하고 싶습니다.

여러분, 한 국가의 미래에 관한 결정은 다른 나라들과 아주 많은 연관이 있기 때문에 쉽지 않다고 보입니다.

세계 상황을 보면, 그것은 낙관적이기보다 비관적일 것입니다. 따라서 평화와 안보를 갖고 있고 국제평화를 유지할 책임을 갖고 있는 국가들은 정의에 입각해 즉시 적절한 행동을 취해야 합니다. 그 행동이란 한국에 통일독립국가를 수립하는 것입니다. 그렇게 함으로써 평화를 사랑하는 사람들에게, UN이 전 세계에 걸쳐 평화를 유지할 수 있음을 보여줄 수 있습니다.

여러분들의 책임은 한국에 통일된 독립을 이루는 것이지 분리된 정부를 수립하는 것이 절대 아닙니다.

우리 한국민들은 여러분들이 이와 같은 가장 명예로운 사명을 달성할 것이라는 큰 희망과 확신을 가지고 있습니다.

우리 한국인들은 여러분들의 국가에서 배울 것이 많습니다. 그리고 우리 한국인들로서는, 정치적, 경제적으로 민주적인 정부를 수립하고자 합니다.

이를 달성하기 위해서는 여러분들의 친절한 조력과 적극적인 협력이 필요하며, 마찬가지로 우리 한국인들도 세계평화를 수행하는 첫 상징으로 한국독립의 성공을 달성하기 위하여 여러분과 협조하는 데 우리의 마음과 충성을 다할 것입니다.

UN한국임시위원단이 안재홍에게 보낸 영문 공문(1948. 2. 10)[270]

UN한국임시위원단

덕수궁
서울, 1948년 2월 10일

UN한국임시위원단의 사무국은 귀하에게 경의를 표하며, 귀하가 초대되었던 제2분과위원회 회의의 逐語的 기록의 사본을 동봉합니다.
당신의 발언 기록 중에서 오류를 수정하고자 한다면, 수정안을 타이핑하여서 서울 덕수궁 UN한국임시위원단 제2분과위원회 사무국으로 48시간 이내에 제출해 주기 바랍니다.

---

270 『選集』 8, 137쪽의 영문을 번역하였다.

附 : UN한국임시위원단 제2분과위원회 제13차 회의록 (1948. 2. 2)[271]

(138쪽)

기밀

A/AC.19/SC.2/PV.13

1948년 2월 2일

원문: 영어

UN한국임시위원단

제2분과위원회

13차 회의의 逐語的 기록

서울 덕수궁

1948년 2월 2일 월요일, 오전 10시 30분

위원장: 잭슨(호주)

(139쪽)

위원장 : UN한국임시위원단 제2분과위원회의 13차 회의의 개회를 선언합니다.[272]

---

271 『選集』8, 138~150쪽의 총 12쪽에 달하는 영문 사본을 번역하였다. 1948년 2월 2일 안재홍이 UN한국임시위원단 제2분과위원회에 참석하여 면담한 회의록이다. 임시위원단이 UN에 제출한 최종 보고서에 포함된 안재홍의 면담 기록은 ≪문서 58≫·≪문서 58-1≫의 「解題」를 참조. 질문하는 제2분과위원회의 각국 대표는 ≪문서 57≫의 (역주)를 참조.

우리는 오늘 아침 남한의 민정장관인 안재홍 씨와 함께 하고 있습니다. 그의 부서에 대한 이해와 남한의 민정에 대한 일반적인 이해를 위해 안재홍 씨가 우리에게 도움을 주기 바랍니다. 안재홍 씨에게 요점을 적어 놓을 기회를 주지 못해서 미안합니다. 그랬다면 우리에게 더욱 명확한, 아마 수치를 동반한, 진술을 제공할 수도 있었을 것입니다. 그러나 우리는 시간이 없어 간담회 형식으로 그때그때 생각나는 대로 질문을 하면서 진행해야만 합니다.

<u>안재홍 씨가 착석하였다. 그의 답변과 발언은 한국어로 된 것을 통역하였다.</u>[273]

안재홍: 서면으로 준비하지 못하였지만, 제가 아는 대로 대답하고, 후에 여러분이 바란다면 원하는 모든 정보를 기꺼이 제공하겠습니다.

위원장: 누가 당신을 임명하였습니까?

안: 작년 초 제가 취임할 즈음에는 보통선거를 위한 법률이 준비되지 않았고 시스템도 없었습니다. 그래서 하지 장군이 과도입법의원에 본인의 임명을 먼저 추천하였고, 그러자 과도입법의원이 저를 민정장관에 임명하였습니다.

위원장: 그 당시 당신은 정당의 당원이었습니까? 어느 정당이었습니까?

안: 한국독립당이었습니다.

위원장: 민정장관직에 임명된 이후에도 정당의 당원입니까?

안: 후에 한국독립당과는 다른 민주독립당이라는 또 하나의 정당을 결성했을 때, 저에게 고위 공식 직책을 맡으라 몇 번 요청했지만 거절하였고, 현재는 일반 당원일 뿐입니다.

---

272 문서 상단에 1이라고 쪽번호를 매겼으며, 바로 아래에는 "A/AC.19/SC.2/PV.13"라는 문서 분류 표기가 있다.
273 원문에 있는 밑줄이다.

위원장: 그 당이 현재 당신의 정당입니까?

안 : 그렇습니다.

(140쪽)[274]

위원장: 당신은 누구에게 직속되어 있습니까? 군정청입니까 아니면 과도입법의원입니까?

안: 두 가지 관점으로 볼 수 있습니다. 한편으로는 군정장관에게 보고합니다. 그러나 다른 한편으로는 만약 과도입법의원이 저를 싫어한다면 당연히 해고됩니다.

위원장: 당신은 군정청의 어느 법령 또는 규정에 근거하여 임무를 수행합니까?

안: 현재, 한편으로 군사정부가 있는데 그 안에 과도정부가 있습니다. 민정장관 아래 여러 다른 부처의 부장, 국장, 과장 등이 있습니다. 수행할 모든 일들은 제가 부처장에게 메시지를 전달하고 그들이 이를 수행합니다. 그러나 이는 군정장관의 승인을 받아야 합니다.

위원장: 어떤 部와 處가 당신 아래에 있고 누구에게 지시를 합니까?

안: 민정장관 아래에 농무부, 재무부, 법무부, 문교부, 운수부와 체신부 등의 부가 있습니다. 아울러 경무부와 통위부[275]가 있습니다. 이 두 부서는 제 직할이 아니지만, 제가 그들에게 제안하고자 하는 바를 수행할 수 있도록 그들과 밀접하게 협력하고 있습니다.

모든 서류 작업과 정부의 업무는 부장들에 의해 수행되고, 메시지

---

274 상단에 "A/AC.19/SC.2/PV.13"라는 문서 분류 표기가 있고, 바로 아래에 2라고 쪽번호를 매겼다. 이후 10쪽까지 문서 분류 표기가 쪽번호의 상단에 위치하였다.

275 'Internal security department'는 직역하면 國內警備部이지만 統衛部로 통칭되었다. 종래의 國防部(Department of National Defence)가 개칭되었는데, 대한민국정부 수립 후 다시 국방부로 환원하였다. ≪문서 22≫의 「解題」를 참조.

또는 명령이 발송되기 전에 민정장관에게 제출됩니다. 저의 민정장관 직책은 독립정부 아래에서 모든 책임을 지니는 내각 총리의 지위와는 다릅니다.

위원장: 이러한 부처들의 행정이 각 도, 시와 읍 등에서는 어떻게 이루어져 있습니까? 시, 도, 소도시와 읍 등은 어떻게 조직되어 있습니까?

안: 현재 남한에는 특별시인 서울과 함께 아홉 개의 도가 있습니다. (140쪽에서 141쪽으로 넘어감) 서울시장 또는 도지사들은 민정장관을 거쳐 정무회의에 추천되어서 군정장관에게 보내지며, 그리하여 군정장관이 승인하고 최종 승인을 위하여 과도입법의원에 보냅니다. 도지사나 시장들이 수행하는 행정 통신과 행정 업무는 민정장관 휘하에 있습니다.

위원장: 그러면 당신 아래 지방에 도지사들이 있고, 도지사들 아래에 시장들이 있고 그렇군요. 이러한 상황에서, 서울은 '특별한 도시'로 간주됩니까? 지사가 있습니까 아니면 시장이 있습니까?

안: 서울의 수장은 시장이지만 직접 시민들에 의해 선출된 것은 아닙니다. 시장은 도지사와 같은 방식으로 임명됩니다.

위원장: 그는 시장과 도지사를 겸직합니까?

안: 서울시는 서양 국가에 있는 일반적인 시와 다릅니다. 서양 국가에서는 시장이 어느 정도 경찰을 지휘할 권한을 가지지만, 서울시장은 도지사와 거의 같은 권한을 가질 뿐입니다. 그러나 경찰력을 동일인의 지휘 아래 두게 되면 서울에 소란이 있을 것이라 여겨져서, 우리는 경무부를 따로 두었습니다. 동시에 도지사나 서울시장은 경찰을 지휘할 힘이 없습니다. 그러나, 업무를 완전히 수행하기 위하여 경무부와 도지사들이 긴밀히 협조하는 것이 좋다는 것을 우리는 최근에 인식하였습니다.

위원장: 조금 앞서가는데, 바로 제가 하려던 질문에 답을 하는군요. 그러면, 지방에서도 도지사를 선출하기 위한 선거, 즉 시민에 의한 선거는 없습니까?

안: 물론 우리가 처음부터 이런 상황이 이렇게 오래 지속될 것을 알았다면, 아마도 확실한 선거법을 만들었을 것입니다. 이러한 것들을 완료했어야 합니다. 그러나 우리는 미소공동위원회가 그런 일들을 해결하기를 기다려 왔고, 작년에도 기다렸습니다만, 공동위원회는 거의 실패하였습니다. 그리고는 또, UN한국위원단이 이 문제를 해결하기를 기다려 왔습니다. 그러나 우리는 이러한 선거법들의 초안을 작성하였고 일정을 잡아 놓았습니다.

위원장: 본 분과위원회는 어떤 점에서도 잘잘못을 따질 의도가 없습니다. (141쪽에서 142쪽으로 넘어감) 당신이 기다려 왔고, 또 이러한 일들을 추진하려는 계획을 가지고 있음을 잘 알고 있습니다. 우리는 단지 현재의 상황에 대해 알기 위해 질문하는 것뿐입니다. 도 단위에서는 현재의 상황이, 도지사들이 민정장관 아래에 있는 하나 또는 여러 부서들로부터 지시를 받는 것입니까?

안: 그렇습니다.

위원장: 부서들 스스로 어떤 특정 방향으로 필요한 바를 결정하면, 그들은 계획을 작성하여 민정장관에게 승인을 받기 위해 제출한다. 그러면 민정장관은 정무회의에 추천하고, 만약 동의하게 되면, 군정장관에게 승인을 위하여 보내진다. 그리고는 부서들이 도지사들에게 지시한다. 맞습니까?

안: 행정 업무에 관해 작성된 법령들에 의하여 각 도지사나 시장들에게 이미 일정한 책임이 배정되었으며, 이는 그들 자신의 권한으로 수행할 수 있습니다. 모든 일을 매번 민정장관이나 군정장관의 승인을 받지 않아도 됩니다. 그러나, 정책의 변화나 또는 재정적으로 중요

한 변화에 관한 사항들처럼 몇 가지 아주 중요한 문제들이 있습니다. 중요한 사항이거나 자신의 권한 밖의 사항은 민정장관에게 제출되고, 만약 민정장관이 원한다면 스스로 결정할 것입니다. 만약 민정장관이 군정장관의 동의를 얻고자 한다면, 그러면 군정장관에게 제출하여 최종 승인을 얻게 됩니다.

위원장: 경찰과 보안에 관하여, 보안은 뭐라고 부릅니까?[276]

안: 통위부에 관하여 말씀드리자면, 우리는 현재 독립적인 정부가 아니고 단지 공안과 질서를 유지하기 위하여 이 부서를 유지하고 있기 때문에, 우리는 이 부서를 통위부라고 부릅니다. 따라서 명칭으로 봐서는 여러 부처들 중 하나입니다.

위원장: 경무부는 민정장관을 완전한 수반으로 하는 민정장관의 직속입니까?[277]

안: 물론 모든 경찰들은 경무부장 직속입니다. 그러나 동시에 경무부장은 민정장관과 군정장관 두 사람 모두의 직속입니다.

위원장: 경무부장은 누구입니까?

(143쪽)

안: 조병옥 씨입니다. 그러나 그의 직접적인 권위에 관한 한 그는 군정장관의 직속입니다. 그에 관해 조금 상세하게 설명하고 싶은데, 우리가 국립경찰이라고 부르기는 하지만, 부장을 국립경찰의 수반으로 임명하였기 때문에 경무부도 여느 다른 부서와 마찬가지입니다. 그리고 그는 민정장관의 직속이며 또한 군정장관의 직속이기도 합니다.

---

276 원문은 "With regard to police and security, what do you call security?"이다. 문장 부호도 원문대로 직역하였다.

277 원문은 "The Police Department is responsible to the Civil Administrator who is the complete head of the Police Department?"인데, 여기서 complete head는 직제상 경무부가 민정장관 직속임을 말한다.

위원장: 그는 어떤 점에서 민정장관의 직속입니까?

안: 정부 기관으로서 그의 기능에 관해서 말하면, 일상적인 행정 면에서 그는 물론 민정장관의 직속입니다. 그러나, 현재, 그는 민정장관의 직접적인 지휘를 받지 않습니다.

위원장: 어떤 면에서도 전혀 아닙니까?

안: 몇 가지 측면에서는 그렇습니다.[278] 어떤 경우에는 민정장관이 일반적인 평화와 질서에 관한 제안을 하고, 경무부장에게 제안할 약간의 권위는 있을 것입니다. 그러나 인사와 같은 경무부 내의 권한은 민정장관이 엄격히 통제할 수 없으며 거의 군정장관과 주둔군에 의해 통제됩니다.[279]

위원장: 민정장관으로서, 당신이 확인하거나 또는 확인한 후 승인한 한국 전체에 영향을 미치는 지시와 법령들을 발부합니다. 그러면 이제 이러한 법령들이 실행되도록 경찰의 협력을 어떻게 받습니까?

안: 현재로는, 국민의 호의를 얻기 위해, 그리고 남한의 평화와 질서를 유지하기 위해, 민정장관은 경무부장에게 무엇을 할 것인지 제안하고 알려 줍니다. 동시에, 기술적인 측면에서, 민정장관이 말하는 모든 것에 복종해야 한다는 점을 경무부장은 잘 인식하지 못하고 있습니다. 이러한 것은 아직 잘 실행되지 않고 있습니다.

위원장: 당신이 경찰에게서 받은 협조가 만족스럽지 않을 경우 이 사건들을 누구에게 위탁할 수 있습니까?

(143쪽에서 144쪽으로 넘어감)

---

278 원문은 "In some respects."이다.
279 원문은 "However, the inside power of teh[the의 오타] Department of Police— the changing of personnel and things like that—is [not?] strictly controlled by the Civil Administrator, but is more of less controlled by the Military Governor and occupation forces."으로 not이 없는데 오타인 듯하다. 만약 not이 없으면 의미가 정반대가 된다.

안: 그런 경우에는, 먼저 제가 경무부장에게 전화를 하여 그에게 사안의 중요성 등에 관해 뜻을 내비치고 이야기하려고 할 것입니다. 동시에, 만약 경무부장이 내가 바라는 바를 실행하지 않는다면, 그때는 군정장관에게 내 생각을 제안하고, 만약 군정장관이 본인이 제안하거나 제청한 것을 승인하는 것이 좋다고 생각하면, 그때 군정장관이 경무부장에게 그것을 실행하라고 말할 것입니다.

위원장: 당신은 현재 경찰에게서 받는 협력의 정도에 대해 만족하지 않습니까?

안: 현재로는, 제가 제안하는 모든 것이 항상 완벽하게 실행되지는 않습니다만, 아마도 일부는 실행될 것입니다. 동시에, 경무부장 또한 실행하고 싶은 많은 소원과 욕구가 있지만 때때로 그에 대해 그 사람 스스로도 완전히 만족하지 못할 것입니다.

위원장: 아시겠지만, 우리는 어떤 것에 대해서도 비판하는 것이 아닙니다. 당신이 우리에게 제공하는 정보에 대해 매우 감사하고 있고, 이 정보는 다른 곳에 전달되지 않습니다. 우리는 비판을 시도하는 것이 아닙니다. 단지 정확한 상황을 알고자 할 뿐입니다.

안: 마찬가지로, 본인도 여러분들이 한국인들로 하여금 이 땅에 자신들을 위한 통일정부를 수립할 수 있게 도와주기 위해 여기에 있다고 생각합니다. 따라서 무엇이든, 그리고 있는 그대로 알려 주도록 노력하겠습니다.

위원장: 그 점에 대해 감사드립니다. 지방에서도 같은 상황입니까? 다시 말해서, 도지사도 경찰에게서 협조를 받는 것이 어렵습니까?

안: 일부 도지사들은 지방에서도 어느 정도 비슷한 상황이 존재한다고 때때로 제게 보고합니다. 그러나, 우리는 최근에 도지사들에게 보다 긴밀한 협조가 있어야 한다고, 그리고 긴밀한 협조뿐만 아니라 도의 경찰서장은 도지사와 협조해야 한다고 통보하였습니다.

한국이 불안하고 그다지 평화롭지 못했을 때의 경험으로 보아, 만약 경찰력을 각 도지사에게 주게 되면 지나친 힘과 권위로 인한 위험이 있으리라는 것을 알았습니다.[280] 따라서, 도지사들에게 너무 많은 권한을 주지 않았습니다. 그러나 지난 2년 동안에 도지사들이 직무를 수행할 수 있는 기반이 되는 어떤 권한을 가져야 하는 경우가 있음을 알게 되었습니다.

(145쪽)

위원장: 매우 넓은 지역이며, 또 당신이 말한 대로 '특별한' 도시인 서울에서는 경찰이 거의 독립적이라고 말할 수 있는 수장 아래에 있는 것으로 보입니다. 즉, 우리가 들어 온 진술 중 일부를 신뢰할 수 있다면 말입니다.

안: 만약 총선거를 실시한다면 그 선거에 의해 시장이 선출될 것이고, 그러면 그는 최소한 어느 정도 분리되거나 독자적인 경찰력을 가져야 합니다.

위원장: 그러한 경찰력이라는 것이 시장의 지시에 따라 움직이는 독자적인 경찰력인가요?

안: 그에 대해 말하는 이유는, 만약 서울시장이 시민에 의해 선출된다면 그것은 시장이 시민들의 신뢰를 가졌다는 것을 뜻합니다. 따라서 어느 정도의 경찰력을 시장에게 준다면 그가 모든 서울 사람들을 위하여 그 힘을 사용할 수 있을 것입니다.

위원장: 그것은 경무부장에게서 독립된 것이겠지요?

안: 경찰력을 서울시장 아래에, 그리고 경우에 따라서는 도지사들

---

280 원문은 "From our past experience while Korea was in unrest and not quite peaceful, we gave[have의 오타인 듯] found that if we leave this police power to each provincial governor then probably there will be some danger involved by over emphasizing or over-authorization."인데, emphasizing과 authorization의 용법과 의미가 모호하다.

아래에 두어야 한다고, 내가 제안하고 있는 이유는, 어떤 일이 道內나 서울 시내에서 발생할 때마다 시장이나 도지사가 그런 일들을 막기 위해, 또는 다른 유사한 이유로 이러한 경찰력을 동원할 어느 정도의 권한을 가져야 한다는 것입니다. 그러나 반면에, 예를 들어, 작년에 남한의 외딴 섬인 제주도에서 약간의 문제가 있었던 때처럼 국립경찰을 유지할 필요도 있습니다. 국립경찰이 아니었다면 이러한 사건들을 종료시킬 수 없었을 터인데, 도지사가 즉시 국립경찰에 통지하였고 일부 경찰관들이 비행기로 파견되어 사건을 종료시켰습니다. 그 경우에는, 자유로이 말할 수 있다면, 그것은 좌익 운동에 의해 일어난 사건이었습니다.

위원장: 현재, 서울경찰은 독립적인 위치에 있어서 경무부장의 완전한 통제 아래에 있지도 않고 또한 서울시장과도 관계가 없습니까?

(146쪽)

안: 현재, 서울경찰은 국립경찰에게서 어느 정도 독립적이며, 동시에 시장에게서도 독립적이다. 그런 뜻인가요?

위원장: 그렇습니다.

안: 정말이지 아주 잘 알고 있다고 말해야겠습니다. 현재 서울은 넓은 지역에 많은 사람이 살고 있습니다. 따라서 매일 많은 일들이 일어나고 있어서, 서울경찰들은 자신의 권위 내에서 그들 자신의 공권력을 행사하고 있습니다.

위원장: 당신은 경찰을 서울시장 아래에 두자고 일정한 정도 자신있게 제안하고 있습니다. 같은 이유로, 경찰력을 각 도지사 아래에 두는 것을 제안합니까, 아니면 독립된 경찰을 제안합니까?

안: 큰 일이 발생할 때마다 각 도 간의 협조와 상호 관계를 확실하게 하는 등 국립경찰이 있어야 할 필요성이 어느 정도 있기는 하지만, 그러나 지방 상황도 각종 사건이 발생하는 서울시나 다른 큰 도시와

마찬가지입니다. 저는 도지사들도 역시 도민들의 호의 아래 경찰을 통제할 특정 권한을 가지고 있어야 한다고 생각합니다.

위원장: 행정에 관한 당신의 관점에서 볼 때, 국립경찰이 있는 것이 적절하고, 또한 국립경찰의 일부는 당신이 전에 언급한 남부 지방의 일과 같은 만일의 사태를 담당해야 한다고 당신은 생각합니다. 그러나 서울시에 대규모의 별도의 파견대, 그리고 도지사가 지휘하는 여러 파견대들이 있어야 한다고 생각합니까? 일반적인 행정의 관점에서 볼 때, 그것이 좋은 계획이라고 생각합니까?

안: 그러한 계획에 완전히 동감할 뿐만 아니라, 저는 민정장관이 된 이후 그 문제를 계속 공부해 왔으며 그러한 체계에 진심으로 동의합니다. (146쪽에서 147쪽으로 넘어감) 공식적인 것은 아니지만, 각 도지사가 도에서 경찰력을 활용할 특정 권한을 가져야 하고, 또 동시에 도 경찰서장들에게 도지사와 아주 긴밀하게 협조하라는 지침을 보낼 계획을 이미 하고 있습니다.

위원장: 안재홍 씨께 감사드립니다. 이제 저는 더 물어볼 것이 없습니다만, 분과위원회 위원들이 몇 가지 질문을 하고 싶어하리라 생각합니다.

마네: (프랑스)(불어를 통역함) 이 분과위원회의 주된 목적이 자유선거 실시가 가능한 상황인가에 대해 한국임시위원단에게 명확히 제시하기 위한 정보를 수집하는 것인 바, 안재홍 씨의 경험상 그러한 문제의 특정한 측면에 대해 잘 알고 있으므로, 그 분야에 관한 몇 가지 현실적인 제안을 통하여 해당 문제에 대한 이해를 높임으로써 그 경험의 덕을 볼 수 있게 해주실지, 안재홍 씨에게 요청하고 싶습니다.[281]

안: 흔쾌히 하겠습니다. 시간이 허락한다면 흔쾌히 오랫동안 얘기

---

281 불어를 영어로, 영어를 한국어로 통역하였으므로 정확하게 번역하기가 매우 어렵다.

를 나눌 것입니다. 그러나 시간이 촉박하다면, 차후에 흔쾌히 서면으로 알려 드리겠습니다. 요청을 하신다면 말이죠.

마네 (프랑스, 불어를 통역함): 협조를 약속해 주신 데 대해 안재홍 씨께 감사드립니다. 오늘 아침에 시간이 매우 없으며 또한 내가 제기한 질문이 매우 일반적인 것임을 잘 알고 있습니다. 다시 감사드리며, 안재홍 씨가 우리가 원하는 대로 할 준비가 되어 있고, 또 분과위원회 위원 모두가 특정 문제들에 관해 그와 상의하고 그의 제안과 공식 의견들을 고려할 수 있도록 허락함으로써 그의 경험을 통해 유익함을 얻을 수 있는 것에, 우리가 얼마나 만족스러운지 전하고 싶습니다.

안: 저에게 요청하면, 언제든지 흔쾌히 당신에게 협조하겠습니다. 귀 위원회가 얼마나 바쁜지 잘 알고 있습니다. 그리고 분과위원회가 저와 연락하고 싶다면 흔쾌히 협조할 것입니다.

위원장: 아직 질문을 하고 싶은 몇몇 위원들이 있습니다. 자국에서 행정에 관한 전문가인 루나 박사를 호명합니다.

(148쪽)

루나 박사(필리핀공화국): 각 도와 시는 지역 내 평화와 질서를 유지하기 위하여 독립적인 경찰 조직을 유지하고 있습니까? 도 행정은 국립경찰과 분리되어 있습니까? 현재 기존의 조직 아래, 도, 시와 읍면 등은 해당 지역의 평화와 질서를 유지하기 위해 국립경찰과 독립적으로 별개의 경찰 조직을 유지하고 있습니까?

안: 각 도에 있는 국립경찰의 지휘하에 운영되고 있습니다.

왕(중국): 현 남한의 민정 아래, 만약 있다면, 어느 정부 또는 기관 또는 하위 기관이 유권자 등록을 세부적으로 관할하는 임무를 맡고 있습니까?

안: 지난 회기에 15인으로 구성된 선거위원회라는 것을 임명하였습

니다. 이들은 여러 성향의 인사들이고, 일부는 주요 정당 출신입니다. 동시에 이들이 특정 조직이나 정당의 회원이더라도, 우리는 공정한 사람들로 구성하도록 노력했습니다. 그러나, 동시에 총선거에 도움이 될 수 있도록 더욱 세부적인 다른 일들도 추진하려 노력했습니다. 그런데도, 내가 그 계획을 군정장관에게 제출했을 때, 군정장관은 총선거가 어떻게 치루어질지에 관해 입안, 지시, 결정하는 것은 UN위원단의 일이기 때문에 UN위원단에 어떤 방식으로도 간섭하기를 원치 않았습니다. 따라서, 그 계획을 실행하지 않았습니다. 그러나 선거위원회는 이미 임명되어 있습니다. 세부적인 법령은 총선거에 도움이 될 수 있습니다. UN위원단이 이러한 것들을 자신의 기록으로 남기기 위하여 열람하기 원한다면, 그리할 수 있습니다. 동시에, 위원단은 원하는 무엇이든 실행할 수 있는 완전한 기회를 가지고 있습니다.[282]

패터슨(캐나다): 마지막에 언급한 점에 대해 질문을 하나 해도 됩니까? 안 선생님이 언급한 위의 계획은 UN위원단이 임명될 것이라는 것이 알려진 후에 준비된 것입니까? 아니면 예상되는 선거를 위하여 위원단이 임명되기 전에 마련한 계획이었습니까?

(149쪽)

안: 공동위원회, 즉 미소공동위원회가 작년에 한국의 독립정부를 수립하기 위해 열렸을 즈음이었습니다. 그 당시에 과도입법의원 의원들은 공동위원회가 일정 형식의 정부를 설립하고자 결정할 것이며, 아마도 어떤 참조할 것이 필요할 것이라고 생각했습니다. 따라서 의원들이 이를 입안하였고, 물론 군정장관에게 제출하였으나, 군정장관

---

282 원문은 "At the same time, the Commission has a full chance to carry out whatever it wishes."인데, "have a full chance"는 "그럴 권한이 있다"는 뜻으로 쓰이지 않는다. 여기서는 "가능성을 갖다"는 뜻이므로, 의역을 하여 "무엇이든 실행할 수 있습니다"로 번역하였다.

은 이는 UN위원단의 일이며, 그들이 올 때까지 기다렸다가 UN위원단의 계획을 따르는 편이 낫겠다고 하며 그 계획에 대한 조치를 하지 않았습니다.

동시에, 중앙선거위원회의 15명의 위원은 임명하였지만, 지역선거위원회를 위한 지부는 아직 하나도 설치하지 않았습니다.

자비 박사(시리아): 남한에 선거가 있었는데, 왜 과도입법의원을 통하여 정부를 구성할 수 없습니까?

안: 아마 아시다시피, 현재 남조선과도입법의원이라는 것이 있습니다. 그러나 이 입법의원이 북한과 남한을 동시에 충분히 대표한다고 말하기는 참 어렵습니다. 작년에 미소공동위원회가 열렸을 때, 우리는 곧 새로운 정부가 구성되고 북한과 남한에 모두 선거가 실시될 것이라고 생각하였습니다. 우리는 아직도 우리가 바라는 북한과 남한의 민주통일정부를 계속 기다리고 있습니다. 어떤 이들은 남한 단독으로 선거를 치르고 정부를 구성해야 한다고 생각합니다만, 우리는 남북에서 하나의 총선거를 실시하고 국회를 형성하는 것을 보고 싶습니다.

제가 추가하고자 하는 또 다른 것은, 현재 과도입법의원에 90명의 의원이 있는데, 반은 선출되었고 반은 군정장관이 임명하였습니다. 임명된 대부분의 의원들은 만주나 중국 또는 다른 지역에서 온 지도자들로, 그 지역에서 애국지사들이었으며, 또한 이들 대부분은 정당 또는 다른 단체에 속해 있습니다.

(149쪽에서 150쪽으로 넘어감)

마네(프랑스)(프랑스어를 통역함): 시리아 대표의 질문에 대한 안 선생님의 답변을 내가 제대로 이해했다면, 과도입법의원은 정부를 구성하기 위한 목적으로 만들어진 것이 아니기 때문에 정부를 구성하지 않았고, 그 설립 목적은 일정한 법령과 행정 기구의 기초를 마련하고 시행하기 위한 것이었네요.

안: 그러면 과도입법의원의 현재 상황을 보아, 프랑스 대표가 방금 말한 것이 사실임을 알 수 있습니다. 반면에, 과도입법의원이 설립되었을 당시, 프랑스 대표가 언급한 과제를 수행하기 위한 것뿐만 아니라, 좌익과 우익 인사들을 함께 모으려 하였고, 공동위원회의 계획 등을 순조롭게 실행하고자 했습니다. 그러나 작년의 제2차 미소공동위원회는 좋은 결과를 낳지 못하였고, 따라서 현재 과도입법의원에 남겨진 유일한 임무는 행정부로서의 직무, 조례와 법령의 입안, 또는 행정 명령과 관계된 기타 사안들뿐입니다.

위원장: 당신은 2년간 일본에 의해 투옥되었다고 알고 있는데요?

안: 모든 날짜를 계산하면, 거의 8년간 감옥에 있었습니다. 도합 아홉 번, 어떤 때는 단지 10일 동안, 다른 때엔 몇 달, 몇 년을 감옥에 있었습니다.

위원장: 그러한 상황 아래서 당신은 일본의 지배에 대해 아주 확고한 견해를 가지고 있다고 생각합니다. 나는 이런 것들에 대해 잘 안다고 말할 수 있습니다. 본인은 더 나은 정부를 향해 나아가려 했던 한국 애국지사의 한 사람이 된 느낌입니다.

위원장: 더 이상 질문은 없는 것 같습니다. 적어도 당신의 애국적인 희생이 빠른 시일 내에 보상 받게 되기를, 그리고 한국을 위한 독립정부를 빠른 시일 내에 얻을 수 있기를 희망한다는 말씀을 드리고 싶습니다.

안: 한국의 독립정부 수립을 향해 여러분들이 협조해 주셔서 대단히 감사합니다.

오후 12시 10분에 정회함.

민정장관 안재홍이 군정장관 W. F. Dean 소장과 군정 수석고문 E. A. J. Jonhson에게 보낸 영문 공문(1948. 3. 6)[283]

(151쪽)

남조선과도정부
민정장관실
한국 서울

1948년 3월 6일

제목: 한국독립당 군산 특별당부에서 보낸 경찰 개편을 위한 권고

수신자: 윌리엄 F. 딘 중장
　　　　군정장관

　　　에드가 A. J. 존슨 박사
　　　남조선과도정부 수석고문관

　1. 다음은 한국독립당 군산 특별당부 위원장 윤석구 씨가 민정장관실에 제출한 국립경찰의 전면적 개편을 위한 권고문을 영역한 것이다.

---

283 『選集』8, 151~152쪽의 영문을 번역하였다. 문서 상단 오른쪽에 안재홍이 자필로 '未提出件'이라고 썼는데, 아마 작성해 놓고 제출하지는 않은 듯하다.

1948년 2월 25일

<u>권고사항</u>[284]

(1) 현 국립경찰을 전면적으로 개편할 것을 요구함.

(2) 우리의 요구에 대한 근거는 아래와 같다.

　(A) 민주국가에서는, 경찰은 경찰 자신을 위해서가 아니라 대중을 위해 존재해야 한다. 또한 어떤 경우에도, 경찰은 정당이나 단체를 위한 것이어서는 안된다.

　(B) 이러한 엄중한 사실에도, 현재의 한국 국립경찰은 엄밀한 정의의 관점에서 볼 때, 식민 경찰이 '전능'을 자랑하던 36년간 일제하의 경찰보다 더욱 나쁘다. 더 심각한 것은, 현재의 국립경찰은 아주 편향적이어서 경찰이 어떤 하나의 정당이나 단체를 위해 존재하는 것처럼 보인다.

　(C) 한국이 해방된 이후, 대중은 한마음으로 민주적인 경찰을 요구해 왔고, 정부도 이러한 경찰을 실현하기 위해 최선을 다해 왔지만, 결과는 아주 반대가 되었다. 이러한 최악의 결과를 가져온 가장 중요한 요인은 두 가지이다:

일본 지배하에 경찰로 복무했고, 한국인을 고문하며 충실히 일본을 위해 일한 사람들이 다시 현 경찰의 중요 임원으로 고용되었다.

(151쪽에서 152쪽으로 넘어감)

---

[284] 원문에 있는 밑줄이다.

현 경찰의 최고 지도자들은 일개 특정 정당의 인사들로만 구성되어 있다.

따라서, 현재 한국 국립경찰은 억압적이고 위협적인 일본 경찰의 사고방식을 이어받았다고 해도 과언이 아니다. 그런 이유로, 일반 민중은 현 경찰을 향해 계속 역겨운 반감을 가질 수밖에 없었다. 대중은 그렇게 경찰에게서 소원해졌다. 이는 한국의 해방 이후 각종 폭동들이 주로, 그리고 항상 경찰에 반대하여 일어났다는 사실로 쉽게 증명된다. 또한 일개 특정 정당이 경찰의 최고 수뇌부를 구성하여 자신들 정당의 영향력을 확장하고 강화하는 데 경찰을 최대한으로 활용해 왔음도 분명하다.

(D) 한국이 민주적인 경찰을 설립하는 것은 국가를 건설하는 과정에서 필수적이다. 더욱이 국립경찰이 완전히 개혁되어야 함은 UN 한국위원단의 감독 아래 총선거가 자유롭고 평화롭게 실시되기 위해 극히 중요하다. 위와 같이 형식적이거나 구두의 또는 문서상의 개혁은 절대 자유로운 분위기를 가져오지 않을 것이다.

윤석구 (서명)
한국독립당 군산특별당부 위원장
군산시

2. 귀하가 참고하고 고려하시라고 이 권고안을 제출합니다.

안재홍
민정장관

UN한국임시위원단이 민정장관 안재홍에게 보낸 영문 공문 (1948. 3. 8)[285]

UN한국임시위원단

서울
1948년 3월 8일

친애하는 안 선생님,

친절하게도 당신이 우리를 환영하고자 열었던 만찬에서 행한 당신의 즐거운 연설을 보내주신 2월 17일 자 서신에 깊은 감사를 드립니다. 만찬에 대한 즐거운 기억과 당신이 보여준 친절함을 마음속에 간직할 것입니다.

메넴[286]

안재홍 님
민정장관, 서울

---

285 『選集』 8, 153쪽의 영문을 번역하였다.
286 타이핑한 "Yours sincerely,"와 "Ahn Chay Hong, Esq.," 사이에 *Menem*이라는 자필 서명이 있다.

주한미군 부사령관 A. E. Brown 소장이 안재홍 부부에게 보낸 영문 서한(1948. 3. 9)[287]

제24군단 본부

부사령관실

한국 서울

1948년 3월 9일

안재홍 씨 부부

한국 서울

친애하는 안재홍 씨 부부:

전쟁성에서 온 새로운 명령에 의하여 본인은 워싱턴으로 전보 발령됩니다. 당신이 시급히, 또 정당하게 바라는 통일과 독립이 실현되는 날을 보는 날까지 한국에 남아 있을 수 없어 유감입니다.

당신과 그리고 많은 유능한 당신의 동포들을 알게 되어 대단히 즐거웠습니다. 당신을 기억할 것이며, 당신이 바라듯이 본인도 계속 한

---

[287] 『選集』 8, 154쪽의 영문을 번역하였다. 1948년 3월 10일 한국 주둔 미군 제24군 부사령관으로 재임하였던 브라운 소장이 空路로 본국을 향해 離韓하였다. 그는 미소공동위원회 미국 측 수석위원으로 活躍하였다. 「『쑤』少將歸國」, 『朝鮮日報』(1948. 3. 11).

국의 통일과 독립을 간절히 바라겠습니다.

제 아내도 안부를 전하며 작별 인사를 드립니다.

알버트 E. 브라운[288]
미육군 중장
부사령관

---

[288] 타이핑한 "Sincerely yours,"와 "ALBERT E. BROWN" 사이에 *Albert Brown*이라
는 자필 서명이 있다.

민정장관 안재홍이 주한미군 사령관 Hodge 중장, 군정장
관 Dean 소장, 군정 부장관 Helmick 소장, 군정 수석고
문 Johnson 박사에게 보낸 영문 공문(Regarding Mr. Kim
Koo and His Treatment, 1948. 3. 18)[289]

(155쪽)

남조선과도정부
민정장관실

1948년 3월 18일

수신자: 하지 중장, 조선주둔군사령관
　　　　딘 소장, 미군정 군정장관
　　　　헬믹 소장, 미군정 부군정장관
　　　　존슨 박사, 미군정 수석고문관

---

[289] 『選集』8, 155~157쪽의 영문을 번역하였다. 高麗大學校博物館이 소장(안재
홍의 유족이 기증)한 문건인 「金九先生과 그 待遇策」과 동일한 내용이다.
이 문건은 원고지에 필사하였는데, 수신처가 명기되어 있지 않으며, 작성
날짜가 1948년 3월 16일로, 발신처는 '남조선과도정부 민정장관 안재홍'으로
되어 있다. 高麗大學校博物館 編, 『選集』7(지식산업사, 2008. 3), 101~103
쪽에 현대문으로 整書되어 실려 있다. 『選集』7에는 "【편자 주】원고지 필
사본"이라고 밝혔다. 민정장관실은 이 문건에 앞 부분을 첨가하여 미군정
요로에 3월 18일 자로 제출하였다. 영문과 국문 원문 사이에 의미상의 차이
를 대조할 수 있도록 고려대 소장 문건을 원문 그대로 【별첨】으로 수록하
였다.

발신자: 안재홍, 민정장관

한국인들 스스로를 위하여, 또한 한국이 독립을 얻는 데 여러분이 도와주는 데에 참고하도록 아래와 같은 의견을 제출하고자 합니다.

과거 수차례에 걸쳐 구두로, 그리고 서면으로 본인의 바람과 계획을 당신에게 제출했습니다. 그러나 본인의 진정이 적절하게 전달되지 못하였고, 당신에게 전하고자 하는 바와 전혀 다른 오해가 일어났습니다.

이번의 의견이 당신에게 제대로 전달될 것이라 믿습니다.[290]

제목: 김구 선생과 그의 처리에 관하여

본인의 변변치 않은 의견으로는, 한국을 재건하고 미국이 한국독립을 돕는 이 시기에 김구 선생을 옳게 또는 적절하게 처리함은 아래 두 가지 측면을 분석하는 데 매우 중요합니다.

I. 장덕수의 암살과 그 배경

1945년 말부터 정치 지도자가 폭행당하거나 암살될 때마다 일부 정치 지도자나 정당들이 관련되었다고 의심되었습니다. 1947년 6월 23일의 반탁운동 이후, 김구 선생은 체포 여부가 고려된 당사자였고, 1948년

---

[290] 이 부분까지는 高麗大學校博物館 소장의 「金九先生과 그 待遇策」에는 없으며, 미군정 요로에 제출할 당시 첨가되었다. 이하는 위의 문서와 동일한 내용이다.

3월 12일 증인으로 세울 목적으로 군사 법정에 소환되었습니다.

김 선생이 장 씨의 사건에 연루되었을 가능성이 있으며, 일종의 제재가 그에게 적용될 수도 있습니다.

(155쪽에서 156쪽으로 넘어감)

이 문제에 관하여, 본인은 한국과 미국 간의 수준 높은 정책[291]을 위하여 김 선생을 장 씨의 사건에서 완전히 제외해야 한다[292]는 사실을 강조하고 싶습니다. 김 선생을 완전히 제외할 이유는 다음과 같습니다.

(1) 군사 법정에서, 김구 선생 스스로 그 사건과 어떠한 관련도 없다고 완고히 부정하였습니다.

(2) 또한 피고자들 스스로 김구 선생이 장덕수 씨를 암살하라는 명령을 내리지 않았다고 증언하였습니다.

(3) 이러한 두 가지 사실은 김구 선생에게 적용할 법적 근거가 충분치 않다는 사실을 보여줍니다.

(4) 현 상황을 판단하건대, 김구 선생의 정당은 극우익으로 간주되어야 합니다만, 그 정당 전체에 적용되지는 않을 것입니다.

(5) 정치 지도자에 대한 암살이 발생했을 때 김구의 추종자들이 의

---

291 원문은 "Korean-American high policy"인데, policy를 politics로 이해하였다.
292 원문은 "…Mr. Kim should be completely released from the Mr. Chang's case…" 이다. Release가 석방·훈방 등으로 쓰이지만, 김구가 수감된 상태가 아니었으므로 '제외'라고 번역하였다.

심되었던 것이 사실이지만, 일반 대중은 그러한 살인 사건을 선동하고 선도하는 일부 다른 단체들이나 정당이 있음을 잘 알고 있습니다.

(6) 오로지 김구 선생의 정당만이 암살 선동의 책임이 있다고 하면, 그로 인하여 일반 대중이 반미 감정을 가질 위험이 있으며,[293] 이러한 정책은 정치적 관점에서 잘못된 것입니다.

(7) 현재, 김구 선생은 남한과 북한의 통일을 실현하기 위한 진전을 보이고 있습니다.

(8) 김구 선생은 남한의 선거에 반대하고 있고 미군정과 타협하는 자세를 취하고 있습니다. 따라서, 김구 선생이 장 씨의 암살 사건으로 어떠한 제재를 당하게 되면, 일반 대중은 김 선생에 대한 제재가 장 씨 사건이 아니라, 미국 정책에 비타협적인 태도 때문이라 생각하여, 그들(일반 대중)은 반미 감정을 갖는 쪽으로 오도될 것입니다.

(156쪽에서 157쪽으로 넘어감)

위에 언급한 사실들에 입각하여, 김구 선생을 장 씨의 사건에서 완전히 제외하는 것이 가장 바람직하며,[294] 이는 앞으로 정치 지도자의

---

293 원문은 "There will [be?] a danger of Anti-American feeling of the general public, because of that Mr. Kim Koo's party alone is responsible for agitation of assassination…"인데 의역하였다. "because of that"의 위치가 모호한 문제가 있다. That이 앞 문장을 가리킨다면, "일반 대중이 반미 감정을 가질 위험이 있어, 그 때문에 김구의 정당만이 암살 선동을 하는 책임이 있는데, 이런 정책은 잘못된 것이다"라는 의미가 되겠지만, 앞뒤가 맞지 않는다. 반미 감정의 위험이 있어 오직 김구의 정당이 암살 책임이 있다고 뒤집어 씌우기를 하는데, 그런 정책이 잘못되었다고 해석하기도 모호하다.

294 원문은 "…it would be the most desirable to completely release Mr. Kim Koo

암살을 없앨 것입니다.

한 나라가 다른 나라와 정치적 관계를 가지고 있을 때에는 이러한 반대파의 힘을 다루는 데에서 정치력의 균형을 유지할 가치가 있을 것입니다.[295]

II. 김구 선생의 남북 정치 지도자 회담 계획에 관하여

현재 위와 같은 회담의 성사는 거의 불가능합니다. 미합중국과 소련 간의 타협 정책이 깨졌으며, 소련은 UN이 북한으로 들어오는 것을 허가하지 않았습니다. 따라서 위와 같은 회담은 아주 어려울 것입니다. UN이 이러한 회담을 제공하는 한, 소련은 그것을 확실히 거부할 것이고, 또한 미합중국이 이러한 회담을 지지함을 알았을 때, 소련은 미국의 정치적 의도를 의심할 것입니다. 남북 통일회담이 성사된다고 하여도, 미국과 소련의 관계가 어떻게 진전될 것인가가 문제일 것입니다.[296]

---

from the Mr. Chang's case…"인데, 김구를 면죄함으로써 차후 암살이 없을 것이라는 논조는 이해가 되지 않으므로 의역하였다.

295 원문은 "It would be worth while to maintain political power balance in using such opposite power when a country has political relation with another race." 인데, 단어 선택과 영문 전체가 konglish이다. 'Another race'는 미국을 의미한다고 해석하였다. Balance·using·power 등은 konglish이다. 전체 맥락은 한미 관계가 원만하지 못할 때 반대파를 너무 심하게 몰아치면 되지 않는다는 뜻으로 보인다.

296 마지막 문장의 원문은 "Even [if] South and North Korea unification conference is [were] formed, it would be the question how the relations between U.S. and Soviet Union will be developed."이다. 문장 첫머리에서 if가 빠졌고, 동사의 시제가 잘못되었다고 가정하여 번역하였다. provide는 support·sponsor 등의 뜻으로 쓰인 듯하다.

김구는 미국의 군사 정책에 반대하는 추종자들을 갖고 있고, 위에 언급한 장 씨의 사건에 관해 대중의 관심을 받고 있으므로, 만약 김구의 계획대로 미국이 남북 통일회담을 제공한다면,[297] 이는 매우 효과적일 것입니다. 이러한 작업은 하지 장군이 북한의 소련 사령관에게 공식 서신을 보내 공식적으로 처리되어야 합니다.

하지 장군이 할 일은 단지 김구 선생과 다른 지도자들의 희망과 욕구를 전달하고, 그들로 하여금 최종 결정을 하도록 하는 것입니다.

미국 정부는 이러한 회담의 최종 결과에 크게 신경 쓸 필요가 없습니다. 김구 선생과 그의 추종자들이 회담에 실패한다면, 그때에는 미국 정부는 그들에게 할 말이 있게 됩니다.

김구 선생과 그의 추종자들의 말과 행동은 대중들 사이에 큰 흥분을 일으킬 것이고, 그들에 대한 미국 정부의 자세는 한국과 미합중국 간의 관계에 대단한 영향을 끼칠 것입니다.

이러한 사실로 보건대, 당신이 본인의 미천한 권고를 매우 신중히 고려함이 아주 시급하다고 믿습니다.

안재홍 민정장관

---

[297] 첫 문장의 원문은 "If U.S. provides South and North unification conference in accordance with Kim Koo's plan,…"인데, provides가 '제안'의 뜻으로 쓰였을 수도 있다.

【별첨】

金九先生과 그 待遇策

金九氏에 對하여 下記한 두가지 視覺으로 그 待遇策을 그르치지 않도록 하는 것은 朝鮮建國途上 또는 美國의 朝鮮獨立援護工作上 매우 主要하다.

一. 張德秀씨 暗殺과 그 背後關係에 關한 點.

一九四五年 歲末부터 政界要人暗殺事件이 있을 적마다 政界의 巨頭 혹은 政黨 等이 그 背後 關係者로서 風聞에 올랐던 金九氏는 一九四七년 六月二十三日 所謂 反託「데모」있은 以來부터 拘禁可否가 論議되었고 今番에도 軍政裁判에 證人 呼出에 까지 登場되었다. 그 身上에 關하여 혹은 法의 制裁가 加하여질 可能性 있는 줄로 觀測되고 있다.

이에 關하여 左의 各項 理由로써 그 安全保障이 朝美關係 高等政策上으로 要請됨.

1, 公判廷에서 金九氏 自身이 그 背後 關係를 正式으로 否認하였고 2, 關係 被告人들도 金九氏가 張氏 殺害命令을 내린 일 없는 것을 證言하였음에 依하여 3, 以上 兩條件으로 金九씨 制裁할 法的 根據가 不充分하여진 것 4, 現在에 있어 金九氏 一派가 朝鮮의 極右勢力을 代表함과 같이 認識되는 情勢이다. 그것은 全面的으로 妥當하다. 그는 할 수 있는 客觀的 事實인 것 5, 政界要人 暗殺事件, 혹은 暗殺煽動의 風聞 있을 때마다 金九氏 周邊의 人物이 多小(少의 오자인 듯-역자) 그 風聞에 오른 것은 事實이나 그 外에도 도리어 惡質이오 또 奸智에 묘한 暗殺煽動 혹은 敎唆의 謀略은 다른 方面에도 相當히 있는 줄로 一般에게 傳播되어 왔으므로 6, 金九氏 또는 그 一派人物에만 暗殺敎唆

者라는 全責任을 뒤집어씌우는 것은 政治的으로 不當한 點도 있고 民衆一般으로 하여금 美軍當局의 處置를 偏僻되다고 認定하야 反感을 일으키게 할 危險率이 크다. 7, 現下 金九氏는 南北統一의 實現工作을 推進하기를 意圖하고 있고 8, 南朝鮮에서만의 總選擧를 反對하야 美軍政의 現政策에 非協力的 態度를 表明하고 있는 이때, 金九氏를 張氏暗殺背後關係로써 만일 强力的 制裁를 加한다면 民衆은 틀림없이『그것은 金九氏가 美軍政에 對한 不協力함을 미워함에 因한 政略的인 彈壓』인줄 誤解하야 美軍政에 대한 相當한 反感을 자아낼 것이다. 前記한 事情에서 金九氏는 證據 不充分의 理由로『背後의 關係』를 解除하고 不問에 附함이 가장 妥當할 것이다. 그리할지라도 金九氏로 하여금 今後『暗殺』을 示唆하는 種類의 일은 없도록 되는 結果는 더욱 顯著할 것이다. 異民族과의 政治關係는 이런 種類의 人物과 그 勢力은 잘 維持시키면서 政治的으로 有利하게 活用하는 技倆을 要함이 매우 크다.

二. 金九氏의 南北統一會談計劃에 關한 點.

本企劃은 現在에 있어 實現性이 자못 稀薄하다. 美蘇協調가 깨어졌고, UN委員團에 대한 蘇側의『뽀이칼』있는 이때 그 成功은 至難의 일이다. 蘇側은 UN의 斡旋인 限, 斷然 그를 拒絶하는 態度요, 거기에 美國이 干與한다고 믿게 되는 限, 무슨 政治的 意圖, 그 裡面에 潛在한다 하여 猜忌心을 일으킬 憂慮가 있다. 또 南北統一會談이 成立된다고 假定하더라도 그에 따른 美蘇關係가 어떻게 發展될 것인가?는 豫測하기 어려운 事業이다. 그러나 金九氏 一派에서 이어 南朝鮮의 選擧를 反對하야 美軍政의 當面政策에 不協力하고 있고, 또 上項『背後의 關係』란 條件으로 社會의 注意를 끄는 이지음, 그 自意로 平壤方面의 朝鮮人指導者와 會談할 수 있도록 美軍側으로서는 도리어 一層 더 虛心坦懷하고 第三者的 斡旋의 役을 하여 주는 것이 朝鮮人에

對한 政略上 매우 必要하다. 이 일은 南朝鮮美駐屯軍司令官 쫀·R·하지將軍이 北朝鮮駐屯蘇軍司令官에게 書翰 혹 其他의 方法으로 交涉할 수 있을 것이다. 그것은 다만 金九氏 其他의 그러한 意思 있는 것을 傳達하고 自己들의 裁斷에 一任하는 態度를 取함이 可하다고 보인다. 그 最後의 成果가 어찌될까?는 全然 別個問題이다. 또 金九氏 一派의 이 工作이 만일 全然 失敗하면 그때에 가서 美軍政 當路로서는 다시 그들에게 取할 方法이 있을 것이다.

金九氏와 그 一派의 言動은 지금도 依然히 巨大한 衝動을 民衆에게 주고 있고 金九氏 및 그 一派에 對한 美軍政의 態度의 好否는 一般民衆에게 주는 朝美關係에 미치는 影響 자못 크므로 如上한 處置가 매우 必要하다고 本官은 認定함.

一九四八年 三月十六日
南朝鮮過渡政府 民政長官 安在鴻

인도 수상 Pandit Nehru가 남조선과도정부 민정장관과
각료들에게 보낸 영문 서한(1948. 3. 20)[298]

1948년 3월 20일

수신자 : 남조선과도정부
　　　　한국 서울

　　　민정장관 및 모든 내각 각료

　　마하트마 간디의 죽음으로 인해 인도는 돌이킬 수 없는 손실을 겪
은 바, 이에 대해 여러분이 보낸 조의에 동료들과 본인을 대표하여 심
심한 감사를 전하고 싶습니다. 참으로 그는 엄청난 도덕적 영향을 끼
친 세계적 인물이었습니다. 국내의 모두가 그의 죽음을 애도하고 있
지만, 우리나라 사람들은 인내심을 갖고 그가 우리를 이끌었던 단결,
평화, 그리고 선의의 길을 계속가리라 굳게 결심하고 있습니다.

　　판딧 네루

---

298 『選集』8, 158쪽의 영문을 번역하였다. 문서 우측 상단에 안재홍의 자필로
　　"印度國首相 / 판딧·네루來電"이라 쓰여 있다.

Menon이 민정장관 안재홍에게 보낸 영문 전문(1948. 3. 20)[299]

(1948년 3월 20일 오전 11시 27분)

RCA(Radio Corporation of America)를 통한 전보

안재홍 민정장관[300]
서울

당신들의 예의와 친절에 본인은 진심으로 감사드리며, 과도정부 내 당신의 동료들에게도 전해 주기 바람. 한국이 조기에 독립을 성취하기 바람.

메논

---

299 『選集』8, 159쪽의 영문을 번역하였다. 문서 우측 상단에 안재홍의 자필로 "메논議長의 / 打電"이라 쓰여 있다. 메논(K. P. S. Menon)은 UN한국임시위원단의 인도 대표로 1948년 1월 8일 來韓하였고, 1948년 1월 12일 德壽宮 石造殿에서 개최된 동 위원단 제1차 全體會議에서 의장으로 선출되었다. 「平和를象徵하는유엔旗下 初日부터熱烈한討議」, 『東亞日報』(1948. 1. 14). 이후 본국의 외무대신(외상)에 취임하게 됨에 따라, 1948년 3월 19일 김포공항발 航路로 귀국하였다. 「燦爛한業績남기고 메논氏昨日歸國」, 『東亞日報』(1948. 3. 20) ; 「朝鮮自主獨立을確信」, 『朝鮮日報』(1948. 3. 20). ≪문서 54≫·≪문서 68≫의 (역주)를 참조.

300 "AN CHAIHONG CIVIL ADMINISTRATOR / SEOUL" 앞에 "FB/MK152 TOKYO 35 VIA RCA 19 70S/NLT"라고 되어 있다. FB/MK152 등은 전보 지국과 전달 경로를, NLT(night letter, overnight telegram)는 이튿날 아침에 전달되는 가격이 싼 심야 전보를 가리킨다.

남조선과도정부의 영문 각서("총선거와 그 대책", 1948. 3. 21)[301]

(160쪽)

남조선과도정부

한국 서울

1948년 3월 21일[302]

메모

남한은 중대한 위험에 직면하고 있다. 일반 대중은 군사정부에 반대하고 있다. 특히 "한국의 곡창"이라고 말할 수 있는 한국 지역에서 더 그러하다. 만약 이러한 대중의 반대가 농번기에 폭력화하면, 식량 생산 계획을 완전히 망치고, 그러면 정부의 모든 행정을 위태롭게 할 것이다.

---

301 『選集』8, 160~164쪽의 영문을 번역하였다. 영문으로 "SOUTH KOREAN INTERIM GOVERNMENT / Seoul, Korea"라고 타이핑한 발신처 상단 우측에, 안재홍의 자필로 "本件 總選擧와그大策 / 未提出"이라고 쓰여 있다. 『選集』8 의 編者는 문서의 제목을 「남조선과도정부의 영문 각서」라고 붙였으나, 타이핑한 原 문서에는 영문 제목이 없고, 안재홍의 자필 글씨로 문서 제목이 적혀 있을 뿐이다. 이 문서가 미군정 당국에는 제출하지 않았음을 보여준다. 메모의 형식으로 작성되었으므로, '이다'체 또 문어체에 가깝게 직역한 곳이 많다.

302 발신처만 있을 뿐 수신처가 없다.

정부 내의 특정 부서는 특정 단체와 합동하여 이 모든 것이 "파괴분자들의 책동"에 의한 것이라고 공표하면서 이러한 위태로운 상황을 의도적으로 무시하고 있다. 위와 같은 비난은 너무나 단순하지만, 그렇게 함으로써 이들은 자신들의 현재 활동을 정당화하고 현 상태를 유지하고자 한다.

두말할 필요 없이, 현재의 상황은 세심한 연구와 검토를 필요로 한다. 본인이 일 년 반 넘도록 현 직책을 수행하며 얻은 경험으로 인하여 위와 같이 진술해야 한다고 믿게 되었다.

본인의 의무감에 기인하여, 실례를 무릅쓰고 아래와 같이 제안한다:

I. 선거와 사회 상황

A. 일단 남한의 미군정이 UN소총회의 결의대로 선거를 실시하기로 결정한다면, 우리는 최선의 결과를 얻고자 노력해야 하고, 정부의 위신을 촉진하고, 대중의 사기를 회복하여 그들이 경제적으로, 또 문화적으로 생산적일 수 있게 해야 한다. 그렇게 함으로써만 정치적, 사회적 안정과 발전을 가질 수 있다. 반대로, 선거가 이름값을 못하는 것으로 판명나면, 남한은 견딜 수 없는 상황으로 빠지게 된다. 따라서 남한의 현 상황에 대해 면밀히 검토하고 점검하지 않을 수 없다.

B. 남한에 만연한 상황의 모든 국면을 재론할 필요는 없다. 간단히 말해서, 이 불행한 상황의 주요 요인은 다음과 같다: (a) 한 국가가 통제할 수 없고 특히 약소국 한국의 통제 밖에 있는 세계 정세의 흐름, (b) 두 적대적인 세력에 의한 한국 점령, (c) 이전 체제의 정치적 붕괴, (d) 한국인들의 사회적 격변, (e) 한국의 산업적, 경제적 혼란, (f) 새로

운 환경에 대한 신속한 적응 불능, (160쪽에서 161쪽으로 넘어감) (g) 불리한 상황의 원인과 상황을 개선할 방도에 대한 대중의 무지, (h) 정당인들의 위법 행위, (i) 정부의 전반적인, 그리고 특히 특정 부서들의 실정.

이러한 어려움에 직면하여, 아무리 능력 있는 행정가라도 대중들의 필요와 욕구를 충족시키고 그들의 완전한 신뢰와 지지를 얻을 수 없다. 솔직히 말하자면, 대중은 정부의 모든 부처들, 즉 행정, 사법, 그리고 경찰에 점점 만족하지 못하고 있다. 경찰의 경우가 가장 현저한데, 이렇게 증가하는 불만의 원인을 분석하는 것은 어렵지 않다.

경찰은 평화와 질서를 유지하는 임무를 가지며, 대중과 더욱 직접적으로 접촉하고, 그들의 활동 범위는 광범위하다. 따라서 경찰은 대중의 분노와 반대의 상징이 되었다. 더욱이, 경찰이 일반적으로 정부를 평가하는 기준이 됨으로써 다른 부서들이 이룬 진보와 긍정적 성과를 흐리게 하거나 또는 무효화했다.

C. 위에서 말한 대중과 정부 간의 괴리, 특히 경찰과 대중 간의 위험한 대립은 어느 정도는 어쩔 수 없는 객관적인 상황의 산물이다. 그러나 이 문제를 특히 위험하게 만드는 것은, 남조선노동당을 포함한 극좌파들이, 내적으로 악화되고 커지는 정부에 대한 대중적 반대를 자신들의 정치적 이익을 위해 이용하고 있다는 것이다.

해방 직후 남한에 조직된 이전의 인민위원회가 전국적으로 강력하고 열정적인 지지를 받았다는 점은 아무도 부정하지 못한다. 경찰은 그들을 단호히 근절하려 했다. 그들은 '힘은 정의'라는 정책, 즉 목적을 달성하고자 적극적으로 경찰력과 억압을 사용하는 정책을 채택하였다. 경찰은 정당과 사회단체들과 협력하여 좌파들에 대한 막무가내식 사냥을 시작했다. 체포와 고문이 몰아쳤고, 테러가 만연했다. 또한 이러한 상황이 진행되면서 극우파들과 파렴치한 모험가들이 경찰을 완전히 점령했음이 확연해졌다. 마침내, 경찰은 법과 질서를 대변하는 법치국가의 수호자로서 존재하는 것이 아니라 특정 정당과 파벌이 조종하는 조직이 되어 버렸다.

물론 정부는 가끔 완력을 사용할 필요가 있으며, 특히 비타협적이고 반역적인 소수 집단과 맞설 때에 그러하다. 그러나 적나라한 폭력은 폭력을 낳을 뿐이며, 따라서 아래 사항을 신중하게 고려해야 한다:

(161쪽에서 162쪽으로 넘어감)
첫째, 공산주의자들과 싸울 때 유일하게 효과적인 방법은 파쇼적 폭력 전술에 의지하는 것이 아니고 민주주의, 법령과 질서를 확고히 옹호하는 것이다. 이제 경찰력이 특정 정당과 극우파들의 손에 장악되어서 좌파들과 경찰 간의 싸움이 법과 폭력 간이 아니라 공산주의자와 파시스트 간의 싸움이 되었다.

둘째, 경찰이 소수 극우 성향의 파벌들에 의해 점령된 이후로 그들은 모든 종류의 자유주의와 민주주의를 배척한다. 그들은 자유주의자, 민주주의자, 그리고 그들과 생각이 다른 극우파조차도 '좌파' 또는 '빨갱이'라고 딱지를 붙이면서 억눌러 왔다.

셋째, 경찰은 좌파들을 지하로 몰았고 자유주의자와 민주주의자들의 입을 막은 후, 이제는 무방비의 소시민들을 억압하고 착취하기까지 한다. 그들은 대중의 자발적인 의지를 소멸시키고, 민주적 성향을 질식시켰으며, 이제 부패와 억압의 상징이 되었다. 경찰이 대중의 증오, 분노, 그리고 반대의 대상이 되었다는 것은 놀랄 일이 아니다.

모두 알고 있듯이, 우리는 한국 역사에서 획기적인 시기를 맞고 있으며, 생사의 기로에 서 있다. 우리는 선거를 성공적으로 치러야 한다. 선거는 자유로워야 하고, 대다수의 대중이 참여하고 지지하여야 한다. 만일 모든 상황이 현재처럼 지속된다면 선거는 실패하게 될 것이라 감히 단언한다. 그 이유는 남한이 자유스럽지 못하고 선거를 치르기에 부적합하다는 것인데, 대부분은 경찰의 억압, 불법 그리고 부패 때문이다. 따라서 반드시 경찰을 완전히 재생시키고 개혁해야 한다.

II. 경찰의 개혁

대중이 아래와 같이 할 수 있도록 경찰을 변화시켜야 한다:

(1) 자유와 안전을 즐긴다.
(2) 경찰을 신뢰하고 경찰에게서 정의와 보호를 받는다고 느낀다.
(3) 경찰에 우호적이고 협력적이다.

현재의 경찰에서 잘못된 점은 시스템이라기보다 경찰을 구성하는 인원들이다. 따라서 중추적인 위치에 있는 경찰 인원은 재검토되어야 하고, 무능하고 부적절한 사람들은 경찰에서 신속하고 망설임 없이 제거되어야 한다. 그들은 인격적이고, 청렴하며 능력 있는 사람들로 교체되어야 하고, 가급적이면 군정이나 이전의 일본 정부에서 일했느

냐와 상관없이 경찰로서의 경험이 있는 사람들이어야 한다.

이러한 변화는 아주 중요한 문제이기 때문에, 만약 부도덕하게 개인적 또는 정치적인 목적으로 사용된다면 많은 위험이 따른다. 따라서 이것은 비밀리에 계획되고 신속하게 실행되어야 한다.

(163쪽)

현재의 상황을 고려하자면, 서장을 포함하여 경무부 내 고위직에 있는 사람들은 교체되어야 하며, 가급적이면 경위들 중에서 임명해야 한다. 郡이나 府 경찰서 내의 서장을 포함한 고위직 인사들은 해고되거나 전보되어야 한다.

III. 대중의 사회적, 정치적 교육

오늘날의 한국을 좌우하는 요인들을 위에 열거하였고 재고찰하였는데, 영향을 미치는 두 가지 일반적 상황이 있어, 하나는 한국의 통제 밖에 있는 것이고, 다른 하나는 한국이 변화시키고 지휘할 수 있는 것이다. 한국인들이 충분히 알고 있는 두 번째의 것은 (a) 정부의 실정, (b) 불리한 상황을 개선할 방도에 대한 대중의 무지, (c) 명확하게 정의된 목표의 부족 등이며, 이로 인하여 대중의 총역량을 복원과 재건이라는 필수적인 계획에 동원하는 데 주저하는 결과를 가져온다.

경찰을 개혁함으로써 실정의 근본적 요인 중 하나를 없애고 정부에 대한 반감을 제거하겠지만, 대중의 무지를 없애기 위한 긍정적 프로그램이 도입되지 않는 한 대중은 개선된 상황으로 인한 혜택을 즐길 수 없을 것이다.

교육에는 동기 부여보다 더 중요한 것이 없으며, 따라서 대중에게는 선거의 의미를 이해하는 것보다 더 중요한 것이 없다. 이 위대한 행사의 전야에, 선거에서 시민의 의무와 책임에 대하여 대중이 알아야 할 것들을 충분히 이들에게 알려야 한다. 또한 그들이 선거법과 규정, 그리고 선거를 실행하는 기구에 대해 철저히 숙지할 것을 주장하여야 한다.

자유선거는 민주주의의 뛰어난 상징이기 때문에 이번 선거는 함께 일하고, 보다 나은 경제적 자급자족을 구축하고, 현명하고 능력 있는 지도자를 선택하고, 그리고 폭력에 의지하지 않고 법의 범위 내에서 타협을 추구하는 것이 필요함을 대중에게 가르칠 기회이다.

일반 대중 중에서 능력 있고, 전문적 지식이 있으며 믿을 만한 대표를 선택하여, 위와 같은 생각에 대한 이해를 촉진하기 위한 교육운동을 수행할 것을 제안하며, 특히 아래 사항을 강조한다:

(1) 최근의 농지개혁에 관한 법, 신한공사의 해산,303 그리고 미군정 법령 176호304의 의미 등을 포함한 군정의 민주화를 위한 노력

---

303 미군정은 총선거를 앞두고 토지개혁의 전 단계로, 新韓公社가 관리하던 敵産 토지를 농민에게 불하할 목적에서, 1948년 3월 22일 군정청 법령 제173호로 「中央土地行政處의 설치」, 법령 제174호로 「新韓株式會社의 解散」을 공포하였다. 「中央土地行政處設置-法令第一七三號發布」, 『東亞日報』(1948. 3. 24) ; 「法令第一七四號 新韓公社의解體」·「法令第一七三號 中央土地行政處의設置」·「土地改革의前哨 新韓公社를解體」, 『京鄕新聞』(1948. 3. 23) ; 「敵産農土를有償分」·「『土政』新出發 新韓公社解體」·「現物二割納付」, 『朝鮮日報』(1948. 3. 23).

304 미군정은 총선거를 앞두고 자유선거를 보장하기 위한 방편의 일환으로, 1948년 3월 20일 군정청 법령 제176호로 인권 옹호에 주안을 둔 「형사소송법의 개정」을 공포하였다. 「言論自由等四條項의 自由選擧保障案」, 『東亞日

(2) 비료와 필수적인 기계의 수입을 포함한 정부의 산업 재활 노력

(3) 남북 한국의 통일을 가능케 할 건전한 기반으로서 남한 민주정부의 중요성

(4) '일당, 일국'의 개념은 전체주의이며, 이는 전쟁과 그에 따른 한국의 영구 분단으로 이어질 수밖에 없다.

(164쪽)

(5) "정의의 비밀은 그것을 지킬 수 있는 용기에 있다." 민간 폭력 단체들의 그릇된 에너지는 轉用되어야 하며, 강제적 기부금은 중지되어야 한다. 협박이나 다른 모든 위법 사건들은 관련 당국에 보고되어야 하고, 악명 높은 부당 이득자들은 폭로되어야 한다.

(6) 교육 프로그램을 전파하는 사람들은 공평하고, 신뢰할 수 있으며, 대중이 지지하는 시민 단체들에게 자유롭게 지원을 호소할 수 있어야 한다.

요컨대, 대중은 자신들의 선거에 대한 노력, 국회, 그리고 정부가 모두 통일된 민주적 독립 한국을 수립하기 위한 원대한 목표의 일원이라는 점을 알고 느껴야 한다.

報』(1948. 3. 21) ;「人權擁護에法의公正」,『京鄕新聞』(1948. 3. 24) ;「法院發行의令狀없이 現行犯外拘束·搜索不能」,『朝鮮日報』(1948. 3. 25) ;「改正刑事訴訟法」,『東亞日報』(1948. 3. 26).

민정장관 안재홍이 주한미군 사령관 Hodge 중장, 군정 장관 Dean 소장, 군정 부장관 Helmick 소장, 군정 수석 고문 Johnson 박사에게 보낸 영문 공문(Resignation, 1948. 3. 23)[305]

(165쪽)

남조선과도정부

민정장관실

1948년 3월 23일

제목: 사임

수신자: 존 하지 중장, 조선주둔미군사령관

딘 소장, 미군정 군정장관

헬믹 소장, 부군정장관

---

305 『選集』8, 165~166쪽의 영문을 번역하였다. 민정장관직을 사임하겠다는 의 사를 밝힌 공문이다. 이 문건의 국문 원문이 『選集』2, 252~253쪽에 「(公翰)하지司令官에게 보낸 公翰─[民政長官 謝意(一次)]」라는 제목으로 현대문 화하여 실려 있다. 부제「民政長官 謝意(一次)」는 『選集』2의 編者가 임의 로 붙인 듯하다. 『選集』2의 編者註는 "編者選. 이 公翰은 「民政長官」 名儀 로 된 國文 原文이다."라고 밝혔다. 고려대학교박물관이 소장한 안재홍의 유고철에는, 안재홍의 자필로 작성한 문서 제목이 辭職願書이고, 작성일은 1948년 3월 15일로 되어 있다. 국문 원문과 영문이 문구에서 다소 다른 부 분이 있고, 『選集』2에는 현대문으로 이기하는 과정에서 누락된 구절뿐만 아니라 용어에서도 차이가 많이 생겼으므로, 「辭職願書」를 【별첨】에 원문 그대로 게재한다.

존슨 박사, 미군정 수석고문관

　본인은, 미국, 소련, 그리고 UN의 지원으로 남북통일을 달성하고, 또한 생계를 해결하기 위하여 경제 제도를 재건하고, 한국인 자신에 의한 민주정부를 수립하는 데에서 행정 권한을 미국인에게서 한국인에게 양도하겠다는 미군정 정책에 협조하는 것이 올바르고 참된 길이라는 확고한 신념을 바탕으로 조선주둔미군사령관 존 하지 장군의 추천에 따라 남조선과도정부의 민정장관직을 수락하였습니다.

　일 년이 넘는 재직 기간 동안에, 미합중국과 소련 간의 협력이 깨졌고, 본인의 중요한 정치적 신념 중 하나인 좌우합작도 실패했습니다. 동시에, 정치적 혼란과 생계의 문제도 악화되고 있고 본인이 예상했던 원래의 목표를 달성하는 것도 어려울 듯합니다. 따라서, 본인은 현 남조선과도정부의 민정장관직을 계속할 수 없습니다. 더욱이, UN한국임시위원단은 UN임시위원회306의 결정에 따라 UN이 접근 가능한 한국의 지역에서만 총선거를 치를 예정이므로, UN의 이러한 결정을 전적으로 지지하고 UN과 정치적 신념을 공유하는 사람으로 민정장관을 교체할 시기입니다. 이에 본인은 남조선과도정부의 민정장관직을 사임합니다.

　민정장관으로 재임 중에, 본인의 정치적 신념에 대해, 또 다른 여러

---

306 영문 용어는 'the United Nations temporary Commission'이다. UN小總會의 임시위원회를 가리킨다. 동 위원회는 1948년 2월 26일 난관에 봉착한 한국문제를 토의하기 위하여 개최된 제8차 회의에서 이른바 '가능한 지역의 총선거'를 결의하였다.

관점에 대해 많은 비판과 반대가 있었으며, 아직도 어떤 점들은 해명되지 않았습니다만, 본인으로서는 양심에 거리낄 것이 없고, 나 자신에게 부끄러운 바가 없습니다. (165쪽에서 166쪽으로 넘어감) 당신이 나를 변함없이 신뢰해 준 것에 깊이 감사드립니다.

한국에 중요한 이 시기에 자리를 떠나게 되어 유감입니다만, 위에서 말했듯이, 빠른 시일 내에 유능한 사람을 민정장관으로 임명해야 할 때입니다.

본인이 남조선과도정부 민정장관직을 사임하는 것을 당신이 받아들이기를 진심으로 바랍니다.

안재홍[307]
남조선과도정부 민정장관

【별첨】

辭職願書

余의 民政長官就任은 行政權移讓의 趣意에딸아 南朝鮮美軍政에 협력하면서 朝鮮人自身에依한 政治의 民主主義的刷新과 民生問題의 解決을爲한 産業經濟再建設等 積極推進을꾀하는同時에 美合衆國과 外他聯合國의援助에 말미암은 南北統一과 眞正한 民主主義民族獨立國

---

[307] 타이핑한 "Sincerely yours,"와 "Ahan Chai Hong / Civil Administrator, SFIK." 사이에 안재홍의 자필 영자 서명이 있고, 이 오른쪽에 안재홍의 도장(漢字로 된)이 날인되어 있다. SFIK는 SKIG의 오타인 듯하다.

家의 完成을 하로바삐 實現하고저하는 念願에서 南朝鮮美駐屯軍司令官 쫀·R·하-지中將의 推薦을 受諾함으로써 된바입니다 그後一個年이 넘는동안 美蘇協調는 結局破裂되엇고 余의 政治路線의 一主要部를 構成한 左右合作도 失敗되엇고 政治的混亂과 民生問題의 困難은 더욱甚한 現狀으로서 最初 期한바 目的이 成就되기 자못 어려운事態이오니 나는 現職에 繼續[308]할수없읍니다. 그우에 『可能한地域의 總選擧』 斷行으로된 現段階에잇어는平日 가장이를 熱心主唱하고 그政治路線이本段階와 合致되는 人物로서 民政最高責任을 負荷케함이 政治道德上 至當한 措置이고 또 公人의 出處로서도 宜當한態度임이명백합니다 그럼으로 本官은 上述路線과 그德望 力量 및 信任이 今後 重大한 時局對處에 아울러適合한 人物에게 이職務가 移動될수잇게하기 爲하야 이에 南朝鮮過渡政府民政長官의 任을 辭退합니다 本官在職한동안 相當한 政治的 道德的 誹謗을 받어 지금 아직 公的으로 弁白되지 않은것도잇아오나 余로서는 그點에關한限 內心아모런 碍滯없는事實이오며 貴駐屯軍司令官·軍政長官等 諸位 줄곧 本官에게對한 根本的인 信賴는 變치않으신點을 感荷합니다 또 總選擧를 앞두고 政局多難한 이지음 余가 홀로 現職을 떠남은 義理上 缺陷되는 點없지않은가고 熟廬하엿아오나 力量잇는人物을 迅速當務케함이 더욱큰 責務라고 判斷되옵기 如此辭任을 斷行키로 한바이오니 以上의 事情을 深諒하시고 直時聽許하심을 謹冀합니다

　一九四八年三月十五日

　南朝鮮過渡政府民政長官 安 在 鴻

---

308 처음 '戀々'으로 썼다가 '繼續'으로 고쳤다.

군정장관 한국문제 고문 R. S. Watts가 민정장관 안재홍
에게 보낸 영문 서한(1948. 4. 2)[309]

재조선미육군사령부
군정장관 한국문제 고문관실
육군우체국 235의 2

1948년 4월 1일

안재홍 씨
민정장관
중앙청
한국 서울

친애하는 안 선생님:

　미국 정치고문관 제이콥스 씨가 3월 28일에 열린 연회에 당신을 초
대하기 위해 당신에게 보낸 초대장이 잘못 처리되었기 때문에, 초대
장이 불행히도 분실되었음을 당신에게 알려 달라고 본 사무실에 연락
이 왔습니다. 누락된 사실은 다음 주 월요일이 되어서야 발견되었고,
그때는 이미 실수를 바로잡기에 늦어 버렸습니다.

---

309 『選集』8, 167쪽의 영문을 번역하였다.

우리는 이 특별한 초대장이 당신에게 전달되지 못했음을 진심으로 유감스럽게 생각합니다.

R. S. 왓츠[310]
한국문제 고문관

---

[310] 타이핑한 "Sincerely,"와 "R. S. WATTS" 사이에 자필 영자 서명이 있다.

민정장관 안재홍이 UN한국임시위원단 단장 Singh 씨에게
보낸 영문 서한(1948. 4. 12)[311]

남조선과도정부

민정장관실

한국 서울

1948년 4월 12일

씽 씨[312]

의장

UN한국임시위원단

---

311 『選集』8, 168쪽의 영문을 번역하였다. 『選集』8의 編者는 문건의 제목에 '단
   장'이라는 용어를 사용하였으나 당시에는 議長이라는 용어가 일반으로 쓰
   였다. ≪문서 54≫·≪문서 64≫를 참조. UN한국임시위원단의 인도 대표 메
   논이 귀국하자, 후임으로 도쿄(東京)에 駐在하고 있는 印度 大使館 一等書
   記官 바하두르 씽(Bahadur Singh)이 1948년 3월 18일 내한하였다. 「메논氏14
   日惜別의歸國-後任엔駐日大使館書記씽그氏」, 『京鄕新聞』(1948. 3. 12) ;
   「後任印度代表 씽氏18日來朝」, 『京鄕新聞』(1948. 3. 20). 그는 4월 1일 임시
   위원단의 의장에 취임하였다. 「유엔朝委-印代表싱氏議長就任」, 『東亞日報』
   (1948. 4. 2).
312 타이핑한 영문 수신처에 "Mr. D. SINGH / Chairman / UN Temporary Commission
   On KoreaRespectfully yours,'처럼 줄을 그어 지웠다.

친애하는 씽 선생님:

당신과 당신의 위원단 위원들에게 민주자유선거협회의 여러 회원들을 소개하게 되어 영광이며, 공언하건대 이 협회는 법조계와 학계의 아주 민주적이고 진보적인 인사들로 구성되어 있습니다.

이분들은 다가오는 총선거가 절대적으로 자유롭게 실시될 수 있도록, 또 자유롭지 못한 선거가 되지 않도록 다양한 노력을 해오고 있습니다. 더욱이 이들은 기권을 방지하고, 또한 정당이 독점하는 선거를 방지하기 위하여 후보로 나서는 등 애국적이고 진보적인 인사들이 최대한 많이 선출될 수 있도록 최선을 다하고 있습니다.

이런 점에서, 당신이 이들을 접견한 후 최대한 우호적으로 도와주시기 바랍니다. 본인은 자유로운 선거를 실시할 임무를 달성하기 위하여 아직 민정장관직을 맡고 있습니다.

경의를 표하며, 배려해 주시기를 기대합니다.

안재홍[313]
민정장관

---

313 타이핑한 "Respectfully yours,"와 "AHN CHAI HONG / Civil Administrator" 사이에 안재홍의 자필 영자 서명이 있다.

군정 부장관 C. G. Helmick 소장이 민정장관 안재홍에게
보낸 영문 공문[314]

朝鮮駐屯 美軍政廳 本部

一九四八年 五月 十日
南朝鮮過渡政府
民政長官
安在鴻

司法部는 報告하기를 趙晶夏 及 趙順九의 審理는 選擧卽後 開始될
것이라고 합니다.

證人의 數爻, 證言의 分量, 選擧에 關係한 審判官의 職務等, 이모든
것으로 因하야 被告들의 審理가 遲延되였읍니다.

씨·지·헬믹[315]
美國陸軍少將
副軍政長官

---

314 『選集』8, 169쪽의 문서이다. 상단의 수신처는 오른쪽에 국문 번역문이, 이
외에 발신처와 공문은 타이핑한 본문 아래에 번역문을 국한문으로 필사하
였는데, ≪문서 69≫는 번역문을 정서하였다.
315 타이핑한 "C. G. HELMICK" 위에 자필 영자 서명이 있다.

민정장관 안재홍 성명서("제2당 조직은 낭설", 1948. 5.
11)[316]

南朝鮮過渡政府 公報部　一九四八年五月十一日
第二党組織은浪說
民政長官 安在鴻

　이지음 나와 外他數三氏가 合議하야 國會議員選擧後 어느 議員들
을 中心으로 第二政党을 組織하야 新政權에 參加할計畫을 한다는說
이 流布되여 新聞에도 揭載된터이나 政治謀畧家의 한推測이오 一種
의 中傷說이다 나는 그러한 事實없다 더구나 某邊의 慫慂을받어 新政
党을 맨든다는것은 나로서는 生覺할수없다 나는더 官界에 投身할 意
思조차 가지고잇지안타 熱意로써 現段階의 時局을 支持促成한 方面
에서 스스로 現時局을 擔當케 하는것은 어느모로나 至極妥當한일이
다 나는 過去一個年넘는동안 쓰라린 經驗을 材料로 한동안 새잡이로
時局對策을 硏究하고싶다

---

316 『選集』8, 170쪽의 국한문 문서인 「第二党組織은浪說」를 정서하였다. 5·10
총선거를 앞두고 일부 언론을 통하여, 美軍當局이 慫慂하여 총선거 후 徐載
弼를 중심으로 안재홍·李卯默·柳東悅 등이 第二政黨을 조직하리라는 낭설
이 유포되었다. 안재홍은 選擧 開票를 앞두고 민정장관 명의로 공보부를
통하여 5월 11일 이는 낭설이라는 성명을 발표하였다. 「第二政黨組織云은
浪說-謀略宣傳에安長官聲明」, 『漢城日報』(1948. 5. 12) ; 「新黨組織은 中傷
的浪說-安在鴻氏 談」, 『서울신문』(1948. 5. 12). 『漢城日報』는 全文을 全載하
였다.

민정장관 안재홍이 주한미군 사령관 J. R. Hodge 장군에게
보낸 영문 서한(1948. 5. 15)[317]

존 R. 하지 중장

재조선미육군사령관

1948년 5월 15일

친애하는 하지 장군:

진심을 담아 안부를 전합니다. 5월 10일 성공적으로 실시된 총선거
는 분명히 한국뿐만 아니라 국제적으로 새로운 질서를 여는 초석을
놓을 것이며, 이에 본인은 당신에게 진심으로 축하드립니다.

본인이 일본의 극심한 탄압을 받아 감옥에 있을 때 또는 고향 집에
있던 시간에 "조선상고사"라는 책을 저술하였습니다. 내가 독립운동을
할 수 없을 때,[318] 본인의 마음과 영혼[319]을 담아 독립운동의 정신으로

---

317 『選集』8, 171쪽의 영문을 번역하였다. 문서 상단 중앙에 안재홍의 자필로
'本信은別本을轉送'이라고 쓰여 있다. 이 자필 아래 "13 May 1948"이라고 타
이핑하였는데, 안재홍이 자필로 13을 15로 수정하였다. 안재홍은 1947년
7월(20일 발행) 民友社에서 『朝鮮上古史鑑』의 上卷을, 1948년 4월(1일 발행)
에 같은 출판사에서 下卷을 출간하였다. 이 문서는 하지 중장에게 책을 증
정하면서 보낸 서한이다.

318 영문은 "…when failed in Independent Movement.I"인데, 'Independent
Movement'라고 대문자화했고, 실패했다고 표현한 바로 보아, 안재홍 자신의

한 줄 한 줄 썼습니다.

우리의 독립을 완성하는 데 큰 도움을 주고 있는 당신에게 이 책을
증정하게 되어 영광이며, 부디 받아 주시고, 읽지 않는다 하더라도 영
원한 기념품으로 간직하시기를 바랍니다.

안재홍320
민정장관

독립운동이 의도한 바를 성취하지 못했다는 뜻으로 읽힌다. 이 구절은 안
재홍의 다음 글을 반영하여 번역하였다. "…滿洲事變이 부르터난後 나는거
듭投獄되고 世局은갈스록險難한데빠젓다 나囹圄에서헤아리건대 政治로써
鬪爭함은 한동안거의絶望의일이오 國史를硏鑽하야 써民族正氣를 不朽에남
겨둠이 至高한使命임을 自任하였을새 이에國史攻究에專心한지 다시거의十
年인데…" 安在鴻, 「『朝鮮上古史鑑卷頭에書함』」(1946. 1), 『朝鮮上古史鑑』上
(民友社, 1947. 7. 20), 3쪽,
319 영문은 seoul로 되어 있는데 soul로 고쳐 번역하였다.
320 타이핑한 "Respectfully Yours,"와 "AHN CHAI HONG / Civil Administrator" 사
이에 안재홍의 자필 영자 서명이 있고, 이 오른쪽에 안재홍의 도장(漢字로
된)이 찍혀 있다.

미국 정치고문 J. E. Jacobs가 민정장관 안재홍에게 보낸
영문 공문(1948. 5. 17)[321]

이 문서는 제이콥스가 미국 정치고문의 명의[322]로 남조선과도정부
민정장관 안재홍에게 보낸 영문 서한이다. 번역문은 『選集』8, 173쪽
에 실려 있는 ≪문서 73≫이다.

---

321 『選集』8, 172쪽의 영문이다.

322 "Sincerely yours,"와 "Joseph E. Jacobs / United States Army Political Adviser"
사이에 Jacobs의 자필 서명이 있다.

미국 정치고문 J. E. Jacobs가 민정장관 안재홍에게 보낸 영문 공문의 번역문 원문(1948. 5. 17)[323]

西紀一九四八年五月十七日

美國政治顧問요셉E.째콥스

南朝鮮過渡政府

民政長官 安 在 鴻　座下

一九四八年四月二十日에貴下를爲하야라디오로부터比律賓大統領로색
스氏逝去에對한貴下의 吊電을마닐라住在美國大使를通하야比律賓外務
書記官의게傳達되엿든바四月三十日附로比律賓外務部에서보낸別封[324]
의答禮의書翰이美國大使로브터왓기로玆에貴下의게此書를送傳함[325]

---

323 『選集』8, 173쪽의 국한문을 정서하였다. ≪문서 72≫의 국문 번역문 원문이다.

324 ʻ別ʼ 다음의 글자가 판독하기 어려운데, 초서를 쓸 때 혼돈이 있었던 듯하다. 封으로 써야 하는데 糸를 부수로 붙여서 오자가 된 듯하며, 또 絳과 음이 같아서 초서를 잘못 쓴 듯하다. 영어 원문인 ʻthe enclosed copy of note April 30,ʼ을 참작하면 別封이 맞다.

325 "…美國대사로부터왓기로胎呈하옵나이다"에서 "胎呈하옵나이다"를 "胎呈하옵나이다"처럼 지우고 "玆에貴下의게此書를送傳함"으로 수정하였다.

附 : 필리핀 외무부가 주필리핀 미국대사에게 보낸 영문 서한(1948. 4. 30)[326]

 이 문서는 필리핀 외무부가 마닐라 주재 미국대사에게 보낸 영문 서한이다. 번역문은 『選集』8, 175쪽에 실려 있는 ≪문서 73-2≫ 附이 다.

---

[326] 『選集』8, 174쪽의 영문이다.

附 : 필리핀 외무부가 주필리핀 미국대사에게 보낸 영문 서한의 국문 번역문 원문(1948. 4. 30)[327]

西紀一九四八年四月三十日
마닐라

外務部에서는美國大使의게致謝를보내고[328]一九四八年四月二十一日에 在朝鮮美國政治顧問으로브터南朝鮮過渡政府民政長官安在鴻氏의大統 領마뉴엘,로색스氏逝去에對한吊電(一二六一)을받은데對하야回謝함이 다美國大使가우리政府에보내주신吊詞에對하야感謝함을마지안는다는 것을民政長官安在鴻氏와밋그幕僚들의게傳하야주시면感謝하겟심이다

---

[327] 『選集』8, 175쪽의 국한문을 정서하였다. 영문 서한인 ≪문서 73-1≫ 附의 국문 번역문 원문이다.

[328] 처음 "致謝를하고"라고 썼다가 "致謝를보내고"로 수정하였다.

주한미군 사령관 J. R. Hodge 중장이 민정장관 안재홍에게 보낸 영문 서한(1948. 5. 19)[329]

제24군단 본부
사령관실
육군우체국 235
한국 서울

1948년 5월 19일

안재홍 씨
민정장관
남조선과도정부
한국 서울

친애하는 안 선생님:

"조선상고사"를 동봉한 당신의 5월 15일 자 서신을 방금 받았습니다. 서신과 책에 대해 말할 수 없이 감사드립니다.

본인 생각에 총선거의 결과는 엄청난 의미를 가지고 있습니다. 한국인들에게 새로운 시대를 제공할 뿐만 아니라, 민주적 절차가 공산

---

[329] 『選集』8, 176쪽의 영문을 번역하였다.

주의보다 우월함을 완벽히 입증하였는데, 총선거는 공산주의자들과 그릇된 반체제 단체들에게 대중이 선거에서 기권하도록 설득할 충분한 기회를 주었던 "자유로운 분위기"였습니다.

선량한 남한 대중의 건전한 판단에 대한 미국의 신뢰는 완전히 정당화되었습니다.

당신의 사려 깊음에 다시 감사드리며, 앞으로도 당신의 건강과 성공이 계속되기를 바랍니다.

존 R. 하지[330]
미육군 중장
사령관

---

330 "Sincerely yours,"와 "JOHN R. HODGE" 사이에 Hodge의 자필 서명이 있다.

민정장관 안재홍이 주한미군 사령관 J. R. Hodge 중장에 게 보낸 영문 서한(1948. 6. 1)[331]

(177쪽)

민정장관실
남조선과도정부

1948년 6월 1일
수신자: 존 R. 하지 중장, 재조선미군사령관
제목: 사임
발신자: 안재홍, 민정장관

친애하는 귀하,

　본인은 남조선과도정부의 민정장관으로서 사직서를 제출하는 바
그리함이 적절한 시기라고 믿습니다.
　당신도 잘 알다시피, 본인은 통일한국정부의 수립이 늦어진 까닭에

---

331 『選集』8, 177~178쪽의 영문을 번역하였다. 『選集』8의 編者註는 "※ 수신인
　이 Helmik 소장으로 된 같은 내용의 서한이 있지만 이 자료집에는 싣지 않
　았다. 이 자료는 ≪민세안재홍선집≫ 제2권에 '하지미군사령관에게 보낸 공
　한─민정장관 사의(2차 영문)'란 이름으로 실려 있다."고 밝혔다. ≪문서 75≫
　는 『選集』2, 606~609쪽에 활자화되어 실려 있다. 「(公翰)하지美軍司令官에
　게 보낸 公翰─[民政長官 辭意(二次·영문)]」라는 제목은 『選集』2의 編者가
　임의로 붙인 듯하다. 『選集』2의 編者註는 "編者選. 國文原文이 保存되지
　않아, 英譯文을 여기에 대신 收錄한다."고 밝혔다. 안재홍의 사표는 6월 8일
　정식으로 수리되었다. ≪문서 75≫의 「解題」를 참조.

민정장관직을 수락했고, 하지 장군이 1947년 초에 발표한 바와 같이, 한국에 대한 미국의 정책은 한국독립정부 수립을 달성하기 위한 한 방편으로 행정권을 미국인에게서 한국인에게 이양하는 것이었습니다.

행정권을 이양함에 따라, 본인은 하지 장군의 추천으로 인사 이동, 경찰, 식량, 그리고 친일 부역자 문제 등의 어려운 문제들을 해결할 목적으로 이 가장 중요한 직책을 수락하였습니다.

과거에, 본인은 위에 언급한 문제들을 일반 대중이 예상한 것보다 매끄러운 방법으로 해결하려고 노력해왔으나, 예상치 못한 여러 장애물과 제약 등으로 인해 성공하지 못했습니다.

통일한국정부를 설립할 목적으로 1947년 7월 말에 열린 제2차 미소공동회의는 실패하였고, 좌우합작이라는 본인의 주된 정치적 신념은 국제정치라는 장애물에 의하여 약화되었습니다. 따라서, 본인을 반대하는 정치권력이 점점 강해지고 있고, 정부의 공식적인 변화와 좌우단체의 연합에 입각한 정치의 민주화도 완전히 실패했습니다. 그 당시에 즉시 사직서를 제출하지 않은 것에 대해 유감스럽게 생각하며 저 자신을 책망하고 있습니다. 또한 UN한국임시위원단의 방문과 UN 감시하에 남한에서 총선거를 실시하기로 한 결정이 본인의 사임을 지연하게 한 것도 큰 유감입니다.

본인의 사임이 하지 장군이 내게 말했던 "떳떳한 양심으로 인내함"이라는 것에 입각한다고 자신을 변명하려는 것이 아닙니다. 본인의 정치 도의적 관점에서 볼 때 한국의 가능한 지역에서 총선거를 실시함을 열렬히 지지하는 사람이 민정장관 같은 중요한 자리에 있을 자격이 있다고 생각했으나, 내가 사임하게 되면 남한 선거에 반대하는 것으로 인식되었을 것이고, 또 국제관계의 중요성을 봐서 총선거가 끝날 때까지 기다려 왔습니다. 한국의 독립을 지원하려 애써 온 귀국과의 진실되고 좋은 우정에 입각해서 사임하였으므로, 본인의 자세는 올바른 것이었다고 믿습니다.

(178쪽)

미국과 소련의 관계, 그리고 북남 한국의 문제를 국제정치라는 관점에서 볼 때, 만약 한국에 대한 미국의 정책이 실패와 같은 결과에 이른다면, 한국의 통일과 그리고 현 한국의 어려운 문제들의 해결이 지연될 터이므로 본인은 참고 기다렸습니다.

이제 총선거가 끝나고 제헌국회가 문을 열었으니, 본인은 자유롭게 현 직책에서 떠나고자 확고하게 결정하였습니다. 어떤 면에서는 모든 행정 업무를 새로운 정부로 이관하는 것을 완료할 때까지 현 직책을 수행하는 것이 좋을지도 모르지만, 본인이 어떤 것도 해결할 수 없고 그럴 수 있는 직책에 있는 것도 아니기 때문에, 더 이상 머물 이유가 없습니다.

상황을 아주 잘 알고 있는 경우에도, 이런 문제들을 나의 권한으로 전혀 해결할 수 없음에 본인은 많이 힘들었습니다. 새 정부의 인사들은 그들이 직면하는 모든 문제들을 잘 처리할 것이라 생각합니다.

과거에 본인의 공적, 사적인 일에 관해 많은 근거 없는 비난과 불평이 있었습니다만, 여러분들은 저를 믿어 주었음을 알고 있고, 여러분에게 정중히 감사드립니다. 아직 해결되지 않은 일들이 있지만, 나로서는 떳떳하고 내 자신에 부끄럽지 않습니다.

김구 선생과 김규식 박사가 제의하고 여러 정치 지도자들이 참가한 남북연석회의에 관하여 몇 마디 첨언하고 싶습니다. 본인은 매우 곤란한 위치에 있었습니다. 그러나, 한국의 미래 자체가 한국인들이 반미적일 수 없음을 보여주기 때문에, 그들의 의도는 반미 감정과 친소 감정이 아니었습니다.

한국과 미합중국 간에 여러 정치적인 마찰이 있을 것이지만, 본인은 한국 국민으로서 한국이 완전한 독립을 달성하도록 도와 줄 귀국에 대한 우리들 서로 간의 근본적인 신뢰는 변화하지 않을 것이라고 믿고 또 기대합니다.

사실 역사적, 문화적, 전통적 차이, 그리고 상충되는 국제정세 때문에 한 나라가 다른 나라의 완전한 독립을 돕는다는 것은 매우 어려울 것입니다. 미국 사람들과 한국 사람들은 이 점을 잊지 말아야 합니다.

요약하자면, 본인은 국제정세가 가장 복잡한 시기에 통일한국정부를 수립하는 첫걸음을 내딛을 목적으로 본인을 희생하면서 민정장관직을 수락하였으나 아무것도 이루지 못하여 매우 유감입니다. 과거에 집착함은 쓸모없을 것입니다. 본인은 내 원래의 믿음으로 돌아갈 것입니다. 과거 16개월간의 경험은 본인을 더 이상 정부의 일에 참여할 수 없게 만듭니다.

여러분의 건강과 성공을 기원합니다.[332]

---

332 "Yours sincerely" 밑에 안재홍의 영자 자필 서명이 있다.

한성일보 사장 안재홍이 J. R. Hodge 중장에게 보낸 영문
서한(1948. 6. 8)[333]

한성일보
한국 서울

1948년 6월 8일

존 R. 하지 중장
사령관
반도호텔
한국 서울

친애하는 장군님,

  1945년 12월 초에 내가 게이조 닛포[334]를 인수할 수 있도록 당신이

---

333 『選集』8, 179쪽의 영문을 번역하였다. 안재홍의 사표는 6월 8일 정식으로
수리되었는데, 이날부터 한성일보 사장의 명의로 신문사의 애로 사항을 호
소하고 있다.

334 게이조 닛포(けいじょう にっぽう)는 京城日報의 일본어 발음이다. 구한말
朝鮮統監 이토 히로부미(伊藤博文)가 지시하여 1906년 9월 창간되었고, 식
민지시기에도 조선총독부의 기관지로 京城(서울)에서 발행된 일본어 신문
이었다. 경성일보사는 8·15해방 직후 미군정의 인쇄 기관으로 전환하여 미
군정이 관리하다가, 1946년 8월 薛義植(동아일보사 사장), 金宗亮(한성일보
사 상무이사) 두 사람이 관리인으로 취임함을 계기로 해서 서울公印社로
社名을 개칭하여 新發足하였다. 한편 기구도 쇄신하여 일반 인쇄물도 需應

고맙게 도와준 일을 친절하게도 기억한다니 대단히 기쁩니다.

한성일보가 설립되기 전에 동아일보가 사무실을 게이조 닛포 건물로 옮겼습니다.[335]

동아일보의 간부들은 지난 대한민국 제헌국회 총선거에 상당히 협조하였다고 탄원하면서, 그 건물을 독점할 취지로 한성일보를 서울공인사 건물 즉 게이조 닛포 건물에서 퇴거시키려 노력해 왔습니다.[336]

하였다. 「京城日報社 서울公印社」·「支配人에李常雨氏」, 『中外新報』(1946. 8. 3) ; 「京城日報社를 서울公印社로改稱-新管理人就任을契機로」·「支配人에 李常雨氏」, 『漢城日報』(1946. 8. 3) ; 「京城日報社를서울公印社로」, 『東亞日報』(1946. 8. 3) ; 「京日公印社로改身」, 『自由新聞』(1946. 8. 4).

335 8·15해방 직후 『동아일보』는 미군정의 호의로 경성일보사(서울公印社의 전신)의 일부 인쇄 시설을 이용하여 1945년 12월 1일 속간했다. 당시 韓國民主黨이 동아일보사의 사옥을 黨舍로 사용하였고, 동당의 수석총무 宋鎭禹가 동아일보사의 사장이었으므로, 本社屋의 사장실은 한국민주당의 黨首室格이었다. 이러한 사정으로 신문사의 營業局과 總務局은 사옥에 들었고, 편집국과 공장은 경성일보사의 일부를 빌려서 신문을 발행하였다. 1946년 2월 15일 이후에는 영업국마저 경성일보사로 옮겼으므로 본사옥에는 총무국과 사장실이 남았을 뿐이었다. 東亞日報社, 『東亞日報社史(1945~1960年)』卷二 (東亞日報社, 1978. 4), 41~42쪽. 『한성일보』는 1946년 2월 26일 창간호를 발행하였는데, 이때 사장은 안재홍, 印刷人은 金宗亮이었다. 『漢城日報』 (1946. 2. 26)의 板權 참조. 그러나 『한성일보』 역시 신문사에 자체 시설이 없어 애로를 겪다가, 안재홍이 노력한 끝에 1947년 2월부터 미군정이 서울공인사의 시설을 이용하여 신문을 인쇄하도록 지원함으로써, 창간 1주년을 맞아 안정되게 신문을 발행하게 되었다. 金珉煥, 『한국언론사』(사회비평사, 1996. 4), 347쪽.

336 1948년 5월 8일 새벽 서울 太平路에 있는 서울공인사 2층의 『동아일보』 조판실에 화재가 발생하여, 2층의 주조실과 문선 조판실은 물론 3층의 편집실까지 약 2백여 평의 건물과 활자 鑄造機 등이 全燒되었다. 「서울公印社火災」, 『大東新聞』(1948. 5. 9) ; 「서울公印社大火」, 『漢城日報』(1948. 5. 9). 이 화재로 인해 한성일보까지 영향을 받아 인쇄에 차질이 생겼다. 「서울公印社工場全燒-東亞, 漢城等各新聞에被害莫大」·「放火인가漏電인가」, 『工業新聞社』 (1948. 5. 9) ; 「서울公印社全燒」, 『自由新聞』(1948. 5. 9) ; 「서울公印社에테

이런 사실은 불법이라고 할 것입니다. 한성일보 또한 선거에 상당한 협조를 한 것이 사실이고, 만약 불충분하였더라도, 본 신문은 미군정과 한국을 위하여 현 상황에서 다양한 노력을 해 왔습니다. 본 신문은 이후로 본인의 개인적인 노력을 통하여 미군정과 한국에 보다 많은 기여를 할 것입니다. 본인은 한성일보가 오히려 동아일보보다 유리한 위치에 있다고 믿습니다.

이 사항을 고려하여 당신이 공정한 조치를 취해 주실 것을 겸허히 요청합니다.

경의를 표하며,

안재홍[337]
사장

로」,『우리신문社』(1948. 8. 14). 이후『동아일보』는 10월 1일 서울공인사에서 시설을 복구하여 다시 신문을 인쇄할 때까지, 약 5개월간『조선일보』·『每日新報』·『韓國日報』(現 한국일보사 아님) 등의 공장을 전전하면서 신문을 발행하였다. 위의『東亞日報社史』卷二, 88~90쪽.

[337] "Respectfully Yours"와 "AHN CHAI HONG / President" 사이에 안재홍의 영자 자필 서명이 있다.

군정장관 W. F. Dean 소장이 민정장관 안재홍에게 보낸
영문 공문(1948. 6. 8)[338]

(180쪽)

1948年 6月8日

南朝鮮過渡政府
民政長官
安 在 鴻 貴下

貴下의 1948年 6月 1日附 南朝鮮過渡政府 民政長官으로서의 辭職願
은 接受하였읍니다. 貴下의 書翰은 貴下의 誠意와 所信에 對한 眞實
性을 如實히 證明하는것이였읍니다. 本官은 貴下의高貴한 動機에對하
여 尊敬하기때문에 躊躇하면서 辭職願을 受理하였읍니다. 이機會에
貴下가 民政長官職을通하야 朝鮮國民의公僕으로서 남기신 貢獻에對
하여 深々한 謝意를 表하지 않을수없읍니다.

南朝鮮過渡政府는 朝鮮民族의 自治政府樹立에있어서 가장 重大한
段階이였다는것은 嚴然한事實로 歷史에남으리라고

---

338 『選集』8, 180~181쪽의 영문과 번역문이다. 타이핑한 영문 수신처는 상단
의 오른쪽에, 타이핑한 서신의 본문은 영문 위에 번역문을 국한문으로 필사
하였다. 《문서 77》은 이 번역문을 정서하였다. 이 번역문은 당시 신문에
보도된 서한과 내용상의 주지는 같으나 문구상 표현의 차이가 있으므로, 당
시 신문에 게재된 서한을 【별첨】으로 함께 수록한다.

(181쪽)

믿습니다. 過政은 朝鮮人으로 하여금現代國家로서 必要한 行政經驗을 가지도록하였음니다. 貴下는 民政長官으로서 南朝鮮過渡政府 運營發展에 큰役割을하섯습니다. 貴下는 民政長官으로서 忠誠을 다하섯고 最大의 眞摯한努力을 아끼지않엇는데 그功績은歲月이 지남에따라 더욱 빛나리라고 믿습니다.

貴下의 南朝鮮過渡政府와 朝鮮民族에 對한 奉仕에 對하여 能히 말로[339] 다 謝意를 充分히 表現할수 없음을 遺憾으로 생각하는 同時에 앞으로 하시는바에도 큰 成功이 있기를 祈願하는 바입니다. 過去에 있어서와 마찬가지로 앞으로 무었을 하시든지 小我를 떠나 眞正한 愛國的 誠意로서 臨하시리라고 確信하는 바입니다.[340]

【별첨】

「淸廉潔白한民衆指導者 業績은歷史가雄辯할터-띤長官安在鴻氏에게 謝意表明」, 『漢城日報』(1948. 6. 13)[341]

安在鴻氏의 民政長官退位에際하야軍政長官『띤』少將은 昨十二日 公報部를 通해서 安在鴻氏에對한謝意表明과 同時業績을讚揚하는 아래

339 원문은 '말도'로 되어 있다.

340 "sincerely,"와 "W. F. DEAN / Major General, United States Army / Militaty Governor" 사이에 *W. F. DEAN*이라는 자필 서명이 있다. 이 발신인 명의 왼쪽에는 "미국육군소장 / 군정장관 / 윌암.에푸.띤", 오른쪽에는 "軍政長官 / 陸軍少將 / ★★ / 웰리암 / 에푸·띤"이라는 직인이 찍혀 있다.

341 『漢城日報』 외에 타 신문에도 보도되었으나 문구상에 약간씩 차이를 보이고 있다. 「安長官退任에 띤長官 談」, 『東亞日報』(1948. 6. 13) ; 「安在鴻氏業績讚揚-띤軍政長官의書翰」, 『南朝鮮民報』(1948. 6. 13) ; 「辭任한安長官에게 띤長官業績讚揚」, 『京鄕新聞』(1948. 6. 13).

와가튼『멧세-지』를 公開하였다

南朝鮮過渡政府 民政長官安在鴻氏貴下本官은 一九四八年六月一日附로 貴下가提出하신 南朝鮮過渡政府 民政長官辭任書를 受理 합니다 貴下의信念이 確固하고 淸明潔白한데對하야 社會의信望은 큰바가잇섯습니다 本官은 貴下의 高貴한 心境을尊重하야 不得已貴下의辭表를 受理합니다만은 本官은 貴下가 在任中朝鮮國民을爲하야 奉仕한 功積에對하야 深甚한 謝意[342]를表하야마지안습니다 南朝鮮過渡政府의樹立은 歷史的으로[343] 朝鮮國民이 自主政府를 形成하는途程의가장重要한 한段階로서 譯錄[344]할것이라고 生覺합니다 이政府樹立으로말미아마朝鮮國民은 모든近代國家가 具有하여야할 各部門[345]의 行政에對한經驗을어덧습니다

特히貴下는 民政長官으로서 南朝鮮의過渡政府의 運營[346]과 그發展에重大[347]한 役割을하엿음니다 貴下의在任中그忠實한 奉仕와 그不斷하고眞摯한 努力으로 말미아마 貴下의業積은남어잇으며 또時日이經過할수록 빗나게될것입니다

本官은 南朝鮮過渡政府에 貢獻한貴下의 業積에對하야 謝意를表明하기에適當한 表現이잇기를 願하는바임니다

本官은 將來貴下의努力에 最善이잇기를바라며 또그努力은 過去에 貴下로하여금 朝鮮의愛國者요 政治家로함과 마찬가지로 愛國的이요 또한利己를 超越한動機에서 이루어질것을確信하는바임니다

---

342 『南朝鮮民報』에는 '誠意'로 되어 있으나 '謝意'가 원문과 일치한다.
343 다른 신문에는 "歷史는南朝鮮過渡政府의樹立을"으로 되어 있다.
344 다른 신문에는 '記錄'이라고 되어 있다.
345 다른 신문에는 '部分'으로 되어 있다.
346 다른 신문에는 '運用'으로 되어 있다.
347 다른 신문에는 '重要'로 된 곳도 있다. 『東亞日報』는 '重大'로 되어 있다.

一九四八年六月八日

美國陸軍少將 軍政長官

위리암·에프·딘

한성일보 사장 안재홍이 O.C.I의 Stewart 씨에게 보낸
영문 서한(1948. 6. 12)[348]

한성일보

1948년 6월 12일

스튜어트 씨

미군정 공보원

친애하는 귀하,

　1945년 해방 이후 본 신문의 창업 역사로서 판단하건대, 서울공인
사의 건물, 기계 및 장비들의 관리와 이용에 관해 동아일보가 임의적
으로 우세한 영향력을 주장하는 것은 옳지 않습니다.

　이미 김종량 씨[349]가 당신에게 보낸 청원서에서 설명되었기 때문에

---

348 『選集』8, 182쪽의 영문을 번역하였다. 조셉 스튜어트 소령(Major Joseph
　　Stewart)은 공보장교(Public Affairs Officer)로서, 1947년 2월 군정청 공보부
　　(OCI, Office of Civil Information)의 고문으로 임명되었다. 「軍政長官代理輔
　　佐 뉴먼大佐로內定」, 『서울신문』(1947. 2. 16) ; 「뉴-먼大佐榮轉」, 『京鄕新聞』
　　(1947. 2. 16). 대한민국정부 수립 이후에는 주한 미국 공보원(USIS, United
　　States Information Service)의 공보원장으로 임명되었다. 「주한미국대사관 직
　　원 명단」, 『평화일보』(1949. 4. 21)[國史編纂委員會 編, 『資料大韓民國史』11
　　(國史編纂委員會, 1999. 12), 568쪽].
349 김종량(1901~1962)은 안재홍의 부인 金富禮의 오빠로, 식민지시기에는 改
　　良韓屋 建築業者로 활동하다가, 8·15해방 이후에는 언론 사업과 정치 활동을

1945년 12월 이후의 한성일보, 동아일보와 본인 간의 관계에 대해 재론하고 싶지 않습니다. 총선거를 적극적으로 지원한 이유로 어떤 우월한 권한을 특별히 동아일보에 준다면, 한성일보 또한 총선거를 위하여 일정의 협조를 하였고, 나름대로 한국과 한국 주둔 미군정청에 지대한 공헌을 했다는 점을 간과해서는 안됩니다.

본인 스스로도 지난 16개월 동안 민정장관으로 열심히 일하였고, 이제 한성일보 사장으로 복귀하였습니다. 본인은 한국독립정부의 수립과 남북 한국의 통일이라는 위대한 과제를 위해 본인의 노력을 계속할 예정입니다.

당신이 우리의 실제 상황을 알았으니, 한성, 동아 그리고 서울공인사의 과거 관계와 우리 자신의 의도를 무시하며 동아일보만을 지지할 의도가 없다고 굳게 믿습니다.

본인이 이 서한을 쓰는 이유는 딘 소장의 조언에 따라 당신과 면담을 하고자 하였으나, 그럴 기회가 없었기 때문입니다. 본인과 면담할 기회를 주신다면, 우호적인 대화를 할 수 있다고 믿습니다.

안재홍[350]
사장

하였다. 金蘭基·尹道根, 「日帝下 民族建築生産業者에 關한 一硏究-改良韓屋建築業者 金宗亮과 鄭世權을 中心으로」, 『大韓建築學會學術發表論文集』第9卷第2號(대한건축학회, 1989. 10. 28), 230쪽. 『漢城日報』(1948. 6. 12)의 板權을 보면, 編輯發行兼 印刷人은 金宗亮, 主筆兼 編輯局長은 梁在廈였다.
350 "Respectfully Yours"와 "President" 사이에 안재홍의 영자 자필 서명이 있다.

주한미군 사령관 J. R. Hodge 중장이 민정장관 안재홍에게 보낸 영문 서한(1948. 6. 12)[351]

이 문서는 하지 사령관이 민정장관 안재홍의 사직을 수락하면서 감사의 뜻을 표하는 서한이다. 미군 사령관 하지 중장의 명의(JOHN R. HODGE / Lieutenant General, U. S. Army / Commanding)로 서명[352]하여 안재홍(Mr. Ahn Chai Hong / Civil Administratior / South Korean Government / Seoul, Korea / Dear Mr. Ahn:) 앞으로 발송한 문서이다. 번역문은 『選集』8, 184~185쪽에 실려 있는 《문서 80》이다.

---

351 『選集』8, 183쪽의 영문이다.

352 "Sincerely,"와 "JOHN R. HODGE" 사이에 *JohnRHodge*라는 자필 서명이 있다. 『選集』8의 編者註는 〈※ 이 자료는 《민세안재홍선집》 제2권에 "하지사령관의 서한—민정장관 사임 수락"이란 이름으로 실려 있다.〉영문 원문에 큰 따옴표(" ")가 사용되어 인용문을 〈 〉로 표시하였다(역자)]고 밝혔는데, 『選集』2, 609~610쪽의 「[附] 하지司令官의 書翰—民政長官 辭任 受諾」을 가리킨다. 단 『選集』2에서는 서한의 날짜를 기록하지 않았다.

주한미군 사령관 J. R. Hodge 중장이 민정장관 안재홍에게 보낸 영문 서한의 번역문(1948. 6. 12)[353]

(184쪽)

一九四八年 六月十二日
南朝鮮過渡政府
民政長官
安在鴻 氏貴下

民政長官을 辭任하신다는 六月一日의 貴翰 接受하였음니다 貴翰은 貴下가 其職責을 遂行한誠意와 道德的勇氣를 象徵합니다 그러나 貴下는 自己業績에對하여 너머도 批判的이라고 本官은 늣기는바임니다 貴下의地位는 旣定한 先例가있엇든것이않이고 새로운問題와 아직明確히되지않은 政策을 품은 未踏의 分野에있엇든 것입니다 엇더한 問題에 欣然 技術的으로 부두칫다할지라도 一定한時間이 經過하여야 解決되는 것이며 其解答은 조곰도喝采없이 닥근 土台에서하는 個別的功獻의 合計(185쪽)인것입니다

中央政府가 其責任을 引繼할時에 貴下가 設置한 健全한 前例가 貴下가 訓練한 經驗있는 官吏를 新政府는 發見할것입니다

우리는 貴重한長官을 喪失한다는 感을갖고 本官은 不得已 貴下의 辭職을 受諾합니다 方面은 다르나 關聯된 事業에 貴國을爲하여 從事

---

353 『選集』8, 184~185쪽의 국한문을 정서하였다. ≪문서 79≫의 국문 번역문 원문이다.

하겠다는 貴意에 敬意를 表하며 감사합니다

　本官은 貴下의 誠意있고 忠實한業績에 謝意를表합니다 貴下가以後에도 眞實한愛國者,學者의精神을나아가실것을앎으로 貴下의今後奮鬪에있어서 成功하시기를바랍니다

美軍司令官

존·알· 하-지中將

Korean Affairs Institute의 Kim Yong Jeung이 민정장관 안재홍에게 보낸 영문 서한(1948. 6. 14)[354]

(186쪽)

워싱턴 조선사정협회[355]

-비영리 단체-

워싱턴5,D.C

1948년 6월 14일

안재홍 씨

---

[354] 『選集』8, 186~187쪽의 영문을 번역하였다.

[355] 8·15해방 후 남북이 美蘇 양군에게 분할점령되자, 金龍中은 '중립화통일론'을 주장한 인물이었다. 정병준, 「(자료소개)김용중의 중립화 통일운동과 관련문서 현황」, 『역사비평』통권 30호(역사문제연구소, 1995. 2) ; 정병준, 「金龍中의 생애와 통일·독립운동」, 『역사문제연구』제12호(역사문제연구소, 2004. 6). 『在美韓人50年史』에 따르면, 1943년 11월 金龍中(1898~1975)은 미국 워싱턴 D.C.에서 몇몇 동지들과 발기하여 韓國事情社(756쪽에는 '한인사정사'로 기술)를 설립하고, 동월 22일부터 月報로 『한국의 소리』(The Voice of Korea)를 발행하기 시작하였다. 잡지 발행의 목적은 대한 민족의 이상과 기대를 선전하여 국제 친선을 증진하고 민주주의 이상을 향상하는 데 있었다. 김용중은 잡지를 창간한 이래 13년 동안 사장과 주필의 직무를 겸임하면서 왕성하게 활동하였다. 金元容, 『在美韓人50年史』(1959)[독립운동사 편찬위원회 편, 『獨立運動史資料集-臨時政府史資料集』第8輯(독립유공자 사업기금 운용위원회, 1984. 9), 756, 765~766쪽]. 이로써 판단하면, Korean Affairs Institute는 창립 당시 미주 사회에서는 한국사정사(한인사정사)로 불리었다. 해방정국기의 신문에는 대부분 在美朝鮮事情紹介協會로 통칭되었으며, 간혹 조선사정협회 또 한국사정협회로 소개되기도 하였다.

민정장관
남조선과도정부
한국 서울

친애하는 안 선생님:

남한의 선거가 끝났지만, 우리나라는 중대한 위기에 직면하고 있습니다. 남한에 관한 한, 나라의 운명을 위한 계획은 이제 전적으로 한국 지도자들의 손에 달려 있습니다. 오랫동안 바라던 통일과 경제적 재건을 촉진하기 위한 정부를 구성하는 일은 이제 새로운 제헌국회의 책임이 되었습니다.

당신도 잘 알고 있듯이, 한국은 남북통일 없이는 지속될 수 없습니다. 당신은 또한 안정적이고 생산적인 국가경제가 북한의 물적 자원 없이 달성될 수 없음도 알고 있습니다. 남한의 경제 상황이 개선되지 않는 한 어떤 정부도 오래 가지 못한다는 데 동의할 것이라 믿습니다. 선거의 경향은 대중의 불안정성을 보여주었음을 당신도 잘 알고 있다고 생각합니다. 만약 새로운 정부가 대중의 필요와 욕구를 만족시키지 못한다면, 북한의 공산군이 남침하는 것보다 남한 자체 내의 참담한 사회적 갈등이 더 큰 위험이라고 생각하지 않습니까?

미국에서의 제 임무는 오로지 한국에서 일어나는 사건들에 관한 정보를 전파하는 것임을 알고 있으리라 믿으며, 때로는 이 정보가 중요한 곳에 전달됩니다. 당신이 정부 업무에 경험이 풍부한 지도자이기 때문에, 어떤 종류의 정부가 수립되기를 원하는지, 가까운 미래에 통일 문제는 어떻게 접근되어야 하는지, 대중의 가난과 마비된 국가 산업을 구제하기 위하여 산산조각 난 경제는 어떻게 복원되어야 하는지, 그리고 외국 원조는 어떻게 요청되어야 하며 또 어느 정도까지 필요한 것인가에 관하여 당신의 의견을 듣고 싶습니다.

(187쪽)

위 사항들에 관한 당신의 솔직한 의견은 본인을 개인적으로 만족시킬 뿐만 아니라 한국문제에 관심 있는 많은 이들에게도 환영받을 것입니다.

안부를 전하며,
김용중[356]

추신: 동일한 내용의 서신을 한국민주당의 김성수 씨에게 보냅니다.

---

[356] "Sincerely yours,"와 "Yongjeung Kim" 사이에 자필 영문 서명이 있다.

문서 82	군정 부장관 C. G. Helmick 소장이 민정장관 안재홍에게 보낸 영문 서한(1948. 6. 22)[357]

재조선미육군사령부

육군우체국 235-2

1948年 6月22日

朝鮮[358] 서울

安 在 鴻 貴下

　貴下가 最近 提出하신 辭任願의 一部를 接受하였음니다. 이때에退任하심에對하여 遺憾의 情을 禁키 어려우나退任의決意하신 動機에對하여는 理解하고 敬意를 表하는 바임니다.

　그러고 貴下가 南朝鮮過渡政府를 爲하여 해주신 그 努力과業績에對하여 感謝함니다. 貴下는 政府의 가장 重大한 職務를 마트섯든것이고 任務完遂를 爲하야 最大의 努力을 아끼지 않으섯슴니다. 여러가지 難關에 逢着하섯스며 그것을突破하기爲하여 全力을 다하섯슴니다. 貴

---

357 『選集』8, 188쪽의 영문과 번역문이다. 상단의 타이핑한 영문 수신인은 오른쪽에, 타이핑한 서신의 본문은 영문 위에 번역문을 국한문으로 필사하였다. ≪문서 82≫는 이 번역문을 정서하였다. 영어 원문의 수신인은 "Mr. Ahn, Chai Hong / Seoul, Korea / My Dear Mr. Ahn:"으로 되어 있으며, 민정장관이라는 용어는 없다. 『選集』8의 編者가 임의로 붙인 제목인데, 1948년 6월 22일에 안재홍은 이미 민정장관 사직서가 수리되어 민간인 신분이었다.

358 영문을 국문으로 번역한 원문 그대로이다.

下는 所信과 信念貫徹을爲하여는 精神的及肉身的 勇氣를發揮하섯습
니다. 누구나 目標에完全히到達할수는 없습니다. 그러나 貴下로서는
貴下가自認하시는 以上의業績을 남기섯습니다. 때가 지남에 따라서
貴下의 努力이 헛되지 않었다는 事實을 認識하시게될것을 確信합니
다.

  官界를 떠나심에 있어서 또 將來하실 事業에 있어서 큰 成功을 하
시기를 心祝하는 바임니다.

  미육군 준장[359]
  부군정장관 헬믹

---

[359] "Very truly,"와 "C. G. Helmick" 사이에 자필 영문 서명이 있다.

군정 부장관 C. G. Helmick 소장이 한국올림픽후원회 회장
안재홍에게 보낸 영문 서한(1948. 7. 12)[360]

재조선미육군사령부
육군우체국 235-2

1948년 7월 12일

안재홍 씨
조선올림픽후원회 회장
한국 서울

친애하는 안 선생님:

당신의 7월 1일 자 서신과 아주 아름다운 올림픽 손수건을 잘 받았
습니다. 대단히 감사합니다. 한국에 있는 모든 미국인들은 당신의 선
수단이 크게 성공하기를 저와 함께 바라고 있습니다. 한국의 國旗[361]
가 경기에서 성공적이고, 또 한국인들이 자유국가로서 재탄생했음을
전 세계에 보여주는 데 성공적이길 기원합니다.

C. G. 헬믹[362]

---

360 『選集』 8, 189쪽의 영문을 번역하였다.
361 영문은 'the Korean Emblem'이다.

미육군 중장
부군정장관

한성일보 사장 안재홍이 미국 미네소타 주 하원 의원 J. H.
Judd 씨에게 보낸 영문 서한(1948. 10. 12)[363]

한성일보

한국의 선도적 언론사

한국 서울

1948년 10월 12일

J. R. 저드 씨

미네소타 주 下院 의원

워싱턴 D. C. 하원

친애하는 저드 씨,

당신이 서울을 떠난 이후, 하원에서의 당신의 노고에 관한 소식을
언론을 통해 들은 바, 이는 본인의 우호적인 마음에 깊은 감동을 주었
습니다. 트루먼 대통령이 재선되었으니, 미국의 동아시아 정책에 아
무런 변화가 없을 것이며, 한국과 관련된 미국의 소련 정책도 우호적
이면서 동시에 필요할 때는 단호할 것이라 기대합니다.

---

363 『選集』 8, 190쪽의 영문을 번역하였다.

중국이 공산군의 통제하로 들어가면 동아시아 문제들은 영원히 해결되지 못할 것임을 당신은 잘 인식할 것입니다. 현재 공산군은 힘을 얻었습니다. 그들은 중국이 정치적, 경제적으로 극도의 혼란한 시기에 농민, 노동자와 소시민의 지지를 받아 일시적으로 군사적 승리를 거두었지만, 경제적 재건이 실패할 수밖에 없고, 미국의 적절한 원조에 힘입어 현 사회 상황에 맞는 민주주의가 중국에 다시 확립될 것이 확실합니다.

동아시아, 그리고 중국 원조에 관한 당신의 적극적이고, 계몽적이며 후견적 임무가 대단히 육중함을 깨닫습니다.[364]

당신의 건강과 성공을 기원합니다.[365]

안재홍
(전 남조선 과도정부 민정장관)
사장

---

[364] 영문은 "I recognize your active, enlightening…"로 시작하는데, 이때 recognize는 "내가 인식할 정도이니 당신도 잘 알 것"이라는 뜻으로, 완고하게 상대방에게 의견을 전하고자 할 때 쓰인다.

[365] 이 문건은 영문에 오타가 많다. 이 문장도 "I prey for your health and success."로 되어 있는데, pray로 바로 잡으면서 번역하였다.

한성일보 사장 안재홍이 미국 대통령 Truman에게 보낸
영문 서한(1948. 10. 12)[366]

한성일보
선도적 한국신문
한국 서울

해리 S. 트루먼 귀하
미합중국 대통령
워싱턴 D. C. 백악관

1948년 10월 12일

친애하는 대통령님,

　귀하의 재선[367]은 당신의 사려 깊고 굳건한 민주적 정치 프로그램을
미국인들이 신뢰하고 지지함을 증명합니다. 귀하의 다음 임기 중에
우리의 통일정부를 달성하기 위한 더욱 많은 지원과 지지를 기대합니
다.

---

366 『選集』8, 191쪽의 영문을 번역하였다.

367 영문은 "Your Excellency's reelectiong…"로 시작하는데, Your Excellency는 외
교적 표현이다. 미국 대통령은 Mr. President라고 부름이 관례이므로, 각하
대신 귀하로 통일하였다.

민주정부를 확고히 수립하고 공산주의 세력을 견제[368]함이 중국 문제를 해결하기 위한 필수 조건이라는 것을 귀하가 잘 인식하고 있으리라 믿습니다.

만약 귀하가 얄타회담 이후 일어난 어려운 문제들을 해결하기 위해, 또 한국의 통일된 독립을 달성하기 위해 소련의 협조를 얻는 데 성공한다면, 그리하여 세계평화를 위한 희망의 빛을 불러온다면, 귀하는 인류 역사에 영원한 기록을 남길 것입니다.

귀하의 건강과 성공을 기원합니다.

안재홍
(전 남조선과도정부 민정장관)
사장

---

[368] 영문은 "adjustment of communistic forces…"이다.

주한미군 사령관 John B. Coulter 소장이 한성일보 사장 안재홍에게 보낸 영문 서한(1948. 11. 15)[369]

재조선미육군사령부

육군우체국 235

1948년 11월 15일

안재홍 씨

한성일보 사무실

태평로 1가 31-3

한국 서울

친애하는 안 선생님:

 "새 생명 운동" 즉 "新生會"[370]의 설립을 위한 당신의 계획과 관련된

---

369 『選集』8, 192쪽의 영문을 번역하였다. 쿨터 소장은 1948년 8월 24일 남한
주둔 미군사령관으로 취임하였다. 그는 1948년 1월 15일 미군 제7사단장으
로 임명되었다가, 동년 5월 21일 제24군단 부사령관으로 임명되었다. 「코울
터新司令官의經歷」, 『自由新聞』(1948. 8. 25).

370 안재홍은 1948년 9월 23일 前 新韓國民黨 계열의 당원들과 함께 民主獨立
黨을 탈당하면서, "將次 同志들과함게 俱樂部같은것을 組織하고 地方實態
을 調査硏究하는 同時에 旣往의 나의政治理念과는 何等의變動이없는 政治
啓蒙事業을할 豫定이다"라고 밝혔다. 「政治啓蒙할터-安在鴻氏 談話」, 『서울
신문』(1948. 9. 25). 이후 정치·경제·문화 등 외 다방면의 연구를 목적으로
구락부 형태를 준비한 끝에 11월 12일 新生會 발기준비회를 조직·개최하고

1948년 11월 8일 자 서신을 받았음을 알려드립니다.

한국인의 생활 수준을 높이고자 하는 이타적인 목적을 가진 것으로 보이므로, 최선의 동기에 의해 시작된 듯합니다. 자발적인 근면과 절약이라는 소박한 미덕을 강조하고 대중 간의 유대감을 증진함은 한국인들의 생활에 상당한 기여를 할 것입니다.

당신이 언급한 물자들을 한국의 정부 기관에 이관하는 것은 이미 상당한 규모로 진행되고 있고, 더 많은 물자가 입수되는 대로 계속될 것입니다.

이들 물자는 도지사들에게 인계되고 상공부의 각 도 담당자들에 의해 분배를 위해 할당되고 용도가 결정되는 바, 해당 부서가 보기에 한국인들의 이익을 가장 잘 충족하는 곳에 사용됩니다. 이 안건에 관해 당신은 상공부와 연락하시기를 제안합니다.

당신의 운동이 성공하기를 바랍니다.

존 B. 쿨터[371]
미육군 소장
사령관

宣言 초안을 발표하였다. 「民衆運動을目標-「新生會」結成準備」, 『漢城日報』 (1948. 11. 13).
[371] 타이핑한 "JOHN B. COULTER" 위에 영자 자필 서명이 있다.

한성일보 사장 안재홍이 미 제5군단 사령관 J. R. Hodge
에게 보낸 영문 서한(1948. 12. 3)[372]

한성일보
한국 서울

1948년 12월 3일

존 R. 하지 장군
사령관
제5군단 포트브래그 기지
노스캐롤라이나 주

친애하는 장군님,

　제5군단 사령관이라는 중책에 임명됨을 축하드립니다. 한국문제에
관한 당신의 명확하고 매우 적절한 의견이 가끔 여기에 보도되는 바,
이는 당신에게 경의를 표하게 만듭니다.

---

372 『選集』8, 193쪽의 영문을 번역하였다. 前 주한미군 사령관 하지 중장은
　　1948년 8월 27일 離韓하였다. 「하-지中將昨日歸國」, 『朝鮮日報』(1948. 8. 28)
　　; 「하中將昨日離韓-二百餘要人歡送裡에」, 『東亞日報』(1948. 8. 28). 미국 육
　　군성은 1948년 10월 13일 前 한국주둔군 사령관 존 알 하지 중장이 제5군단
　　사령관으로 임명되었다고 발표하였다. 「하!지中將 五軍司令官被任」, 『漢城
　　日報』(1948. 10. 16) ; 「歸任한「하」中將 五軍司令官被任」, 『京鄕新聞』(1948.
　　10. 16).

우리 군대 일부의 반란은 아직 확실히 해결되었다고 할 수 없습니다. 산업 생산은 전기의 부족으로 줄어들고 있습니다. 대중의 불만과 불안이 상당한 것 같아서 염려됩니다.

만약 중국 공산주의자들이 중국의 북방을 쓸고 남쪽으로 난징(南京)까지도 위협할 정도로 전진하게 되면, 그들의 활동은 한국에 심각한 영향을 미칠 것입니다. 최근에 미국은 중국에 대한 원조에 관심을 잃은 듯 보이지만, 미국이 중국을 중국 공산주의자들에게 휘둘리게 놔두면, 미국이 일본을 더욱 강조한다 할지라도 아시아의 운명에 대해 계속 낙관할 수 없습니다.

본인은 정치권력을 획득함이 목표인 듯한 정당들에게서 당분간 멀리 떨어져, 대중의 정치 교육을 위한 운동에 매진할 것입니다.

국제사회의 민주진영과 민주독립국 대한민국을 위한 당신의 변함없는 노력을 믿으며, 또한 다가오는 새해에도 건강과 성공을 기원하면서 이만 줄입니다.

사장[373]

---

[373] "Yours cordially,"와 "President" 사이에 공간이 있을 뿐 자필 영자 서명은 없다.

한성일보 사장 안재홍이 ECA Mission for Korea의 E. A. J. Johnson 박사에게 보낸 영문 서한(1948. 12. 3)[374]

한성일보

한국 서울

---

374 『選集』8, 194쪽의 영문을 번역하였다. 1948년 8월 25일 미국 트루먼 대통령은 한국 경제 원조 담당 부처를 육군부(육군성)에서 경제협조처(ECA : Economic Cooperation Administration)로 이전하라는 요지의 문서에서, "2. 경제협조처장은 가까운 시일 내에, 가능하다면 1949년 1월 1일까지나 늦어도 1949년 3월 15일 전까지는 한국에 대한 경제 원조 책임을 맡을 준비를 갖추어야 합니다."라고 지시하였다. U.S. Department of State, "(895.50 Recovery/8-2548)Memorandum by President Truman to the Secretary of State-Subject: Transfer of Responsibility for Economic Aid to Korea"(Washington, August 25, 1948), *Foreign Relations of the United States 1948*, vol.Ⅵ The Far East and Australasia(United States Goverment Printing Office, Washington, 1974), pp.1288~1289[번역은 국사편찬위원회 인터넷 제공 번역문을 인용]. 이후 안재홍의 민정장관 사임으로 공백을 대리하였던 前 미군정청 군정장관 顧問 에드가 존슨(Edgar Augustus J. Johnson)이 1948년 9월 24일 미육군성에서 인계받을 미국 對外經濟協調管理處(美對外經濟調整管理處)의 對韓國經濟援助管理處長(對韓國復興計劃主任)에 被任되었다는 보도가 있었다. 「對韓經援管理處 美華府에 創立 中」, 『朝鮮日報』(1948. 9. 26) ; 「美韓國復興主任EA존슨氏被任」, 『自由新聞』(1948. 9. 26). 그는 1948년 9월 30일 한국 경제 원조를 위한 對한국 경제 사절단의 일원으로 번스 등과 함께 내한하였다. 「韓美會談은 不遠再開-援助問題에 雙方案作成코待機」, 『서울신문』(1948. 10. 2). ≪문서 89≫에 따르면, 1949년 1월 10일 이전, 에드가 존슨은 미국의 對한국 부흥 원조를 담당하는 미 경제협조처의 한국 국장으로 임명되어서 사무를 인계받고 있었다. 그는 1949년 3월 12일 對한국 원조 문제 등을 조사하러 내한하여 경제 실정 등을 파악하였고, 이 기간 중 안재홍과도 요담하였다. 「經協韓國局長 존슨氏入國」, 『朝鮮日報』(1949. 3. 16) ; 「經協韓國局長入國」, 『自由新聞』(1949. 3. 16) ; 「對韓援助億弗 經協서美國會에提出」, 『東亞日報』(1949. 3. 18).

1948년 12월 3일

에드가 A. J. 존슨 박사
경제협조처(ECA)[375] 한국대표부
경제협조처 빌딩
코네티컷 거리, 'H'街
워싱턴 D. C.

친애하는 박사님,

　인천의 부두에서 헤어진 지 벌써 한 달이 넘었습니다. 한국에서는
사람들의 생활이 더욱 힘들어졌고, 공산주의자들의 선동에 의한 우리
군 일부의 반란[376]과 전기 부족으로 인한 공장의 생산 중단으로 사회
는 불안정합니다.

　한국문제가 UN총회에서 만족스럽게 다루어질 수 없을 것 같기 때
문에 사려 깊은 사람들은 UN총회에 큰 기대를 하지 않는 듯합니다.

　한국의 현 상황에서는, 미군이 한국에 계속 남아 있을 필요가 있습
니다. 미국의 한국에 대한 경제 원조는 과거와 같이 적극적으로 계속
될 것이라 믿습니다. 당신의 노력 덕분으로 대단한 결과가 얻어질 것
을 확신합니다. 본인은 미국이 중국국민당 정부를 적극적으로 도와

375　당시 신문마다 ECA를 다른 용어(경제협력국)로 번역한 예도 보이지만, 대부
　　분의 언론에서는 경제협조처로 통일하여 보도하였으므로 경제협조처로 번
　　역하였다.
376　1948년 10월 19일 일어난 旅順事件(麗水·順天事件, 여수·순천 10·19사건, 여
　　순10·19사건 등으로 불린다)의 여파를 가리킨다.

쳐야 한다고 생각합니다. 그러나 중국 문제는 아시아의 운명을 부정적인 국면으로 결정지을 것입니다.

저희 한성일보를 통하여 흥미로운 메시지를 전해주신다면 고맙겠습니다. 사모님과 아드님께도 안부를 전해주십시요. 제 아내도 여러분 모두에게 안부를 전합니다. 여기 미 육군에게서 제 신생활운동에 대한 지원을 받기가 쉽지 않습니다. 굿펠로우 씨[377]를 만나서 그와 좋은 대화를 나눴습니다.
당신의 회신을 기대하며.

사장[378]

---

377 하지 중장의 정치고문이었던 굿펠로우는 1946년 5月 歸美하였다. 그는 대한민국정부가 수립된 후 1948년 11월 14일 대통령 이승만이 초청하여 내한하였다가 동월 30일 離韓하였다. 「共産事態等協議」·「大統領과協議」, 『京鄉新聞』(1948. 11. 16) ; 「굳·펠로氏歸美」, 『東亞日報』(1948. 12. 2) ; 「굳·펠로氏30日歸美」, 『漢城日報』(1948. 11. 30).
378 "Yours cordially,"와 "President" 사이에 공간이 있을 뿐 자필 영자 서명은 없다.

ECA Korea Division의 E. A. J. Johnson 국장이 한성일보 사장 안재홍에게 보낸 영문 서한(1949. 1. 10)[379]

경제협조처

워싱턴 D. C.

1949년 1월 10일

안재홍

한성일보 사장

한국 서울

친애하는 안 선생님:

당신의 12월 3일 자 서신에 매우 감사드리며, 오래전에 답장을 드려야 했으나 경제협조처(ECA)[380]가 한국에 관련된 사무를 인수하는 데 필요한 작업으로 너무 바빠서 그러지 못하였습니다.

당신의 서신은 UN총회가 UN한국위원단의 권고 사항을 승인할지

---

379 『選集』 8, 197쪽의 영문을 번역하였다.

380 미국무성 경제협조처(ECA)는 제2차 세계대전 후 미국의 대외 경제 원조 사무를 도맡았던 기구이다. 통상 ECA라고 부르는 경제협조처의 사무는 세칭 '마셜 플랜'(Marshall Plan)에 의거해 마셜 계획 물자를 주로 취급하였다. 「미국 경제협조처장 호프만의 방한에 맞춰 환영위원회 조직」, 『민주일보』(1948. 12. 14)[國史編纂委員會 編, 『資料大韓民國史』 9(國史編纂委員會, 1998. 12), 539쪽].

여부에 조금은 회의적일 때 작성되었습니다. 이제 상황은 크게 변했습니다. 본인은 UN총회가 보여준 한국에 대한 강한 신뢰에 대해 당신과 한국인들에게 축하를 드리고 싶습니다.

본인은 모든 한국인이 직면하고 있는 어려움들을 너무나 잘 인식하고 있습니다. 우리가 함께 일해야만 이러한 경제적 역경을 극복할 수 있습니다. 정치적 야망이 아닌 진정한 애국심이 동기가 된 하나의 거대한 정치운동으로 모든 정치 지도자들을 통합하려는 운동이 펼쳐진다는 것을 최근에 알게 되었습니다. 미국에 있는 우리들은 한국을 민주운동의 진정한 중심이라고 여기기 때문에 이러한 통합운동에 진전이 있기를 진심으로 바랍니다.

본인이 워싱턴에 있는 20세기 클럽[381]에서 행한 연설의 사본을 하루 이틀 내에 보내겠습니다. 이 자료의 어떤 것이든 한성일보에 실릴 만큼 유용하다면 얼마든지 사용하시기 바랍니다.

우리 부부가 당신 부부와 저녁 식사를 함께하며 논의한 문제는 잊지 않고 있습니다. 그것은 본인이 탐구하고자 하는 프로젝트이며, 한 달이나 6주 이내에 당신께 소식을 전해드릴 수 있기를 바라고 있습니다. 그동안 당신의 부인께 저의 따뜻한 안부를 전해주시고, 당신과 나는 매우 가치 있는 프로젝트에 오랫동안 함께 일해 왔음을 기억하시기 바랍니다. 이에 저의 따뜻한 안부를 전하며, 그리고 내가 도와줄 수 있으면 언제든지 도와드릴 것을 다시금 확언합니다.

---

381 Twentieth Century Club은 여러 곳에 지부가 있었던 여성 사회단체로 추정된다.

에드가 A. J. 존슨[382]

국장

한국부

---

[382] "Very sincerely yours,"와 "Edgar A. J. Johnson" 사이에 자필 서명이 있다.

UN한국위원단 제2분과위원회 비서 Hung-Ti Chu가 한성 일보 사장 안재홍에게 보낸 영문 서한(1949. 3. 11)[383]

UN

1949년 3월 11일

안재홍 씨
편집장
한성일보
한국 서울

---

[383] 『選集』8, 198쪽의 영문을 번역하였다. 『選集』8의 編者는 Hung-Ti Chu를 의장으로 착오하여 문서의 제목을 「UN한국위원단 제2분과위원회 의장 Hung-Ti Chu가 한성일보 사장 안재홍에게 보낸 영문 서한」으로 붙였다. UN한국위원단이 UN에 제출한 보고서에서 동 위원단의 사무국 조직 구성을 보면, Hung-Ti Chu(朱鴻題)는 UN위원단 사무국의 비서(Assistant Secretaries) 3명 중 1인이었다. 「제3부 유엔한국위원단 보고서(1949)」의 '2. 유엔한국위원단 보고서 제2권 : 부속문서'의 「부속문서 V 위원단 및 사무국 대표단 목록」, 경희대학교 한국현대사연구원 편저, 『한국문제 관련 유엔문서 자료집』下(경인문화사, 2017. 2), 479쪽[영문은 위의 책, 538쪽]. Assistant Secretaries를 局長補로 번역한 경우도 있다. 國會圖書館 立法調査局 編, 「Ⅴ. 委員團代表와 事務局職員의 名單」, 『〈立法參考資料 第35號〉國際聯合韓國委員團 報告書(1949·1950)』(大韓民國 國會圖書館, 1965. 7), 214쪽. UN한국위원단은 1949년 2월 15일 제2분과위원회 의장에는 불란서 대표 앙리 코스티유(Henry Costihes)를 임명하였다고 발표하였다. 「北韓과連絡討議-韓委」, "第一分委"開催」, 『서울신문』(1949. 2. 16). Hung-Ti Chu는 1948년 1월에도 UN한국임시위원단의 사무보좌관(Assistant Secretaries)으로 내한하여 활동하였다. 경희대학교 한국현대사연구원 편저, 『한국문제 관련 유엔문서 자료집(上)』(경인문화사, 2017. 2)의 「제1부 유엔한국임시위원단 보고서(1948)」, 126쪽[英文 原文은 위의 책, 149쪽(영문 원문의 쪽번호는 5쪽)].

친애하는 안 선생님,

代議 정부에 관한 문제 및 이에 관련된 문제들을 조사하는 책임을 가진 제2분과위원회[384]는 1949년 3월 15일에 열리는 청문회에 대한 당신의 시간 약속을 확인하라고 지시하였으며, 시각은 10시가 아니라 10시 30분에 덕수궁에서 열립니다.

M. M. 리 박사가 청문회에서 통역 역할을 하는 것에 대해 만족하실 것입니다.

남북 간에 존재하는 장벽의 특성에 대해 조사하는 제1분과위원회 위원들도 청문회에 참석할 수 있습니다.

두 분과위원회가 준비한 토론 주제의 목록을 동봉합니다.

다음 화요일 10시 30분에 뵙기를 기대합니다.

---

[384] UN한국위원단은 1948년 12월 12일 UN총회 결의 제4항에 기술된 임무 수행을 위해 업무 분담 작업에 박차를 가하여, 1949년 2월 9일 제5차 위원단 회의에서 제1, 2분과위원회를 구성하였다. 제2분과위원회는 한국의 의회정치 발전 문제를 연구하고 정부 당국의 자문에 응하며, 의회정치를 더욱 발전시키기 위한 전문가 및 단체의 의견과 견해를 수집하는 권한을 가지며 중국·프랑스·필리핀 대표로 구성되었다. 「제3부 유엔한국위원단 보고서(1949)」의 '1. 유엔한국위원단 보고서 제1권', 위의 『한국문제 관련 유엔문서 자료집』下, 369, 382쪽. 제2분과위원회의 중국 대표는 리우위안(劉馭萬, Liu Yu-Wan), 필리핀 대표는 루피노 루나(Rufino Luna), 프랑스 임시대표는 앙리 코스티유(Henry Costihes)였다. 「제3부 유엔한국위원단 보고서(1949)」의 '2. 유엔한국위원단 보고서 제2권 : 부속문서'의 「부속문서 V 위원단 및 사무국 대표단 목록」, 위의 『한국문제 관련 유엔문서 자료집』下, 479쪽[영문은 위의 책, 538쪽].

추홍티[385]

비서

제2분과위원회

---

385 "Sincerely yours,"와 "Hung-Ti Chu / Secretary" 사이에 자필 영문 서명이 있다.
UN한국위원단 사무국장 이하 사무국원 15명은 1949년 2월 5일 제3진으로
내한하였다. 당시 신문에는 Hung-Ti Chu는 周홍티·朱홍디·朱鴻題·朱興題
라는 이름으로 사무국의 補佐官 또는 補로 보도되었으나「國聯韓委第一陣
韓國使節과 同道入京」, 『서울신문』(1949. 2. 1) ;「濠代表와事務局長等 新
韓委의第三陣到着」·「新韓委氏名」, 『朝鮮日報』(1949. 2. 6) ;「韓委朱補助官
金九氏」를訪問, 『서울신문』(1949. 3. 16) ;「韓委金九氏와協議」, 『朝鮮日報』
(1949. 5. 29)], 비서는 행정관보(Assistant Administrative Officcer)와 구별되는
직책이었다.

附 : 제1, 제2분과위원회 청문회 질의서[386]

이 문서는 UN한국위원단 제2분과위원회가 ≪문서 90≫에 동봉하여 안재홍에게 발송한 질의서 영문이다. 번역문은 『選集』8, 204~205쪽에 실려 있는 ≪문서 90-2≫이다.

---

[386] 『選集』8, 199~200쪽의 영문이다. 199쪽이 제1분과위원회의 질의서 영문, 200쪽이 제2분과위원회의 질의서 영문이다.

附 : 제1, 제2분과위원회 청문회 질의서의 번역문[387]

(204쪽)

(第一分科)

主要題目

一. 統一問題에關한 貴下의 高見은 무었입니까?

二. 大韓民國政府樹立以後 統一을 增進하기爲하야 엇더한 方策을 取하였음니까. 이方向이 었더한 方策을 取하야되겠음니까?

三. 어느程度(範圍)로 韓國에서 經濟, 社會及其他의 障碍를 除去할수있음니까?

(205쪽)

(第二分科)

A. 韓國에서의 代議政治의 發展

一. 大韓民國樹立以來 現在까지 代議政治의 發展을爲하야 取한 方策

二. 政府와 人民이 代議政体의發展을 爲한 그네들이 努力에있어서 當面하고 있는問題

三. 代議政治去益發展을爲한 具体的 高見과 提議

---

387 『選集』8, 204〜205쪽의 국한문을 정서하였다. ≪문서 90-1≫의 국문 번역문 원문이다. 204쪽이 199쪽의 영문(제1분과위원회) 질의서, 205쪽이 200쪽의 영문(제2분과위원회) 질의서의 번역문이다.

B. 統一問題에關한 代議政治의 發展

一. 統一의 政治的基礎

二. 北韓의 政府機構及狀態에關한 高評

三. 北韓內에서 代議政治를 延長싴이는 可能性

四. 全韓人이 統一韓國에 代議士選出及參加하는件

UN한국위원단 제1, 제2분과위원회 청문회 질의서에 대한 안재홍의 답변(1949. 3. 15)[388]

第一分科

一. 統一問題에는 國際援助에依한和平解決의最後의機會를잃지않게 하기爲하야 北韓의百名議員을選擧케할수있도록 對蘇, 對北의最善한 工作을推進할것

二. 民國政府는具體的인統一增進의積極方針은아직發表되여잇지않 다 土地改革과反民法處斷 等이 그□望(□)各工作의主要한一端은될수 잇다 今後大韓民國의立場에서韓委또는民間側에서그積極統一工作을 推進할수잇도록讓解支持함이옳다고본다

政府側은南韓에서民族主義陣營의聯衡策조차講究치않엇다. 너무狹 義的獨善排他로서…[389]民衆은失望 離叛하고잇다

三. 和平統一工作이全然徒勞에돌아가는限 經濟 社會其他의交流도 그實現困難할것이다 다만最善한工作으로有無相通함은南北各自에게 要請되는일이다

---

388 『選集』 8, 201~203쪽의 국한문을 정서하였다. 안재홍은 3월 15일 오전 10시 30분부터 약 2시간에 걸쳐서 UN한국위원단 제2분과위원회와 협의를 마친 뒤 기자들에게 자신의 답변 내용을 설명하였다. 「美蘇協調가基礎-安在鴻氏 韓委協議談」, 『東亞日報』(1949. 3. 16) ; 「UN韓委 安在鴻朴建雄兩氏와協議」· 「美蘇協調要望-安氏協議內容」, 『京鄕新聞』(1949. 3. 16) ; 「指導者들信望과 北韓機構에見解를披瀝-安在鴻協議要旨」, 『自由新聞』(1949. 3. 16) ; 「民族 力凝結-安在鴻氏도協議」, 『朝鮮日報』(1949. 3. 16).

389 원문에 있는 줄임표이다.

第二分科

A 韓國에서의 代議政治의 發展

一. 國會와 行政府와 國政首班의사이에往往對立抗爭의激化잇는것은代議政治發展途中에서의 必然의現狀이라하겟다

二. 政府와人民의사이에 아직混然一致한安靜事態를 못이루고잇는것은 한편宿命的인情勢라고도하겟으나 代議政體가正常한軌道에올 **(201쪽)**르자면朝野雙方모두 一層의民主主義化또는 民主政治化가要請되고잇다는것이當面主要問題인것이다

三. 南北統一로써 全國民總意가適正하게表現됨을 期함이根本問題이겟으나 南韓만에라도政府의 構成人物이 一層 賢明, 有能하고 各界를代表하는勢力으로서 國民의信任支持를 보담더 받게되어야할것이다 國民의基本自由도一層더保障되어民主國家의法의威信이確實히擁護되어야한다 民間指導者의民主的權威가確保되어야할것이다 여기에는朝野各自의自肅도要請됨

B. 統一問題에關한代議政治의發展

一. 統一의政治的基礎는 A節3項에서말한政府改造, 國民基本自由의保障等으로 民族主義民主力量이集結되어 南韓의政治的條件이相對的優越水準을確保하여야한다 다만이것의宿命的困難性은나도□已(□)認定한다 그리고南韓國防力을 모든視角(軍事力과 民主力量의集結等)에서 强固化함도一要件이오 무엇보담도 美蘇의協調가決定的인條件이다 武力統一은그□□□이美蘇國交에直接關聯된다고봄으로問題저절로單純하게말할수없다

二. 北韓의政府機構및그狀態는 共産主義獨裁方式에**(202쪽)**依하야어느程度一元化하고잇다 그러나人類의 自由性과民主性을 너무無視하는機械的一元化는 그害毒매우크다 또는그것이等質의國際□□의一延

長部로되는것은 民族自主民主統一의우리들의政治原則에 違背된다

三. 그可能性은樂觀할수없다 蘇聯이一九四七年十二月十四日字의國
聯總會의精神에 協力하도록讓步協調하여옴에잇는데 이點은貴韓委諸
氏의 長續하는努力과더욱히國聯本部를構成한友好諸國家의[390] 人類平
和를爲한努力에기대됨이 매우 크다고 본다

四. 그것은 統一成就가 先決要項이다 北韓百名의國會議員이 國聯
韓委監視下에 選出되어 먼저南北國民代表總意에準한事實上의統一政
府가適正改造되고서의 그다음必要한時期에考案될問題이다

美蘇兩軍直時完全撤退를前提로한 南北의新規總選擧等은現下國際
國內의□視(□)諸情勢下에서 나는그實現性및安全性을考慮하여본바없
다

　　　一九四九年三月十五日

　　　　安民世

---

390 당시 신문에 보도된 바를 참고하면, "이點은國聯本部를構成하고있는 聯合
　　諸國이協力하야 國際的援助로써 蘇聯을相對로平和的解決의 最後努力을애
　　끼지않어주기를 要請하엿다"로 되어 있다. 앞의 「民族力凝結」.

한성일보 사장 안재홍이 ECA Mission for Korea의 E. A. J. Johnson에게 보낸 영문 서한(1949. 5. 6)[391]

한성일보
한국 서울

1949년 5월 6일

에드가 A. J. 존슨 박사
경제협조처 한국부
경제협조처 빌딩
워싱턴 코네티컷 거리 'H'街
워싱턴 D. C.

친애하는 존슨 박사님,

　지난번 당신이 한국을 방문했을 때 당신을 뵐 기회를 주신 친절함에 매우 감사드리며, 우리나라를 위한 미국의 경제 원조 정책이 견고하고 변치 않을 것이라는 당신의 보증에 기쁩니다. 그러나 우리 두 가족이 함께 이야기하지 못해 유감입니다.

　최근에 본인은 소요 지역인 경상남도와 전라북도의 지리산과 덕유

---

[391] 『選集』 8, 206쪽의 영문을 번역하였다.

산 지역을 둘러보았고, 일곱 개 지역에서 정치적 계몽을 위한 강연을 했습니다. 본인의 강연이 그 지역 사람들의 마음에 상당한 영향을 주었다고 기꺼이 말할 수 있습니다.

본인은 대중의 정치적 계몽을 위하여 110페이지의 소책자를 준비하였습니다. 이 책자들은 이번 달 말까지 시민들의 손에 배포될 것입니다.[392]

저는 지금 최근의 순회 강연에서 얻은 경험을 바탕으로 두 번째 소책자를 쓰고 있습니다.

상황이 어떠하든지 간에 우리 국민을 위한 일을 중단하지 않을 것입니다.

우리의 '한성일보'에 관해 말하자면, 더욱 확고한 재정적 기반에 올려놓기 위해 이를 법인화하는 과정에 있습니다.

곧 다시 뵙기를 고대하고 있습니다. 제 아내도 당신의 부인과 소중한 아들에게 안부를 전하며, 큰 성공을 기원합니다.

---

392 民世 安在鴻 著, 『(新朝鮮叢書第二輯)韓民族의基本進路』(朝洋社出版部, 1949. 5)을 말한다. 이 책의 「讀者에의말슴」은 1948년 2월 8일 '漢城日報樓上'에서 썼으나 5월에 발행되었다. 목차 다음의 책 시작 부분인 15쪽에서 "筆者는 四二八一年十月上旬 (本論中年代는 이 基準에서)慶南釜山等 五都市에서『韓民族의 進路』라는 演題로 熱烈한 講演을 하여 聽衆에게 적지않은 反響을 주엇다. 本文은 그때 晋州와 海南에서 演述한 主旨에 약간의 添削을 加한 것이다."라고 밝혔다.

한성일보 사장 안재홍의 미국 국회의원단 환영사 영역문
(1949. 9. 8)[393]

「(社說)美議員團을歡迎함」, 『漢城日報』(1949. 9. 9)[394]

美國의下院豫算委員團々長 월터·B·휴버氏等一行은 멀리極東諸國
을찾어 우리韓國에까지왔다 美國이 民主主義自由國家의堅實한發展을

---

[393] 『選集』 8, 207쪽의 영문의 번역문이다. 번역은 신문에 게재된 국문 원문을
찾아서 전재하였다. 『選集』 8의 編者註는 "※ 이 자료는 1949년 9월 8일자
한성일보 사설의 영역문이다."라고 밝혔다. 문서 최상단에 "THE HANSUNG
ILBO / Seoul, Korea"라고 타이핑한 영문과 "Welcome to US Congressmen"라
는 제목 사이에 "8 September 1949"라고 날짜가 타이핑되었으나, 『漢城日報』
에 게재된 실지 날짜는 9월 9일이었다. 문서 하단의 "President of The Han
Sung Ilbo" 위에 안재홍의 영자 자필 서명이 있고, 바로 오른쪽에는 안재홍
의 漢字 인장이 찍혀 있으며, 또 바로 오른쪽에 *Civil Administrator*이라는 자
필이 보이는데 '前'을 뜻하는 Former 등의 단어가 있는지는 도장 때문에 확
인하기 어렵다. 1949년 9월 8일 미국의 對韓 경제 원조의 가치를 평가하고,
향후 同 경제 원조를 유지 또는 증가할지 여부를 검토할 목적으로 美하원
예산위원회 극동조사사절단이 來韓하였다. 오하이오 주 민주당 출신 미하원
의원 월터 후버(Walter B. Huber)를 단장으로 한 5명이 일행이었고, 9월 10일
離韓하였다. 「世界의關心걸머지고 美國會豫算委使節團入京」, 『京鄉新聞』
(1949. 9. 9) ; 「美議員團昨日來朝 卽時李大統領訪問要談」, 『東亞日報』(1949.
9. 9) ; 「極東調査美議員一行 八日金浦空港着入京」, 『朝鮮日報』(1949. 9. 9) ;
「美議員團一行昨日離韓」, 『朝鮮日報』(1949. 9. 11) ; 「美議員一行離韓」, 『京
鄉新聞』(1949. 9. 11).

[394] ≪문서 93≫의 국문 원문은 『選集』 7, 169~170쪽에 "「미 의원단을 환영함」,
≪한성일보≫. 1949. 9. 9"로 현대문화하여 실려 있으나, 번역은 『漢城日報』
(1949. 9. 9)에 게재된 그대로 全載하였다. 『選集』 7의【편자 주】는 "자료에
는 기사 연월일이 없으나 민세 자필메모에 따르면, 1949년 9월 8일 간행되
어 9월 9일자로 배포된 신문사설이다."로 기술하였다.

經濟的으로援助하는데 가장正確한事情調查를하고저 議員諸氏가 일부러 訪問한것이다 우리는 衷心으로 諸氏를歡迎하고 또 健康을빌며同時에 議員諸氏가 가장善意있는 精確한調查와判斷으로 우리韓國의援助를積極實行하는데 큰推進力되어주기를 懇切히 바란다 韓國의 情勢됨이 三八以北에는 統一과는 相反되는 큰沮害勢力있어 三千萬人의 眞正한 急願이成就되지못하고있고 西北大陸에는 中共軍의勝利와國府軍의敗退라는 中國의근심될事態있어 大韓民國의앞날에對하여서도 혹은多少의考慮를要하는것같으나 美國의對韓國援助가確乎不動의 方針으로決定됨에서 三千萬人에對한 決心은더욱堅固케할것이오 南韓이極東에있어서의 民主保壘되는 重大한使命도바야흐로 克盡히할수있을것이다

解放四週年을지난 오늘까지 韓人이 國際的巨大한波動과 國內的으로도許多한 惡條件속에서一貫하여 民主主義民族獨立國家를 完成하려는 熱意를조금도變하지않고 苦心力鬪하는것은 明白한一偉觀이라고하겠다

許多한對立系統있는것같이보이더라도 如上一念의慾求에는 조금치라도 例外가없는韓民族 絶對多數의 眞正한一致되는問題이다 諸氏들은 美國人의極東에對한關心은 低下되고있다고하지마는 極東은그地積과人口와 그變動이全世界的으로밎으는 影響力에서 決코유-럽에 나리지않는다 極東을支配하는사람은 全太平洋을支配하고 美合衆國까지도 結局안如할수없을것은 너무明白한事情이다

美國은 一九四五年二月十一日얄타協定以來 未完成한 諸問題를 最後까지淸算지을 尊貴한責任을지고있는바로 우리韓國民이美國에對한 期待는자못雄厚하다 우리는트루만大統領의提案한 一億五千萬딸라의 援助資金과 ECA局에서立案한 그以上의援助案을 美議會에서 다시더躊躇할것없이 迅速한可決支持있기를 熱望하며이것은 이번에來韓하신

議員團諸氏의 努力이 오로지左右하는것으로 녁이겠다『월터·B·휴버』
團長은『余와委員團은美國이大韓民國에對한 援助를繼續하여야한다고
確信하는바이다 우리는 韓國에對하여 責務가있으며 이를履行하여야
할것이다 南韓은우리가 保有하는民主主義의 橋頭堡土라고余는생각한
다』라고한것은至言이오 우리의無限信賴의感을이에다가품는다아모조
록議員團諸氏를通하여이正當한趣意가 美國의 全上下兩院과또는 그全
國民에게徹底히 認識케 되기를바란다

UN총회에 보내는 글(1949. 9. 30)[395]

「(社說)國聯總會에寄함」(上), 『漢城日報』(1949. 9. 25)[396]

　第四回國聯總會에서는許多한 難問題와함께 韓國問題의 適正解決을 要한다 韓國이 疆土統一과 民主主義民族獨立國家를 完成하여 國際平和의질꾼(擔手)의 하나로서 正常한發展을保存하는데最善한援助를함을要한다 蘇聯은이번國聯總會에서 韓國問題를 上程討議할件을 그衛星國家 포올란드와함께拒否한바있어 韓國問題의公評한解決에 支障을갖어오고있으나 이러한態度는 韓國民에對한 國際友誼를破損할뿐더러 國際平和의發展에도 沮害되는바로깊고 큰遺憾을금치 못할바이다

　蘇聯의 이러한態度는韓國民으로하여금 저절로蘇聯에對한 疑懼와不滿을품게되고 그安全한 發展의때문에 더욱國聯側의 支持援助의 緊切

---

395 『選集』8, 208~210쪽의 영문이다. 번역은 당시 신문에 게재된 국문 원문을 찾아서 全載하였다. 영문 타이핑한 문서의 최상단에는 "TO THE UN GENERAL ASSEMBLY / (Translation of oditrials of the Han Sung Ilbo, 25, 27 Sept 1949)" 라고 제목과 출처가 명기되어 있다. 『選集』8의 編者註는 "※ 이 자료는 1949년 9월 25, 27일자 한성일보 논설의 영역문이다. 1949년 9월 27일 민세가 부의장으로 참여한 民族陣營强化委員會 제5차 총회는 UN에 보내는 각서를 채택하여, 30일에 발송하였다."고 기술하였다. 문서 1쪽의 우측에는 안재홍의 자필로 "有案 / 一九四九年九月三十日 UN總會에보내는글월"이라 쓰여 있다. 문서 3쪽 최하단의 "The End" 밑에는 안재홍의 영자 자필 서명이 쓰여 있다. ≪문서 94≫의 「解題」 참조.

396 ≪문서 94≫의 국문 원문은 『選集』2, 460~464쪽에 「國聯總會에 寄함」(一九四九·九·二五~二七, ≪漢城≫社說)로 현대문화하여 실려 있으나, 번역은 당시 『漢城日報』(1949. 9. 25·27)에 게재된 그대로 전재하였다.

性을 생각케하는것이다 그까닭에 國聯韓委의 權限을 强化하고 또그長期駐在로써 不慮할禍亂의 防止를要請하게되는것이다 蘇聯비록 美帝國主義를 强調한다고하더라도 蘇聯自身의 强制力이먼저 東方의韓國民에게一層의 不安感을 껴언저주고 있다는것을 스스로 깨달어야할것이다

國聯列國과 美合衆國은 韓國의 民主主義民族獨立國家完成을 援助함에있어아직倦怠를모르고 있는것을잘알만하다 國聯韓委가韓國에駐在하야 前後數年에韓國今古의 諸事情을 調査硏究하였고 堂々數萬言의 報告書있는터이니 그만하면 安心信賴할만한터이나 吾人은 오히려 韓國및韓民族의地位 歷史 力量等과 韓國問題處決이國際安危上에 밎으는 重大關係에對하여 아직도 未盡한바있을까 저허하는婆心있기로 이에다시 그들의深刻한再考察을 당부하고저 거듭 이펜을잡는다

從來列國의 指導者들은 건듯하면 韓國의國際的地位를 過少[397]評價하고 韓國民의 政治的力量을 看過하며 또는韓民族의 過去數千年 弱少民族的受難의 歷史만을 잘大觀하고있는듯하나 그半[398]面에서 韓民族歷代의慘담하고도 果敢한獨立自主의 反擊鬪爭은 다만慘담뿐아니어서 强猛하였고 또自衛에그첫을뿐아니라 周邊諸國民에게까지 平和와 自由를確保케하는 功德을끼친것은 多分으로看過하고있다

韓民族은 그國際地政[399]上의位置 공교로히强大한諸國民이 둘러있는 복판에있어 數千年동안 항상그들의侵略에對한 反擊戰으로써 연달어

---

397 원문은 '少'로 되어 있다.
398 원문 그대로이다. 『選集』2, 461쪽에는 '反面'으로 수정하였다.
399 원문 그대로이다. 『選集』2, 461쪽에는 '地位上'으로 판독하였으나 오독인 듯하다.

나려왔다 西紀前第五世紀부터 西紀後第七世紀까지 韓民族은 中華民族으로 더부러 東西로對立하야 週期的인 國民戰爭이 되푸리하였고第七世紀下半期에서巨大한敗亡을 當했었다 그들은이때부터 滿洲인 大陸部는 喪失하는段階에들었으나南部半島에서의 果敢한反擊은 中華民族의 侵略勢力을꺼(□)[400]기물리치고 그들이海洋列島에까지 건너닷는 것을 防止하였다 第七世紀끝물부터는 蒙古와 北滿의드메로부터 韓民族退却의 빈틈을타서 勃興成長한 北方系諸民族이 매우殺伐的인侵略을 발부임에向하야 또果敢한反擊을繼續하든時代이다

그中에도 가장代表的인 第十三世紀時代의 蒙古人의百年侵略에 韓民族의검질긴 長期抗戰이 아니엇더면 同世紀末葉에서 支那大陸을完全征服하고 말레半島로부터 스마트라 자바에까지 건너갔었든 蒙古人의侵略策[401]이 朝鮮海峽을지나서 日本列島를 짓밟았을것은 틀림없는 氣勢이었다

日本民族이 海峽을건너 大陸北侵을 始作한것은二千年以前의일이었고 韓民族은大陸의突出部에있어편벽되히 그攻擊받는尖端部로되었다 第十六世紀끝물 豊臣秀吉當年의 大侵略에 韓民族은 七個年의反擊으로써 그들을完全擊退하였다

當時中華民族은 明國의政令을 通하야 前後一貫한 應援軍이 왔었으나 이境遇韓民族이 中華民族의惠澤을 입었다는것도事實이면서 韓民族의 七年抗爭이 日本人의 大陸北侵을 三世紀半 동안이나 挫折시키고 그中華民族의 安全을 사주었다는 客觀的功勞를 더욱비싸게評價하여야할 것이다

이와같이 韓民族은 自國의獨立과함께 全東洋諸民族의自由와安全의

---

400 한 글자 불명인데, 『選集』 2, 461쪽에서는 "꺾어 물리치고"로 판독하였다.
401 원문 그대로이다. 『選集』 2, 461쪽에서는 '侵略軍'으로 판독하였다.

때문에 永久한貢獻을하면서 왔다는國際的 巨大한功績은이것을 精確하게 認識하는國民 現代에서 자못드물다 나는美英中蘇佛및 外他의國聯列國이 새로온깊은 認識있기를 警告한다

「國聯總會에寄함」(下), 『漢城日報』(1949. 9. 27)

◇

一九四七年十一月十四日第二次國際聯會의 決議에依하야國聯韓委監視下에 南北을通한總選擧를 斷行하야統一民主政府를 建立키로한것은 韓國問題를 國際的援助에기대어平和的으로 解決하는最後의機會이었거늘 蘇聯의不協調로 그課業完遂치못하였다 大韓民國獨立 되어그政令아직三八以北에 펼치지못하고 오늘에까지許多한惡條件에마주처 있는것은 그禍根이에由來한것이다 이제四次總會다시열리어 韓國問題를 率先討議키로하나니 國際道義아직살어 있음으로써이다

一九四八年十二月十二日國際聯合에서 四十八個國의支持承認決議있은다음 오늘까지『이란』國의通知를아울러 東西二十二個國의 個別的承認을보게된것이니 民主主義列國은 今後不變의共同政策으로韓國이民主主義의堡壘로서 아시아大陸의平和의據點됨을 確保함을要請한다蘇聯또한 지금까지의 그릇된 政策을淸算하고 韓民族三千萬人最大多數의 眞正한總意에돌아보아 急流勇轉의新政策으로써 韓民族의結合統一의大業을 끝끝내져害함없어야할 것이다

第七世紀에있어 中華民族은 七十年間 十二回의 大擧侵略으로 結局韓民族의弱少化를 보고말었으나 얻은것은 가장殺伐的인 北方의諸民

族이 間갈的[402]으로 영猛한 南征軍을 보내여오는禍門을 열어놓은것뿐이었고 結果는 韓民族과 한가지恒常慘담한 共同反抗의運命을 떠메게 한것이니 蔣介石將軍이『韓國의完全獨立없이 中國의 眞正한獨立없다』고 喝破한것은 七世紀以來二百餘年의 歷史的總決算을들[403]어 結論한 一種의悔語[404]인 것이다 第十世紀부터 차례로北方에서 일어나 例外없이 韓中諸民族을 侵害하는 契丹女眞 蒙古等 諸種族이 許多한 焚渴[405]과 殺戮을 일삼었으나韓中數民族[406] 依然健在한오늘날 北方諸民族은 다시當年의 모습도 못남겻나니南侵한갓 殺伐의 자최만끼칠뿐이었고 人類文化上에 아모런 寄與없든것은 古今을 通하여 너무明白하다

만일 또 日本人의 北侵 現代에서 비록 數十年殷富를 貪내게하였으나 그로因하여 오직 有史以來 未曾有한大敗北를 誘發하는因子로만되었으니 그一代의 榮華도리어國民的 惡夢에 지나지않는것이다 韓民族 비록 弱少하여졌으나 周邊[407]의諸國民 이를征服치못할것이오 强力비록 一時를制壓하나 마침내因하여 밋그러지는것은今古의歷史이를明徵한다 蘇聯이를認識할것이요 美國과國聯列國 새삼스러히 이에警醒함을要한다 原子力 비록 發明되였으나 한갓서로 大量殺戮을 자랑치못할바이다

美中兩國은 一九〇〇年존·헤이氏의 對中三原則發表以來 줄잡어 半

---

402 원문 그대로이다. '間歇的'인 듯하다. 『選集』2, 462쪽에서는 '問題的'으로 판독하였으나 오독인 듯하다.
403 『選集』2, 463쪽에서는 '물어'로 판독하였는데 '들어'인 듯하다.
404 원문 그대로이다. 『選集』2, 463쪽에서는 '懺悔語'로 판독하였다.
405 원문 그대로이다. '焚蕩'의 오식인 듯하다. 『選集』2, 463쪽에서는 '焚蕩'으로 판독하였다.
406 원문 그대로이다. 『選集』2, 463쪽에서는 '韓 中國 民族'으로 판독하였다.
407 원문 그대로이다. 『選集』2, 463쪽에서는 '國邊'으로 판독하였으나 오독인 듯하다.

世紀동안의 最大한友好를 그傳統으로삼아왔다 그러나 마·샬將軍의國
共協商幹旋을 最後로目下에서는 對中援助를 中斷하고 있다

韓中兩國은그地積人口物産및消費力等大小多寡의差자못크나 그러나
韓國의淪놓을놓아두고[408] 中國및全東아시아의 安寧있을수없음에서
國際安危上韓中의 比重은갑자기 그輕重을妄斷할수없다 中國의國府軍
失勢한이때 韓國의民主主義堡壘로서의 價値斷然重貴한것이오 日本人
의力量혹은 援用할만하다고할터이나 島嶼는워낙大陸部에동떨어저있
다 하물며 日本人을民主와平和의 國民으로 再起케함은妥當하나 一九
三二年代떠이취國民의자최를 그들로하여금 太平洋의西岸에서 再演케
하는것은 斷然막어야한다

蘇聯과의 關係를 살피건대 西에『터르키』있고東에韓國있어 그南下
의 길목에 닿어있는것이같고 大小强弱의서로 틀림같으나 韓半島를
支配하는者 반듯이全東아시아와 太平洋을制壓하게되나니 韓國의去就
를 過少視못하는理由 매우明確하고 平和의使徒인韓民族으로하여금
祖國故疆에서 民主獨立國家의基業을完成하여써 平和護持의支柱되게
함은 國際勢力安定上의 布置로서 美蘇双方에게 가장可한者이다 國際
列國과 美國의政治家들은 그變함없는 韓國의支持로써 邁進치않으면
아니된다 國制上에執定된愛憎없어 相互의關與때를딸어 轉動되나니
吾人韓蘇 참스런友好에들어가기를 要請하는點에서도 이主張더욱强하
여진다

---

408 원문 그대로이다. 『選集』2, 463쪽에서는 "淪陷을 놓아두고"로 판독하였다.

문서 95 미국 상원 외교관계위원회 서기 C. C. O'Day가 한성일보
사장에게 보낸 영문 서한(1949. 10. 14)[409]

미국 상원
외교위원회

1949년 10월 14일

안재홍 씨
사장
한성일보
한국 서울

친애하는 귀하:

당신의 9월 30일 자 쪽지를 방금 받았음을 알려드립니다. 이 쪽지
는 한국문제에 관한 특정 사설들의 번역본 사본과 함께 코널리 위원
장에게 전해질 것입니다.[410]

---

409 『選集』8, 211쪽의 영문을 번역하였다. 미국 상원 외교위원회 서기의 이름
은 Cy. C. O'Day이다. 『選集』8의 編者는 C. C. Oway라고 잘못 표기하였다.
아이리쉬 이름이므로 apostrophe가 있어야 한다.
410 이 서신은 미국 상원의회에서 안재홍에게 보냈다. 이것과 함께 ≪문서 94≫
의 "一九四九年九月三十日 UN總會에보내는글월"이라는 안재홍의 자필 메
모까지 참고하여 유추하면, ≪문서 94≫를 미국 상원 외교위원회로도 보냈
거나, 미상원을 통해 UN으로 보낸 듯하다.

C. C. 오데이
외교위원회 서기[411]

---

411 "Very truly yours,"와 "Clerk- Committee on Foreign Relations." 사이에 *C. C. O'Day*라는 자필 서명이 있다.

국제 연합군 사령관, 미군 총사령관 H. H. Howze 대장이
김부례 여사와 안정용 씨에게 보낸 영문 공문(1965. 3. 19)[412]

이 문서는 국제 연합군 사령관, 미군 총사령관 H. H. 하우즈 대장[413]
이 안재홍의 처 김부례와 장남 안정용에게 보낸 영문 공문이다. 번역
문은 『選集』 8, 216쪽에 실려 있는 ≪문서 97≫이다.

---

[412] 『選集』 8, 215쪽의 영문이다.
[413] "Sincerely,"와 "HAMILTON H. HOWZE" 사이에 영자 자필 서명이 있다.

국제 연합군 사령관, 미군 총사령관 H. H. Howze 대장이
김부례 여사와 안정용 씨에게 보낸 영문 공문의 번역문
원문(1965. 3. 19)[414]

국제 연합군 사령부

군우 301

1965년 3월 19일

한국 서울 성북구 돈암동 산 11의 152

진정인 : 김부례 여사 및 안정용 씨 귀하

친애하는 김 여사 및 안 정용 씨 귀하

군사 정전 위원회 국제 연합군측 성원이 여러분으로 하여금 여러분
의 부군되시고 선친되시는 고인의 유해를 입수하는 데 도와 주도록
여러분이 요청하는 1965년 3월 3일부 여러분의 서신을 본인은 접수했
습니다.

군사 정전 위원회의 활동은 군사 정전 협상상의 제반 조항을 감독

---

[414] 『選集』 8, 216쪽의 한글로 타이핑한 문서를 정서하였다. ≪문서 96≫의 국문
번역문 원문이다. 이 문서는 국제연합군 사령부가 안재홍의 부인 金富禮와
장남 安晸鏞에게 보낸 서한으로, 북한 묘역(당시에는 葬地가 不明하였다)에
묻혀 있는 안재홍의 유해 반환과 관련한 내용이다. 안재홍은 1965년 3월 1일
평양 시내 모 병원에서 별세하였고, 유가족들은 여러 경로를 통하여 유해의
반환을 청원하였으나 현재까지 실현되지 못하였다.

하며 실시하는 데 국한시키도록 요구되고 있습니다. 이 점에 비추어 본 사령부가 이 문제에 있어 여러분을 도와드리지 못함을 유감으로 여기는 바입니다. 그러나 가능한 여지가 있는 무슨 도움이라도 제공해 드리려는 생각에서 본인은 대한민국 정부가 적절하다고 사료하는 어떠한 조치든지 취할 수 있도록 여러분의 서신을 당해 정부에 전달하였습니다.

사령관
미 합중국 육군 대장
해밀튼 에이취. 하우즈

Dade Wedemeyer가 안재홍 씨 부인에게 보낸 영문 서한 (1947. 9. 21)[415]

(219쪽)

메릴랜드 주 미드 기지

친애하는 안 씨 부인:

저에게 아름다운 노란 옥을 보내 주셔서 너무 감사합니다. 그것은 참으로 아름다워서 제가 뭐라 말할 수 없을 만큼 감사합니다.

앨[416]이 저에게 당신에 관해 얘기해 주었고, 당신이 얼마나 그에게 친절했는지 저에게 말했습니다. **(219쪽에서 220쪽으로 넘어감)** 언젠가 당신을 만나 직접 감사를 드릴 수 있는 기회가 오기를 정말 바랍니다.

그분도 당신의 좋은 나라와 당신께 진심으로 행복을 기원합니다.

진심으로 그리고 감사하며,

---

415 『選集』8, 219~220쪽의 자필 영문 서한을 번역하였다. 『選集』8의 編者註는 "※ Dade Wedemeyer는 A. C Wedemeyer 중장의 부인으로, Wedemeyer 중장은 1946년 3월(주중 미군 사령관)과 1947년 7월(대통령 특사)에 두 차례 방한하였다."고 설명하였다. 그러나 웨드마이어의 두 번째 방한 기간은 1947년 8월 26일부터 9월 3일까지였다. 서한 1쪽의 좌측 상단에는 魏德邁라는 세로 방향으로 새겨진 도장이 찍혀 있다. 阿尔伯特 魏德迈는 Albert Coady Wedemeyer의 音譯한 이름이다. Elizabeth Dade Wedemeyer는 웨드마이어 장군(1897~1989)의 젊은 부인(1925~2000)이었다.

416 영문은 'Al'이다. Al은 데이드 웨드마이어의 남편인 Albert Coady Wedemeyer의 애칭이다.

데이드 웨드마이어

9월 22일[417]

417 영문은 "September Twenty-second"라고 되어 있고 연도를 쓰지 않았으므로, 『選集』8의 編者는 연대미상으로 처리하였으나 1947년이 확실하다. 駐中華 美軍司令官 웨드마이어 中將의 제1차 방한은 1946년 3월 20일 오후 天津으로부터 空路 來京하여 한국 주둔 사령관 존 R. 하지(John R. Hodge) 中將과 회담한 후 다음날 21일 오전 空路로 서울을 출발하여 上海에 귀환하였다. 그의 방한 목적은 中國에 있는 한국인의 송환 문제를 하지 중장과 상의하려는 데 있었다. 「웨데마이야中將入京」, 『서울신문』(1946. 3. 21) ;「"웨„中將昨日歸華」, 『서울신문』(1946. 3. 22). 하루밖에 체류하지 않은 이때 안재홍이 웨드마이어에게 선물을 건넬 겨를이 없었다. 1947년 8월 말 웨드마이어가 방한하였을 때 받은 선물을 미국으로 가져간 후 그의 부인이 감사의 편지를 보냈다.

남조선과도정부 고문관 A. L. Lerch 소장이 민정장관 안
재홍에게 보낸 영문 서한(1947. 6. 2)[418]

民政長官 安在鴻氏 座下

本官이 듣기에는 田耕武 氏屍体가 飛行機로서 火曜日(來日) 午后
五時에 日本을 出發하여 朝鮮에 오리라 합니다. 또 듯건대 運賃은 걸
리지 않한다 합니다.

아·췌. 엘. 러-취

美國陸軍 少將

顧問官

南朝鮮過渡政府[419]

---

418 『選集』8, 221쪽의 문서이다. 상단의 인쇄된 영자 수신처 및 하단의 발신처
를 제외하고, 필사한 영문 위에 국한문으로 번역문도 필사하였다. ≪문서
99≫는 이 번역문을 정서하였다. 『選集』8의 編者註는 "※ 조선체육회 부회
장 전경무는 1946년 8월 31일 제14회 올림픽 참가교섭을 위해 도미하였고,
1947년 6월 국제올림픽위원회 조선대표로 참석차 스톡홀름으로 가던 중 비
행기 사고로 사망하였다."고 기술하였다. 田耕武는 1947년 5월 29일 金浦비
행장에서 미군 수송기에 탑승하여 일본 東京으로 향하던 도중, 동일 오후
10시 반경 厚木 서방 산악 지대에서 비행기 추락으로 동승한 승객·승무원
41명과 함께 참사하였다고, 5월 31일 군정청에 入電되었다. 「慘!美機墜落으
로 올림픽代表田耕武氏殉職」·「美輸送機 C-號墜落」, 『東亞日報』(1947. 6. 1)
;「全搭乘員燒死」·「올림픽委員會參加途中 田耕武氏絶命으로判明」, 『京郷新
聞』(1947. 6. 1) ;「田耕武氏空路遭難」, 『朝鮮日報』(1947. 6. 1).

419 하단의 발신인은 인쇄한 양식인데, 영자 위에 국한문으로 번역하여 놓았다.
이름 위에는 "A.L.L 6/2/47"이라는 자필 서명이 있다. 『選集』8의 編者는 이
문서를 연대미상으로 처리하였으나, 문서 작성 일시는 1947년 6월 2일이다.

A. V. Arnold 소장이 민정장관 안재홍에게 보낸 영문 서한 및 봉투(1947. 5. 23)[420]

(222쪽)

5월 23일[421]

친애하는 안 선생님,

즐겁게 일하고 계시며 좋은 성과를 내고 있으리라 믿습니다.

공동위원회가 다시 일을 시작해서 기쁩니다. 한국인들이 한마음으로 미국의 노력을 지지한다면 유익한 결과를 얻을 것이라 확신합니다.

한국인들을 적절한 길로 이끌기를 바라며, 동봉하신 사설의 사본을 이 박사에게 보냈습니다.

A. 아놀드[422]

---

420 『選集』8, 222~223쪽의 자필 영문 서한을 번역하였다. 『選集』8의 編者註는 "※ Arnold 소장은 1945년 9월 12일에 군정장관으로 임명되었고, 1946년 1월 8일 A. L. Lerch 소장으로 교체되었다."고 기술하였다. 아놀드 소장은 제1차 미소공동위원회의 미국 측 수석대표로 활약하다가 동직을 사임하고 1946년 9월 23일 이한하여 귀국하였다. 「「아놀드」少將歸國」, 『朝鮮日報』 (1946. 9. 24). 그는 귀국한 뒤에도 미소공동위원회의 재개 등 한국문제에 관심을 갖고 발언하였다. ≪문서 3≫의 (역주)를 참조.

421 『選集』8의 編者는 이 서한을 연대미상으로 처리하였으나, 제2차 미소공동위원회가 1947년 5월 21일 개막하였으므로 이 서한은 1947년 5월 23일 작성하였다.

422 영문은 "Sincerely, / A. Arnold / Maj. Gen. USA"이다. 단정할 수는 없지만, USA는 U.S.Army를 뜻하는 약자를 서명한 듯하다.

미육군 소장

(223쪽)

안재홍 씨[423]

민정장관

군정청

---

[423] 223쪽은 봉투에 적힌 영자 주소와 이름이다.

W. F. Dean 소장의 군정장관 임명 환영사(영문)(1947. 11. 3)[424]

하지 장군 그리고 신사 숙녀 여러분,

한국을 도와 한국인을 위한 독립국가를 세우는 대사업이 깊은 관심 하에 세계적으로 주목 받고 있습니다.

이 대사업을 완성하는 것은 한국 독립사에 일대 사건일 뿐만 아니라 세계의 역사에도 찬연히 빛날 일로 기록될 것입니다. 어떠한 일이 있어도 이 대사업은 성취되어야 합니다.

---

[424] 『選集』 8, 224쪽의 영문을 번역하였다. 문서 상단에는 안재홍의 자필로 "띤 軍政長官歡迎辭"라고 쓰여 있다. 『選集』 8의 編者註는 "※ W. F. Dean 소장 은 1947년 10월 30일에 군정장관으로 임명되었다."고 기술하면서 문서의 연 대는 미상으로 처리하였으나, 1947년 11월 3일 딘 군정장관 취임식에서 행 한 환영사이다. 미군 사령관 하지 중장(John R. Hodge)은 10월 30일 공보부 를 통하여, 9월 11일 서거한 故 러취 소장의 후임으로 딘 소장을 제3대 남 조선 군정장관에 임명하였다고 발표하였다. 「新軍政長官으로 띠-ㄴ少將任 命」·「正式으로任命 하-지中將發表」, 『京鄕新聞』(1947. 10. 31) ; 「띈少將軍政 長官에『하』中將이 正式任命」, 『朝鮮日報』(1947. 10. 31). 예정대로 11월 3일 오후 2시 중앙청 앞 광장에서 군정장관 취임식이 성대히 거행되었는데, 한 국인 요로는 입법의원 의장 金奎植, 민정장관 안재홍, 대법원장 金用茂 등 이 환영사를 하였다. 「딘新長官就任式 昨日中央廳廣場서擧行」, 『朝鮮日報』 (1947. 11. 4) ; 「딘長官 就任式」, 『東亞日報』(1947. 11. 4) ; 「軍政長官就任式 中央廳廣場서盛大擧行」, 『漢城日報』(1947. 11. 4). 번역문 아래에는 國漢文 原文과 영문 사이의 뉘앙스 차이를 고려하는 데 참고가 되도록 당시 신문 에 보도된 국한문 원문을 【별첨】으로 수록하였다.

이 역사적 과제를 달성하기 위하여, 모든 한국인들이 한국의 독립을 달성한다는 견지에서 한국 내 미합중국의 군정에 협조할 필요가 있을 뿐만 아니라 정부의 모든 부처장 및 다른 관료들도 한국독립을 위한 애국심으로 미합중국의 군정에 협조해야 합니다.

최종 결정권자이며 이 대사업을 이끄는 군정장관이라는 직무는 남북 한국과 군정 산하 한국정부 관료들이 이전에 해온 노력과 밀접하게 관련되어 있습니다.[425]

이제, 군정장관으로 임명된 윌리엄 딘 소장은 미 육군의 아주 유능한 육군 장군입니다. 딘 장군은 프랑스 노르망디 상륙 작전에서 혁혁한 전공을 세웠습니다. 따라서 본인은 그러한 좋은 판단력과 단호한 결의를 가진 그가 한국독립을 달성하는 데 도움을 주는 큰 과업을 달성하리라 믿습니다. 서로 다른 역사와 전통을 가진 사람들이 한국의 건국이라는 대사업을 추진한다는 것은 매우 어려운 일입니다.

이것은 절대로 간단한 문제일 수 없습니다. 복잡한 국제관계의 제약을 받는 이 과업은 쉽지 않습니다. 따라서, 우리는 더욱더 딘 소장 같은 유능하고 총명한 사람이 필요함을 느낍니다. 이러한 필요성을 느끼면 느낄수록, 우리는 그를 더 따뜻하게 환영하고 또한 그의 임명

---

[425] 영문 원문은 "The business of the Military Governor who finally decides and leads the great work has a close concern with the prceeding [preceding] efforts rendered by the Koreas and the Korean government personnel under Military administration."인데, 의미가 확실하지 않다. "Have a concern with~"는 무엇에 관심이 있다는 뜻이지만, 이 문장은 여태까지 진행된 성과에 관심이 있다는 뜻인지, 영향을 미친다는 것인지, 혹은 전혀 다른 의미인지 파악하기 어렵다.

을 축하합니다.

안재홍[426]
민정장관

【별첨】

「(뒨長官就任歡迎辭)重難에善處就[427]期待-安民政長官의歡迎辭」, 『漢城日報』(1947. 11. 5)

美國이 朝鮮人의 民族獨立國家로서의 大業의 完成을熱心으로 援助하는일은 世界的으로 深甚한注意를끄으는일이오 이것을 實踐完了하는것은 朝鮮獨立史上에大書特書할 事件이 될뿐아니라 世界史上에 光輝잇는 記錄으로 남길바입니다 이事業은 어떠한 波瀾曲折을격든지 반듯이 完成되어야할것이오 完成의때문에는 全朝鮮民衆이 民族獨立國家完成運動者의 處地에서 美軍政과 잘 協力할 必要잇을뿐아니라 軍政廳에 勤務하는 모든 職員과 政務員들이一層 그 獨立運動者의 精神에서 適正協力치 아니하면 아니될것은 勿論입니다 그런데우리들의 軍政下에서의 이러한 努力은 最後的으로 決裁하고指揮하는 軍政長官의事業이 그關係매우큽니다이제새로軍政長官이된『윌리암·F·뛴』少將은 美國陸軍界에서 令名이 높은 將軍으로 일즉佛蘭西의『노르만디』上陸作戰에서도 그巨大한 作戰計劃에 남달른天才를 發揮한분이라고하니그 賢明한判斷과 堅固한決斷力에依하야 반듯이 獨立援助途上의重

---

426 "AHN CHAI HONG / Civil Administrator"의 위에 안재홍의 영자 자필 서명이 있다.

427 본문의 내용을 참조할 때 '善處就'는 善成就의 오자인 듯하다.

難한事業을잘成就시키리라고 나는믿습니다

　歷史와傳統이 全然달은兩國民族이 서로사긔어 建國의大業을 推進시킨다는것은 그本質的으로매우 어려운일이어서 決코單純한問題가아니오 複雜한國際情勢에 制約받는우리들의任務(□□)는 決코順調로운일은아닙니다 그럴수록『띈』少將과같은 卓越한長官이 必要한것을깨닷고 이에歡迎과祝賀의말슴을 드리는바입니다

연 표

1945년

10월 7일   미군정청이 경성대 총장에 문교부 고문관(육군 대위) 엔스
테드를 임명하다.

1946년

1월 8일   군정장관 아놀드 소장이 러취 소장에게 사무 인계를 마치고
군정장관직에서 물러나고, 이후 미소공동위원회 미국 측 수
석대표로 활동하다.

2월 26일   한성일보(사장 : 안재홍)가 창간되다.

5월 6일   제1차 미소공동위원회가 무기 휴회하다.

6월 15일   군정법령 제86호로 「조선경비대 급(及) 조선해안경비대」를
공포·시행하다. 이로써 종래의 국방부는 국내경비부(이른바
통위부)로 개칭되고, 종래의 군무국은 폐지되다.

7월 15일   올림픽대책위원회를 결성하다(회장 : 유억겸, 부회장 : 전경
무·이상백).

7월	안재홍이 좌우합작운동을 지지하며 좌우합작 교섭의 우측 대표로 참여하다.
8월 22일	미군정청이 군정청법령 제102호로 「국립서울대 설립에 관한 법령」을 공포하다.
8월 24일	미군정청이 군정청법령 제118호로 「조선과도입법의원의 창설」을 공포하다.
8월 25일	미군정청이 국립 서울대학교 총장 및 대학원장·단과대학장을 내정하다. 총장에는 엔스테드가 임명되어 같은 해 10월 24일까지 재임하다,
9월 11일	군정장관 러취가 군정청 각 부처장 회의에서 일체의 행정을 한국인 직원에게 이양하겠다고 밝히다.
9월 12일	미국 측 통위부장(미 육군 대령 T. E. Price)이 통위부 수석 고문관으로 임명되고, 한국 측에서는 유동열이 통위부장직을 맡아 한국인이 처음으로 통위부장에 취임하다.
9월 23일	미소공동위원회 미국 측 수석대표 아놀드 소장이 귀국하다. 후임은 브라운 소장이 임명되다.
10월 7일	「좌우합작 7원칙」이 공표되다.
11월	군정장관 러취가 주한미군 사령관 하지에게 안재홍을 민정장관으로 추천하다.
12월 7일	미군정청이 남조선과도입법의원 관선의원의 선임서와 성명서를 발표하다. 안재홍이 관선의원으로 선임되다.
12월 12일	중앙청 제1회의실에서 57명의 의원이 참석하여 남조선과도입법의원의 개원식을 거행하다.

1월 11일   하지 사령관이 미소공동위원회를 재개하기 위하여 미·소 양
군 사령관이 주고받은 서한(1946년 12월 24일부)의 내용을
공보부 특별발표로 공개하다.

1월 13일   한국민주당계의 의원인 이남규가 미소공동위원회 재개를 저
지할 목적에서 남조선과도입법의원에 반탁결의안을 긴급제
안하여 상정하다.

1월 20일   이남규가 제안한 반탁결의안이 남조선과도입법의원 제12차
본회의에서 44대 1표로 가결되다. 반탁결의안을 제지하기
위하여 안재홍이 제출한 수정동의안은 재석의원 65명 가운
데 17대 43표로 부결되다.

1월 말   안재홍이 브라운 소장에게서 하지 사령관의 민정장관 추천
서한을 전달받다.

2월 3일   안재홍이 미군 사령관 하지와 군정장관 러취, 입법의원 의
장 김규식(안재홍이 입회를 요청)과 회견하고, 이 자리에서
민정장관 취임 의사를 밝히다.

2월 4일   안재홍이 군정장관 러취와 회견하다.

2월 5일   안재홍이 민정장관직에 취임하겠다고 공식 수락하자, 군정
청 공보부는 안재홍이 민정장관에 임명되었음을 공표하다.

2월 7일   남조선과도입법의원 제16차 본회의에서 안재홍의 민정장관
인준 건을 '절대 다수'로 통과시키다.

2월 10일   민정장관 취임식이 거행되고, 안재홍이 민정장관으로서 업
무를 시작하다.

3월 22일   전라북도 부안군 줄포면에서 농민 폭동이 일어나 김제·정
읍·고창 등으로 확대되다.

3월 27일	미군정청이 영국 서울 총영사관 재개를 정식 인가하다. 총영사에는 커모드가 임명되다.
5월 16일	조선올림픽위원회(KOC, Korean lOlympic Committee)가 결성(회장 : 여운형, 부회장 : 유억겸)됨에 따라 올림픽대책위원회는 해소되다.
5월 17일	민정장관 안재홍이 건의하고 군정장관 러취가 인준한 「(법령 제141호)남조선과도정부의 명칭」이 공포되다.
5월 21일	제2차 미소공동위원회가 개막하다.
	민정장관 안재홍이 기자단과 회견하는 자리에서, 전라북도 일대의 폭력 사건과 관련하여 언급하다.
5월 22일	조선올림픽위원회가 올림픽준비위원회(위원장 : 유억겸)를 결성하다.
5월 29일	한국의 런던올림픽 참가를 위해 활동하던 전경무가 비행기 조난으로 순직하다.
6월 5일	경무부장 조병옥이 전라북도 일대의 테러 사건의 진상을 발표하는 담화를 발표하다.
6월 21일	군정장관 러취 소장이 도미하여 활동하다가 8월 7일 귀임하다. 그동안 헬믹 장군이 군정장관직을 대리하다.
6월 24일	민정장관 안재홍이 1처장 3도지사의 전임 발령을 내용으로 하는 인사이동 건을 헬믹 군정장관 대리의 명의로 남조선과도입법의원에 인준을 요청하자, 인사 당사자인 한국민주당계의 서민호·정일형이 항명하다.
7월 1일	민정장관 안재홍과 군정장관 대리 헬믹이 기자회견을 통하여 인사이동이 정당하였음을 밝히다.
	서재필이 귀국하여 하지 사령관의 최고 정치고문으로서 조미특별의정관이라는 직책에 취임하다. 이후 1948년 9월 11일

미국으로 돌아가기 전까지 미군정의 고문직을 맡아 수행하다.

7월 20일　　안재홍이 『조선상고사감』 상권을 출간하다.

7월 24일　　각계 인사들이 제14회 올림픽후원회를 조직하고 민정장관 안재홍을 회장에 선출하다.

8월 26일　　미국 트루먼 대통령의 특사로 웨드마이어가 내한하여 9월 3일 이한하다.

8월 29일　　웨드마이어가 중앙청(남조선과도정부) 제1회의실에서 민정 장관 안재홍을 위시하여 각 부처장들과 공식 회담을 갖고 의견을 청취하다. 안재홍이 이 자리에서 모두 발언(연설)을 하다.

8월 30일　　민정장관 안재홍이 웨드마이어와 개별 회견하다.

8월 말　　제2차 미소공동위원회가 정돈 상태에 빠지다.

9월 11일　　군정장관 러취 소장이 입원·가료 중 사망하다.

9월 17일　　미국 국무장관 마셜이 UN총회의 연설 석상에서 한국문제를 UN에 회부하겠다고 제의하다.

9월 18일　　UN총회 소련 수석대표 안드레이 비신스키 외상 대리가 마셜이 제안한 한국문제 UN상정안을 비난하다.

9월 21일　　UN총회 운영위원회가 한국의 독립 문제를 총회의 의정에 첨가하라는 미국의 요구를 가결하다.

9월 23일　　UN총회가 한국문제를 총회 의사 일정에 첨가하는 안건을 41대 6표로 가결하다.

9월 25일　　남조선과도정부에서 「시국대책요강」(경무부장 조병옥이 기초)을 만장일치로 가결하다.

9월 26일　　미소공동위원회 제61차 본회의에서 소련 측 대표 스띠꼬프 중장이, 1948년 초까지 미·소 양군이 한국에서 동시 철퇴하자고 제안하다.

9월 27일　미소공동위원회 미국 측 수석위원 브라운 소장이 스띠꼬프의 동시철병안을 반박하는 성명서를 발표하다.

10월　1일　민정장관 안재홍과 경무부장이 동행하여 미군 사령관 하지 중장에게 「시국대책요강」을 제출하다.

10월　4일　미국 하원의 군사위원회 소속 의원과 육해군 장교 등으로 구성된 군사위원회 사절단이 내한하여 활동하다가 같은 달 6일 이한하다,

10월 18일　미소공동위원회 제62차 본회의에서 미국 측 대표 브라운 소장이 미소공동위원회를 휴회하자고 제안하다.

10월 19·20일　민주독립당의 결당 대회가 개최되다. 이후 안재홍은 일반 당원으로 참여하다.

10월 21일　미소공동위원회 소련 측이 미국 측을 비난하면서 평양으로 철수하다. 같은 달 23일에는 잔여 위원도 서울을 떠나다.

11월　3일　딘 소장(고 러취 소장의 후임)의 제3대 남조선 군정장관 취임식이 거행되다.

11월 14일　제2차 UN정기총회 전체회의에서 신탁통치를 거치지 않는 한국독립의 방안, 한국에 UN임시위원단을 설치하여 남북한 총선거를 감독하게 하는 한국통일안을 43대 9(기권 6)표 결의하여 통과시키다.

12월　2일　한국민주당 정치부장 장덕수가 자택에서 두 명의 청년에게 총상을 당하여 사망하다.

12월 20일　민족자주연맹의 결성식이 열리다.

1월 6일	민정장관 안재홍이 서울중앙방송을 통하여 「UN대표단을 마지하야」라는 제목으로 연설하다.
1월 8일	UN한국임시위원단이 내한하기 시작하여 제1호 성명을 발표하다.
1월 12일	UN한국임시위원단의 인도 대표 메논이 동 위원단 제1차 전체회의에서 의장으로 선출되다.
1월 17일	UN한국임시위원단 제5차 회의에서 2개의 분과위원회를 설치하기로 결정하다.
1월 21일	UN한국임시위원단 제2분과 위원장으로 호주 대표 S. H. 잭슨이 결정되다. 제2분과위원회는 1948년 5월 10일까지 총 776통의 통신문을 접수하다.
1월 22일	UN소련대표 그로미코가 UN사무총장에게 서한을 보내어, UN한국임시위원단의 북한 방문을 정식으로 거부하다.
1월 27일	UN한국임시위원단이 민정장관 안재홍을 초청하여 면담하다.
2월 2일	안재홍이 UN한국임시위원단 제2분과위원회의 면담 요청에 응하여 의견을 개진하다.
2월 6일	남조선과도정부 정무위원회(부처장회의)가 특별회의(임시회의)를 열어 「UN한국임시위원단에게 보내는 메시지」를 만장일치로 채택하다.
2월 7일	안재홍이 홍명희와 함께 개인 자격으로 UN한국임시위원단을 초대하여 덕수궁에서 만찬회를 개최하다.
2월 25일	김구·김규식 양인이 공동 명의로 북한의 김일성·김두봉 양인에게 남북 정치요인 회담을 개최하자고 제의한 서한을 전달하다.

2월 26일	UN소총회에서 UN한국임시위원단이 임무를 수행할 수 있는 가능 지역에서 총선거를 실시하자는 미국의 안을 31대 2(기권 11)표로 가결하다.
3월 4일	하지 사령관이 UN한국임시위원단의 감시하에 5월 9일 남한에서 총선거를 시행한다는 요지의 특별성명을 발표하다.
3월 10일	한국 주둔 미군 제24군 부사령관으로 재임하였던 브라운 소장이 이한하다.
3월 12일	김구가 장덕수 살해 사건의 제8회 공판에 출석하여 증인 심문을 받았고, 15일 속개된 9회 공판에도 출석하다.
	김구·김규식·조소앙·조완구·김창숙·홍명희·조성환 등 7인이 "가능한 지역 선거에는 참가하지 아니한다"는 요지의 공동성명서를 발표하다.
3월 18일	UN한국임시위원단의 인도 대표 메논의 후임으로 바하두르 씽이 내한하다.
3월 19일	UN한국임시위원단의 의장(인도 대표)인 메논이 본국의 외무대신에 취임함에 따라 이한하다.
3월 20일	미군정청이 군정청법령 제176호로 「형사소송법의 개정」을 공포하다.
3월 22일	미군정청이 군정청법령 제173호로 「중앙토지행정처의 설치」, 법령 제174호로 「신한주식회사의 해산」을 공포하다.
3월 23일	안재홍이 미군정 당국에 민정장관직 사의를 표명하다(제1차 사의 표명. 사직원 작성은 3월 15일 자).
4월 1일	바하두르 씽이 UN한국임시위원단의 의장에 취임하다.
	안재홍이 『조선상고사감』 하권을 출간하다.
4월 3일	UN한국임시위원단 전체회의에서 선거 일자 등을 토의한 결과, 5월 9일 개기일식이 있을 수 있으므로 5월 10일로 선거

일을 연기하자는 미군정 당국의 요청을 수용하다.

5월 8일	서울공인사 2층의 『동아일보』 조판실에 화재가 발생하다.
5월 10일	총선거가 실시되다.
5월 11일	안재홍이 공보부를 통하여 자신을 포함한 인사들의 제2정당 조직설은 낭설이라는 성명을 발표하다.
5월 19일	안재홍이 5·10총선거가 민중의 지지를 받는 인물들이 대개 피선되었다는 담화를 발표하다.
5월 31일	제1대 국회(제헌국회)가 개원하다.
6월 1일	안재홍이 민정장관 사직서를 제출(제2차 사의 표명)하다.
6월 8일	안재홍의 민정장관 사직서가 정식으로 수리되다.
6월 9일	안재홍이 『한성일보』 사장으로 정식 복귀하다.
7월 29일	런던에서 제14회 하계 올림픽 대회가 개최되어 8월 14일 폐막하다.
8월 24일	쿨터 소장이 남한 주둔 미군사령관으로 취임하다.
8월 25일	미국 트루먼 대통령이 한국 경제 원조 담당 부처를 육군부(육군성)에서 경제협조처로 이전하라고 지시하다.
8월 27일	전 주한미군 사령관 하지 중장이 이한하여, 이해 10월 제5군단 사령관으로 임명되다.
9월 21일	프랑스 파리 사요 궁에서 제3차 정기 UN총회가 개최(12월 12일까지)되다.
9월 23일	안재홍이 신한국민당 계열의 당원들과 함께 민주독립당을 탈당하다.
9월 24일	전 미군정청 군정장관 고문 에드 존슨이 미 경제협조처의 대(對)한국경제원조관리처장에 피임되다.
10월 상순	안재홍이 경상남도 부산 등 5개 도시에서 「한민족의 진로」

라는 연제로 강연하다.

10월 19일   여순사건이 일어나다.

11월 12일   안재홍이 신생회 발기준비회를 조직·개최하고 선언 초안을
             발표하다.

11월 14일   하지 중장의 정치고문이었던 굿펠로우가 이승만 대통령의
             초청으로 내한하여 동월 30일 이한하다.

11월 30일   UN한국임시위원단이 UN총회에 5·10총선거가 한국민의 총
             의였다는 결론의 보고서를 제출하다.

12월 8일   UN정치위원회가 한국정부의 정식 승인 및 UN한국위원단
             조직에 관한 공동결의안을 41대 6표로 가결하다.

12월 12일   UN총회가 대한민국을 승인하는 동시에 UN한국위원단을 금
             후 1년간 존속케 하는 결의안을 48 대 6(기권 1)표로 가결하
             다.

1949년 ─────────────────────────────

1월 30일   UN신한국위원단 제1진이 내한하여, 사무국 대표가 위원단의
             행동과 업무에 관하여 제1차 발표하다.
             인도의 마하트마 간디가 사망하다.

2월 9일   UN신한국위원단이 제5차 위원단 회의에서 제1, 2분과위원
             회를 구성하다.

3월 12일   미국 경제협조처의 한국 국장 에드가 존슨이 대(對)한국 원
             조 문제 등을 조사하러 내한하여 경제 실정 등을 파악하다.
             이 기간 중 안재홍과도 요담하다.

3월 15일	안재홍이 UN신한국위원단의 제2분과위원회 청문회에 참석하여 약 2시간에 걸쳐서 협의하다.
5월	안재홍이 『한민족의 기본진로』를 출간하다.
7월 28일	9월 열릴 제4차 UN총회의 개막을 앞두고, UN신한국위원단이 UN총회에 제출할 보고서를 만장일치로 채택하다.
9월 6일	UN신한국위원단의 보고서가 UN회원단에 배부되다.
9월 8일	미국 하원의 예산위원회 극동조사사절단이 내한하여 활동하다가 같은 달 10일 이한하다.
9월 20일	미국 뉴욕 시외 레이크석세스에서 제4차 UN총회가 개막하다.
9월 27일	안재홍이 부의장으로 참여한 민족진영강화위원회 제5차 총회에서 UN에 보내는 각서를 채택하여 30일에 발송하다.
9월 29일	미국·호주·중국·필리핀 4개국이 UN특별정치위원회에 한국 독립 문제에 관한 공동결의안을 제출하다.
10월 3일	UN특별정치위원회가 UN한국위원단을 재조직하는 동시에 권한을 확장시키자는 내용의 UN한국위원단 존속안을 44 대 6(기권 5)표로 가결하다.
10월 21일	UN전체회의에서 UN한국위원단을 존속시키고 권한을 강화하는 결의안을 48대 6(기권 3)표로 가결하다.

해제 · 주해

▌ 김인식

중앙대학교 역사학과에서 한국근현대사를 전공하여 「안재홍의 신민족주의 사상과 운동」으로 박사학위를 취득(1998. 2)하였고, 지금까지 안재홍 관련 연구를 진행하고 있다. 현재 중앙대학교 교양대학에 재직 중이다. 저서로는 『안재홍의 신국가건설운동』(2005), 『중도의 길을 걸은 신민족주의자 – 안재홍의 생각과 삶』(2006), 『광복 전후 국가건설론』(2008), 『대한민국정부수립』(2014), 『애산 이인 평전』(2021), 『조소앙 평전』(2022), 『이승복과 신간회운동』(2023) 등이 있다.

번 역

▌ 최순용

텍사스주립대학교(오스틴)에서 학사와 석사학위(역사학전공)를 취득하고 텍사스주립대학교(오스틴)에서 경제학 박사를 취득하였다. 서울디지털대학교 e-biz 경영학과 객원교수, 텍사스주립대학교 전자상거래연구소 부소장, 텍사스주립대학교 경제학과/MSIS 연구원을 거쳐, 텍사스주 보험감독청 산업재해보험 담당 선임연구원 및 오스틴 커뮤니티컬리지 경제학 객원교수로 재직하였다.

▌ 은희녕

중앙대학교 역사학과 한국근현대사 박사 과정을 수료하였다. 현재 국외소재문화유산재단에 재직 중이다. 연구 논문으로는 「안호상의 국가지상주의와 민주적 민족교육」(2016), 「개항기(1876~1910) 한국 '복지' 개념의 변용」(2021), 역서로는 『만국박람회와 인간의 역사』(2020, 공역)가 있다.